# ROME
## CONTEMPORAINE

PARIS. — IMPRIMERIE DE CH. LAHURE ET Cⁱᵉ
Rues de Fleurus, 9, et de l'Ouest, 21

# ROME

# CONTEMPORAINE

PAR

EDMOND ABOUT

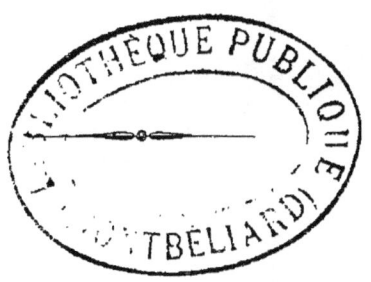

PARIS

COLLECTION HETZEL

LIBRAIRIE DE MICHEL LÉVY FRÈRES ET C<sup>ie</sup>

RUE VIVIENNE, N° 2 BIS

1861

A

# FRANCISQUE SARCEY

EN TÉMOIGNAGE

D'UNE VIEILLE ET FRATERNELLE AMITIÉ

# PRÉFACE.

Ceci n'est ni un pamphlet ni même un livre politique. Si le lecteur y cherchait des considérations générales sur le gouvernement du pape, il serait trompé dans son attente.

On a dit pour et contre le pouvoir temporel tout ce qu'il y avait à dire, et je n'ai ni assez d'autorité ni assez de liberté pour résumer les débats. J'ai joué un rôle trop actif, comme accusateur et comme accusé, pour que mon impartialité ne soit pas suspecte. La parole est au président, qui se tait.

Il se pourrait d'ailleurs que le temps des discussions fût passé, comme le temps des sages conseils et des réformes utiles. La question romaine est assez bien élucidée pour que les moins clairvoyants distinguent le vrai et pour que les plus hésitants aient pris un parti. Les uns se sont décidés par des raisons de conscience, les autres par des raisons d'intérêt ou de politique; mais il est certain que l'action a succédé à la parole.

Le travail que j'offre au public n'est donc pas autre chose qu'une étude littéraire sur les États du pape. J'ai réuni en corps de volume toutes les observations que j'avais notées durant un voyage de six mois.

Ces matériaux ont aujourd'hui deux ans de tiroir. Il me semble pourtant qu'ils ont mûri plutôt que vieilli. Rome n'a pas changé sensiblement sous un régime qui se glorifie d'être immuable. Bologne et quelques autres villes n'ont fait que proclamer une révolution qui était accomplie depuis longtemps dans les esprits et dans les mœurs.

Le jour où tous les sujets du saint-père auront les mêmes idées, les mêmes mœurs et les mêmes droits que les Bolonais en 1860, mon livre ne sera plus qu'une curiosité archéologique, mais je ne m'en plaindrai pas.

# ROME CONTEMPORAINE.

## VOYAGE.

Tout chemin, dit-on, mène à Rome. Mais pour nous autres citoyens de Paris, le plus court est celui qui passe par Marseille.

Pourquoi le nom de la Canebière est-il comique à Paris? D'où vient que Marseille et les Marseillais ont hérité du privilége de nous faire rire, depuis que la Garonne et les Gascons ne nous amusent plus? Les *sandis!* et les *cadédis!* qui égayaient les contemporains de Molière, sont tombés dans le domaine de l'histoire, comme les joyeusetés militaires inscrites sur les murs de Pompéi : on ne rit' plus qu'aux jurons marseillais. Dans les réunions de jeunes gens, un conteur qui sait faire le Marseillais est sûr d'enlever l'auditoire; certaines facéties, appuyées de certaines grimaces et assaisonnées d'un certain accent, désopilent infailliblement la rate la plus réfractaire. Tout est risible dans le Marseille de convention que les plaisants nous ont fait : l'aridité du sol, la malpropreté des rues, l'infection du port, la grossièreté des hommes. Le Marseillais pour rire est une sorte de macaque bourru qui mange de l'ail, épure des huiles, vend des nègres et tutoie tout le monde. Pourquoi ce ridicule est-il échu au peuple le plus actif et le plus intéressant qui soit en France? Pourquoi les descendants les plus directs de l'ancienne Grèce servent-ils de plastron aux Athéniens de Paris? Pourquoi tous ces menus crimes de lèse-majesté contre la reine de la Méditerranée? Pourquoi? pourquoi? pourquoi?

Parce que Marseille a fourni aux journaux de Paris une douzaine de rédacteurs malins qui nous ont fait un peu trop spirituellement les honneurs de leur pays. Je ne parle ni de M. Amédée Achard, ni de M. Méry, ni de M. Louis Reybaud, ni de M. Léon Gozlan, ni de ceux qui étaient assez riches de leur propre fonds pour laisser Marseille en paix. Mais après l'émigration des princes est venue l'émigration des peuples. Toutes les fois qu'un petit Provençal frétillant d'ambition, vide d'idées, débarque dans les bureaux d'un petit journal, son article de début est tout trouvé : la Canebière! Les premiers ont plaisanté, les suivants ont enchéri; le comique a fait place au bouffon, le bouffon au grotesque, et Marseille a reçu des mains de ses enfants cinq ou six couches de ridicule qui ne s'effaceront pas en un jour. Elle s'en console en disant : c'est ma faute; je ne serais pas ridicule si je n'avais pas fait tous ces hommes d'esprit.

Pour ma part, je l'avoue humblement, Marseille ne m'a pas fait rire. C'est un spectacle qui donne à penser. Pour peu qu'on s'intéresse à l'avenir de la France, on observe avec une curiosité passionnée cette ville vivante et croissante, qui grandit presque à vue d'œil, comme une plante des tropiques ; on suspend sa respiration pour regarder courir ce peuple aventureux qui galope follement dans tous les chemins du progrès, au risque de s'y rompre le cou.

J'avais quitté Paris au milieu de mars, un grand mois avant la fin de l'hiver. Mais les hivers de Paris sont si agréables qu'un homme de travail ne saurait s'y arracher trop tôt. Je m'en allais très-loin et pour longtemps, chargé de mille questions à résoudre, heureux d'avoir un but, et consolant tous mes regrets par l'espoir de rapporter un livre.

De Paris à Marseille, le voyage me parut très-long, car je sentais que dans un avenir prochain on pourrait le faire plus vite. Sans doute il est agréable de traverser la France en vingt heures, dans une excellente voiture ; mais la vapeur ne tient pas encore tout ce qu'elle nous a promis. Lorsqu'on voyage pour voyager, c'est-à-dire pour jouir à chaque pas de la variété des objets, on ne saurait aller trop lentement ; mais lorsqu'on prend le chemin de fer, c'est pour arriver, et non pour autre chose : on ne saurait donc aller trop vite. Le chemin de Paris à la Méditerranée, un des plus parfaits qui soient en France, s'arrête encore trop souvent et trop longtemps lorsqu'il traîne des voyageurs. Il transporte la malle des Indes en douze heures ; il a fait mieux ces jours passés : une locomotive expédiée de Marseille avec un paquet de l'administration est tombée, neuf heures après, comme une bombe, dans la gare de Paris. Voilà le véritable emploi des chemins de fer. Pour la simple promenade, une canne suffit.

---

A partir de Lyon, où nous perdîmes une heure, le climat s'adoucit, le soleil devint piquant et les arbres fleurirent au bord de la route : vous auriez dit que le printemps accourait au-devant de nous. On nous avait donné des chaufferettes à Paris, on nous offrit des glaces à Valence. Ces transitions paraîtront encore bien plus miraculeuses lorsqu'on pourra s'endormir à la Bastille et s'éveiller en vue du château d'If.

Entre la ville d'Arles et l'étang de Berre, le chemin longe une plaine immense, plus triste que la lande la plus désolée: On l'appelle la Crau; la nature a pris soin d'y semer des cailloux avec une prodigalité fabuleuse. Les hommes ont essayé çà et là d'y semer autre chose, mais la récolte est encore à venir. Lorsqu'on mesure des yeux cette étendue de sol désespéré, on regrette le temps où rien n'était impossible à la baguette des fées. J'espère que la chimie industrielle, cette fée des temps modernes, saura faire croître le blé depuis les jardins d'Arles jusqu'aux salines de Berre. La question est à l'étude; je connais même un jeune savant qui se pique de la résoudre.

Mais pardonnez-moi cette station : les chemins de fer en font de bien plus longues.

Les voyageurs qui sortent de la gare descendent à Marseille par de larges allées bordées de belles maisons et plantées de vieux arbres. C'est l'abord d'une grande ville. Le chemin se rétrécit brusquement au bas de la rue Noailles : on fait cent pas à l'ombre, dans une sorte de corridor étranglé. Mais tout à coup l'air, la lumière, l'espace, tout abonde à la fois. Une place monumentale s'arrondit autour de vous; deux avenues immenses s'étendent à droite et à gauche. En face, une rue beaucoup plus large mais infiniment moins longue que la rue de Rivoli, vous montre le vieux port bourré de navires. Saluez! c'est la rue Canebière !

La Canebière est une porte ouverte sur la Méditerranée et sur l'univers entier ; car la route humide qui part de là fait le tour du monde. La Canebière a vu débarquer, en 1856, quatre cent mille voyageurs et deux millions de tonneaux de marchandises, qui font deux milliards de kilogrammes. Les terrains de la Canebière se vendent à raison de mille francs le mètre carré, ou dix millions l'hectare. La Canebière est donc une des rues les plus laborieuses, les plus utiles et les plus respectables du monde civilisé.

Le port qui la termine, ou plutôt qui la continue, lui donne une physionomie originale. Les costumes pittoresques de l'Orient l'émaillaient encore il y a quelques années, mais cet heureux temps n'est plus. L'Orient n'envoie plus ses costumes au bout du monde. Il conserve avec soin les quelques turbans qui lui restent, pour s'en faire honneur aux yeux des étrangers et leur prouver qu'il est bien l'Orient.

---

Lorsqu'on descend vers le vieux port en suivant la Canebière, on voit à gauche la nouvelle ville, proprement alignée en pays plat ; à droite, le vieux Marseille entassé pêle-mêle sur sa montagne. La ville de l'avenir est située plus loin, au delà du vieux Marseille, le long des ports de la Joliette.

La nouvelle ville est nette et même élégante. Elle sent son Paris d'une lieue ; autrefois elle sentait tout autre chose. Le temps n'est plus où les citoyens jetaient par les fenêtres le trop plein de leurs maisons. Trois grandes rues parallèles traversent le jeune Marseille dans toute sa longueur. La rue de Rome a quelque chose de notre rue Richelieu: il faut que la ressemblance soit sensible, puisque le conseiller de Brosses la remarquait déjà il y a cent ans. La rue Saint-Ferréol est une agréable copie de la rue Vivienne, quoique la bourse se tienne dans la rue Paradis. C'est en plein air, sous le ciel, que les Marseillais se réunissent deux fois par jour pour traiter leurs affaires. Ils ont bien un petit bâtiment de zinc ou de carton pour s'abriter en cas de pluie, mais ils n'y entrent presque jamais. C'est un usage si bien établi, que le matin entre onze heures et demie et une heure, et le soir entre quatre et cinq, les cochers font un détour pour éviter la rue Paradis. Quand la nouvelle Bourse qui s'achève sur la Canebière sera livrée aux marchands et aux spéculateurs, ils n'y viendront que si on les pousse, et ils n'y demeureront que si on les enferme.

---

Marseille a ses Champs-Élysées. On voit aux environs du cours Bonaparte des rues entières, de petits hôtels bien construits, confortables, et même décorés avec goût. Je pourrais en citer un qui serait remarqué partout, même à Paris. Cette ville nouvelle, qui pourtant ne manque ni d'air ni de lumière, s'est donné le luxe de deux grandes promenades. L'une est une corniche taillée dans le roc au bout de la mer, et à distance respectueuse du port; on l'appelle le Prado. L'autre est un jardin zoologique, agréablement situé, richement planté, et garni d'un beau mobilier vivant. Les théâtres, les châteaux des fleurs, les cafés, les statues (car Marseille en a deux), le musée et le lycée sont dans la ville neuve; vous vous en doutez bien.

———

Quant à la ville ancienne, je voudrais vous en donner une idée en la comparant à quelque quartier de Paris; mais, heureusement pour nous, nous n'avons plus rien de semblable. Cette montagne impraticable aux voitures, inaccessible aux dames, rebutante aux yeux et à l'odorat, pavée de boue fétide, arrosée par des égouts semblables à des torrents, ne ressemble à rien au monde, si ce n'est au Ghetto de Rome qu'un écrivain du dix-huitième siècle appelait une *archisaloperie*. L'industrie, la misère et la débauche se partagent ce lieu de plaisance.

On y voit des quartiers considérables réservés à l'ébattement des matelots; et par une tolérance que je ne m'explique pas bien, le drapeau tricolore sert d'enseigne au commerce qui fait le moins d'honneur à la France. Jamais si noble pavillon n'a couvert si orde marchandise.

Il faut être un archéologue bien résolu pour aller chercher des perles dans ce fumier. Cependant, je m'y suis enfoncé un beau matin, sous la conduite d'un jeune magistrat fort instruit, M. Camoin de Vance. Nous avons dévisagé ensemble quelques maisons du treizième et du quatorzième siècle, et une admirable façade taillée en pointes de diamant; un palais de justice qui n'est pas un chef-d'œuvre d'architecture, et une prison qui ressemble à toutes les prisons du bon temps. L'hôtel de ville ne manque pas de grandeur; on voit à la *Consigne* une demi-douzaine de tableaux médiocres, et un excellent bas-relief du Marseillais Puget. La halle au poisson vaut qu'on s'y arrête un instant pour entendre parler les dames : la rhétorique de nos harengères est bien pâle auprès de celle qui fleurit là.

Il reste encore une tranche de l'ancienne cathédrale que les Marseillais appellent la Majeure ou la Major. Ce vénérable édifice était construit sur les ruines d'un temple païen; on l'a tant et si bien rogné, que d'antique et de moderne, de païen et de chrétien, il n'y a plus de quoi faire une église de village.

Mais à deux pas plus loin, entre la vieille ville, qui doit disparaître, et la ville de l'avenir, qui grandit vite, on voit sortir de terre le soubassement d'une cathédrale qui promet.

La vieille ville a fait son temps; on rasera non-seulement les bicoques qui s'y entassent, mais encore la montagne qui les porte. L'avenir de la Joliette est à ce prix, et vous l'allez comprendre en deux mots : Paris se porterait-il vers les Champs-Élysées si la montagne Sainte-Geneviève occupait la place de la Concorde?

Pour le moment, les poissons et les oiseaux vont de Marseille à la Joliette plus commodément que les hommes. Cependant la ville future se bâtit pour un peuple nombreux. J'ai vu sept maisons énormes, uniformes, et d'une architecture trop riche à mon gré. Les marchands de Carthage n'ont jamais logé leurs ballots dans des temples si magnifiques, et M. Mirès peut déjà rendre des points à Didon.

La Société des ports de Marseille, fondée et baptisée par ce grand financier, a pour but l'exploitation de plusieurs hectares de terrains situés en face des nouveaux ports. Elle n'a rien de commun avec la construction des ports et les travaux du génie maritime; elle n'ouvre pas un asile aux navires battus par le mistral; ce ne sont pas là ses affaires. Ses relations avec les bassins qui se construisent à la Joliette, sont des relations de voisinage, et elle s'appelle Société des ports parce qu'elle demeure à côté.

Ce n'est pas à dire que la spéculation de M. Mirès et de ses actionnaires ait été inutile au peuple de Marseille. La ville avait des terrains à vendre; terrains infects, marécageux, pourris par les déjections de la savonnerie, difficiles à bâtir, et pour comble de disgrâce, battus de tous les vents qui font rage dans le pays. Ces petits défauts sont compensés par le voisinage immédiat d'un port qui a de l'avenir; cependant aucun des acquéreurs qui se présentèrent n'offrait plus de vingt francs du mètre. M. Mirès en donna cinquante, et les Marseillais lui tapèrent dans la main.

L'affaire est bonne dès à présent pour la ville; elle le sera un jour pour M. Mirès. La ville empoche des millions qui ne l'embarrassent pas, car elle est endettée et entreprenante. M. Mirès rentrera dans son argent quand ses terrains seront bâtis et surtout lorsqu'ils communiqueront directement avec Marseille. La vieille ville, qui gêne tout le monde, le gêne plus particulièrement que personne. Aussi offre-t-il de déraciner la montagne au plus juste prix.

Dans cet état de choses, je ne ferai pas l'imprudence de décrire plus longuement une ville qui sera peut-être bouleversée demain. Marseille a cela de commun avec Paris qu'il faut renoncer à le peindre, sous peine de recommencer le portrait tous les jours. Je gage au contraire que Bordeaux est à un pavé près, ce qu'il était l'an passé au mois d'avril. Et je promets de vous faire une peinture de Rome que nos arrière-petits-neveux pourront vérifier mot pour mot, si la révolution ne s'en mêle.

---

Le progrès se trémousse aux environs de Marseille aussi bien que dans les rues; il envahit du même pas la ville, les faubourgs et la banlieue la plus reculée. Cette campagne était renommée autrefois pour son aridité, et, Dieu me pardonne! la voilà verte. Les Marseillais sont allés chercher la Durance, et ils l'ont amenée par la main jusque chez eux. L'eau circule dans toutes les maisons de la ville jusqu'à l'étage le plus élevé; elle arrose les rues dans cette patrie de la poussière; elle féconde les jardins, elle met de l'herbe dans les prés.

Cependant ne craignez pas que la Provence devienne une succursale du pays de Caux; le soleil est toujours là. Il dessine sur la mer bleue les profils charmants de Ratonneau, de Pomègue ou du château d'If; il argente finement les belles montagnes grises qui couronnent Montredon; il fait fleurir dans les rochers le romarin et le cactus, et les asperges colossales de l'aloès; il distille le parfum pénétrant des arbousiers et des lentisques.

Voilà ce qu'un nouveau débarqué aperçoit du premier coup d'œil en entrant à Marseille. Maintenant, s'il vous plaît, causons un peu avec les habitants : ils ne demandent pas mieux.

---

Ceux qui ont vu Marseille en 1815, en parlent comme d'une succursale du grand désert. L'unique port de la ville était vide ; la population se montait à 90 000 habitants qui mouraient de faim. Les choses ont bien changé, surtout dans les dernières années. Le recensement de 1841 a compté 147 000 Marseillais ; celui de 1856 en donne 235 000 : c'est une augmentation de près de 90 000 âmes en quinze ans. Le chiffre des naissances s'est accru d'un huitième en 1857 ; il faut donc augmenter d'un huitième le chiffre de la population, ce qui le porte à 265 000. Ajoutez la population flottante, les étrangers non compris dans le recensement, les Français omis volontairement[1] dans un intérêt local : vous verrez que Marseille est une ville de 290 000 âmes. Deux cent mille de plus qu'en 1815 !

Je n'ai pas besoin d'ajouter que ces deux cent mille Marseillais ne sont pas tous nés à Marseille. L'accroissement rapide d'une cité ne s'explique point par la fécon-

---

1. Il y a certains impôts qui augmentent avec la population des villes ; les villes sont donc intéressées à dissimuler une partie de leur population. Je connais en Lorraine une bourgade de plus de 4000 habitants qui n'a jamais consenti à en avouer plus de 3999. Lorsque le progrès de la population sera devenu trop évident, elle sautera brusquement de 3999 à 4999, comme ces femmes à prétention qui passent en un jour de vingt-neuf à trente-neuf ans.

dité exceptionnelle des mariages. Partout où il y a de l'argent à gagner, les citoyens accourent et demeurent; et la population s'accroît, sans que les femmes s'en mêlent. Marseille grandit encore tous les jours par les invasions intéressées du nord et du midi. Elle renfermait, au mois de décembre 1857, plus de dix-huit mille sujets sardes. Les Italiens, les Grecs et les Espagnols sont l'étoffe dont on fait presque tous les Marseillais.

---

Malgré la diversité de leurs origines, ils ont une physionomie commune et pour ainsi dire un air de famille. Ce n'est pas qu'il existe à proprement parler un type marseillais; mais le soleil du midi, la vie en plein air, la préoccupation des affaires, la multitude des distractions, l'alternative continuelle du travail et du plaisir ont marqué toutes ces figures d'une empreinte qui se reconnaît. Les Marseillais ont l'œil vif, la parole prompte, le geste infatigable. Leur esprit aventureux et leur tempérament sanguin les poussent aux grandes entreprises et aux grandes folies. Peu de Français sont plus agiles à faire et à défaire une fortune. Dans presque tous les pays du monde, le père de famille amasse les millions et le fils les dépense : on voit à Marseille des hommes de tout âge cumuler les deux rôles du père et du fils. Apres au gain, prodigues de leur temps et de leur peine, ils s'arrêtent de temps en temps, comme l'écureuil sur la branche, pour croquer le fruit de leur travail. Leur vie est partagée autrement que la nôtre : nous travaillons dans l'âge du plaisir, et nous commençons à prendre du bon temps le jour où nous n'en pouvons plus ; le Marseillais n'attend pas pour mordre à la pomme que ses dernières dents soient tombées.

Il a l'esprit ouvert, comme l'horizon qui l'environne ; il a voyagé, ou il voyagera ; la Méditerranée est un faubourg de Marseille qu'il visitera tôt ou tard. Il pense que le Sénégal n'est pas bien loin, et que Paris est à sa porte. Si les affaires le retiennent à son comptoir, il peut voir le monde sans sortir de chez lui : est-ce que l'univers entier ne défile pas sur la Canebière? Il a vu des échantillons de tous les pays ; il sait un peu de tout sans avoir mis le nez dans les livres ; il est en état de raisonner sur toutes les questions, quoiqu'il se donne rarement la peine d'en approfondir une ; la facilité de sa conception, l'ouverture de son esprit, sa promptitude à parcourir la superficie des choses en font un causeur agréable, et il trouve toujours le temps de causer.

Presque tous les Marseillais ont la même dose d'esprit naturel et le même degré d'instruction : peu de savoir et beaucoup d'idées. La ville de France où l'égalité des hommes ressemble le moins à une chimère, c'est Marseille. Pas plus de castes que sur la main : il ne saurait y avoir de vieille noblesse dans une population toute neuve. Les principaux habitants sont des parvenus, dans le sens le plus honorable du mot ; les autres ont l'espoir de parvenir en travaillant. Il n'y a donc que deux catégories de Marseillais : ceux qui ont fait leur fortune, et ceux qui cherchent à la faire. La première classe est moins nombreuse qu'on ne le suppose généralement, et je vous en ai expliqué la cause ; c'est que la fureur de jouir est plus forte que le désir d'accumuler. Il n'y a pas dans la ville dix fortunes de cinq millions. Les simples millionnaires, si l'on en faisait le recensement, ne seraient pas plus de quarante. Ces favoris du sort ne se targuent pas de leur supériorité financière : soit qu'ils se souviennent de ce qu'ils ont été, soit qu'ils méditent quelquefois sur l'instabilité des fortunes les mieux assises, ils accueillent avec bonhomie ceux dont le chemin n'est pas fait. Le Marseillais, riche ou pauvre, est avant tout familier, sans façon et bon enfant. Je connais peu de villes où l'on se tutoie davantage, et où l'on fasse moins de cas des politesses inutiles ; on devait être ainsi dans les républiques marchandes de la Grèce.

---

Cette bonhomie ne règne pas seulement dans le langage : on la trouve dans les mœurs et jusque dans les affaires. Elle s'étend quelquefois si loin que les marchands de la vieille roche en seraient tout étonnés. Du temps où florissaient le seigneur Arnolphe, le digne Orgon et ce bon monsieur Dimanche, un marchand qui ne faisait pas honneur à sa signature était un homme perdu : il n'avait qu'à se jeter à l'eau la tête la première. Ces principes absolus sont encore en vigueur dans quelques départements de la France. Si une crise commerciale venait interrompre pour six mois la prospérité de Rouen, chaque Normand, fort de son droit et pénétré de ses vieilles idées, exécuterait impitoyablement son voisin et son compère, et dormirait sans remords. Mais que le même accident se produise à Marseille, tout s'arrangera à l'amiable, et vous verrez cinquante liquidations tolérées pour une faillite déclarée. Est-ce bienveillance ou prévoyance? compassion aux embarras du prochain ou retour sur soi-même? Je n'ose me prononcer là-dessus. Toujours est-il qu'à Marseille un créancier aime mieux encaisser dix pour cent et se taire que de sévir contre son débiteur.

Il y a quelques années, un Marseillais qui avait fait fortune à l'étranger après quelques vicissitudes, légua son bien à sa ville natale et stipula que les revenus seraient employés à la délivrance des prisonniers pour dettes. On vit alors un légataire bien embarrassé ; c'était le conseil municipal de Marseille. Il avait beau chercher des prisonniers pour dettes : on n'en faisait pas dans le pays. Peu s'en fallut que le legs ne fût réexpédié pour l'autre monde comme inutile, injurieux et incompatible avec les usages reçus. L'affaire en était là quand un bourgeois avisé dit à son voisin : « Fais-moi jeter en prison pour dettes ; on me délivrera sur le legs du bonhomme, et nous partagerons l'argent. » L'invention parut si sage que la prison trouva enfin quelques locataires. Elle n'en aurait jamais eu sans le legs du bon Marseillais.

---

Cette tolérance américaine, cette indifférence en matière de religion commerciale, a des inconvénients que je n'ai pas besoin de signaler. Cependant elle n'est pas sans quelques avantages. En lâchant la bride aux spéculateurs hardis, en rassurant les timorés, elle a accéléré le progrès de la ville et contribué à la prospérité de la France. Je sais tout ce qu'on peut dire avec juste raison contre l'esprit d'aventures, mais quand je vois quel essor les Marseillais donnent à la fortune publique, avec quel élan ils se jettent dans une affaire, de quel train ils souscrivent à une entreprise dès qu'elle paraît bonne, comme leurs capitaux sont hardis, prompts à sortir et enclins à se multiplier par le mouvement, je sens comme une secrète démangeaison d'excuser ce romantisme commercial qu'ils naturalisent chez nous.

Faut-il ajouter que la grandeur des intérêts et la hardiesse des entreprises les rendent larges, hospitaliers et généreux jusqu'à la prodigalité? Des marchands de l'école primitive (on en trouve encore quelques échantillons à Rouen, à Lyon et à Saint-Étienne) seraient étonnés de voir comme l'or glisse dans les mains d'un négociant marseillais. La pièce de vingt francs n'est pas plus timide à Marseille qu'à Paris; elle s'y cache aussi peu; elle y fait les mêmes culbutes. Le luxe, vice excellent, salutaire et louable entre tous lorsqu'il est soutenu par le travail, fleurit sur la Canebière aussi insolemment que sur nos boulevards. Marseille consomme plus de soieries que Lyon et plus de rubans que Saint-Étienne; la *Réserve* voit sauter plus de bouchons que le *Moulin-Rouge* ou le *Pavillon d'Armenonville*; enfin, chose incroyable à dire! toutes les loges du grand théâtre sont louées à l'année.

---

J'ai passé à Marseille une semaine de huit ou dix jours. Les habitants m'ont fait les honneurs du pays et d'eux-mêmes avec une cordialité charmante. J'ai trouvé leurs logis et leurs cœurs ouverts, et je me suis convaincu qu'ils n'étaient pas plus avares de leur amitié que du reste. Ce que je sais de leurs petits défauts, c'est eux qui me l'ont dit; car ils se confessent volontiers.

Ils avouent que l'amour du grand air et certain esprit de vagabondage les poussent trop souvent hors du logis. S'ils se montrent chez eux deux ou trois fois par jour, ils n'y demeurent guère. Les affaires, le cercle, le jeu, le bruit, le mouvement, le cigare, certain laisser aller qu'on ne se permettrait pas chez soi : voilà les liens qui réunissent les hommes en groupe et les retiennent loin de la maison. Cette vie en dehors commence avec la puberté et se prolonge aussi loin que la vieillesse. Le mariage l'interrompt pendant toute la durée d'une lune de miel, puis l'habitude reprend ses droits. Il y a beaucoup de délaissées. Pour se consoler, elles se jettent dans les bras de la religion; elles vont aux églises. Il leur serait facile d'aller plus loin, car elles sont jolies, ou du moins fort piquantes. Mais elles n'ont de vif que les yeux, et c'est bien heureux pour messieurs les maris.

---

Vous pensez bien que des promeneurs si acharnés ne perdent pas grand temps à la lecture. Ils sont petits mangeurs de livres, et trouvent que c'est déjà bien joli de feuilleter les journaux. Si les libraires m'ont dit vrai, il ne se vend pas dix Molière en un an, dans cette ville de deux cent quatre-vingt-dix mille âmes, et, passé les étrennes, il ne s'en vend pas un. Les libraires sont bien postés pour ce genre de statistique, puisqu'ils se chargent de l'approvisionnement des esprits. Cependant on compte dans Marseille quelques hommes sérieux et cultivés; ils ont de quarante-cinq à soixante ans; c'est une génération qui s'en va. On y compte aussi deux amateurs de peinture, dont l'un est par surcroît un connaisseur érudit. Il possède cinq tableaux, si j'ai bonne mémoire, mais le nombre n'y fait rien. C'est *la Madeleine* de Van Dyck, un admirable Christ de Rambrandt, et trois Poussin, dont un chef-d'œuvre. Ces cinq toiles sont conservées par leur maître avec un respect religieux dans un salon fait exprès, éclairé par le haut : des idoles dans un temple. L'autre galerie ne soutient pas la comparaison, quoiqu'elle ait coûté davantage et qu'elle vaille peut-être aussi cher (150 000 francs environ.)

---

La peinture moderne n'est pas en grand honneur à Marseille, et chaque fois qu'il y naît un artiste de talent, plaignez-le. La faim le chassera bientôt vers Lyon, vers Paris, ou même (cela s'est vu) jusqu'à Constantinople. On peut s'étonner à bon droit que les riches négociants, lorsqu'ils bâtissent à la ville ou à la campagne, prodiguent les marbres, les stucs, les métaux et les bois précieux, et lésinent uniquement sur l'art, qui est le plus beau luxe de la vie. J'ai visité au bord de la mer, des pavillons fort élégants, situés à merveille, bien bâtis, bien meublés, tapissés de plantes rares, entourés de fontaines délicieuses, peuplés d'oiseaux miraculeux, et déshonorés par des fresques de cabaret. Un seul millionnaire a eu le courage d'introduire les artistes dans son hôtel de Marseille, et sa villa de Montredon. Cet exemple sera-t-il suivi ? Je le souhaite, mais je ne l'espère point. Il n'est pas impossible que la génération nouvelle s'éprenne de curiosité pour les arts ; mais, si j'en crois mes pressentiments, elle s'attachera de préférence aux chevaux, aux voitures, et à toutes les niaiseries du sport.

La chasse est déjà en grand honneur aux environs de la Canebière. C'est plaisir d'entendre les Marseillais railler eux-mêmes leur passion pour cet exercice bruyant. Ils y font, en effet, plus de bruit que de besogne, car le gibier est presque introuvable dans le pays. Tel chasseur s'est mis en campagne avec des guêtres de sept lieues, qui rapporte une alouette à la maison. Tout château, toute villa, toute bastide, et jusqu'au plus modeste cabanon est flanqué d'un *poste* aux grives. Le poste est un cabinet de feuillage entouré de perchoirs qui attendent l'oiseau. Malheur à la pauvre bête qui se fourvoie dans le département des Bouches-du-Rhône ! Tous les arbres où elle essaye de se poser la mettent sous le feu d'un ennemi. Elle fuit d'un poste à l'autre au milieu du plomb, du bruit et de la fumée jusqu'à ce qu'elle tombe morte ; et cent chasseurs arrivent à l'hallali pour se disputer la proie. Faute de grives, on tue les merles ; faute de merles, les moineaux ; faute de moineaux, les hirondelles. Une hirondelle, dit-on, se vend quatre sous au marché. La campagne est dépeuplée d'oiseaux, car les tirailleurs marseillais ont un coup d'œil infaillible. Si, dans le calme profond d'une nuit de printemps, le rossignol élevait imprudemment sa belle voix limpide, les chasseurs se mettraient bientôt en campagne, et ils ne le manqueraient pas.

---

Je n'ai pas assisté à ces chasses invraisemblables, et je redis là-dessus ce que mes amis de Marseille m'ont conté. Mais j'ai vu de mes yeux les Marseillais au théâtre, et c'est toujours un spectacle intéressant. Ils aiment sincèrement la musique comme tous les peuples du Midi : on ne m'ôtera pas de l'esprit qu'il entre un peu d'affectation dans le dilettantisme du Nord. Les Marseillais aiment donc la musique et ils vont à l'Opéra pour autre chose que pour dire : « J'y suis allé. » Sont-ils grands connaisseurs? je n'en jurerais pas. Y a-t-il vraiment quelque public qui s'y connaisse? J'ai entendu hier soir un parterre italien applaudir les chanteurs toutes les fois qu'ils criaient trop haut; le même phénomène se produit souvent à Marseille. On y fait un joli triomphe au talent pur et classique de Mme Caroline Duprez; mais lorsque M. Armandi est en voix, c'est bien autre chose! M. Armandi est un ténor plus que médiocre; nous l'avons vu faire naufrage à l'Opéra dans le rôle de Robert. Il s'est échoué à Marseille, et là, pour la bagatelle de cinq mille francs par mois, il excite alternativement l'enthousiasme et la fureur du public. On le siffle et on l'applaudit dans le même morceau; on lui jette des pommes et des bouquets, on l'élève aux nues et l'on menace de le noyer dans le port. La devise de ce public devrait être : « A outrance! »

On lui sert des drames et des vaudevilles dans une salle

assez malpropre mais toujours pleine : la vogue est là. J'y ai vu la première représentation d'un drame inédit de M. Alexandre Dumas : *les Gardes forestiers*. La pièce était improvisée, mais on y sentait en plus d'un endroit la griffe du maître. Le public se montra indécis jusqu'à la fin du troisième acte ; il ne disait ni oui, ni non. Il était flatté de savoir qu'un homme de talent et de réputation était venu de Paris tout exprès pour lui servir des primeurs, mais sa vanité ombrageuse ne voulait pas être dupe en acceptant du rebut. Deux ou trois scènes excellentes le rassurèrent pleinement et lui prouvèrent jusqu'à l'évidence qu'on ne se moquait pas de lui. Alors commença un trépignement de joie, une furie d'admiration qui n'était pas encore apaisée, trois heures après la chute du rideau. Le nom de l'auteur fut proclamé au milieu d'une pluie de bouquets ; l'Athénée ouvrier lança sur la scène une couronne de papier doré, aussi grande que l'anneau de Saturne ; le régisseur apporta sur un coussin de velours une couronne d'argent massif ; l'auteur, traîné devant la rampe, essuya une bordée d'acclamations qui le fit presque tomber à la renverse. Il s'enfuit à son hôtel ; toute la salle le suivit. Un concert d'instruments s'organisa sous les fenêtres. Bon gré mal gré, il fallut paraître au balcon, descendre dans la rue, écouter des harangues, parler au peuple, embrasser la foule : la ville ne se coucha pas avant trois heures du matin. Voilà les Marseillais, quand ils s'y mettent. Le lendemain, la pièce ne fit pas d'argent. Les Marseillais avaient fait leurs réflexions et ils pensaient que, tout bien considéré, le drame qui les avait fait trembler, pleurer et rire, était écrit trop facilement. Cependant l'affiche du Gymnase portait en grosses lettres : *les*

*Gardes forestiers*, par M. Alexandre Dumas, *membre de l'Athénée ouvrier de Marseille*. Le même jour, on donnait à l'Opéra : *le Barbier de Séville*, *par MM. Beaumarchais et Castilblaze*. J'aime assez *monsieur* Beaumarchais.

———

Vous ne connaîtriez qu'à moitié le peuple de Marseille si j'oubliais de vous dire qu'il est ennemi juré du peuple d'Aix. Athènes ne fut jamais plus animée contre ses voisins d'Égine. Aix est une ci-devant grande ville; elle a essuyé des malheurs; elle a encore de beaux restes. Il lui reste surtout une cour impériale, un archevêché et une petite Sorbonne qui plairaient fort aux citoyens de Marseille. Ils se demandent avec quelque mécontentement pourquoi ces choses-là ne se vendent pas au marché.

Les habitants d'Aix ne font pas d'affaires et ne gagnent pas d'argent. Ils ont de beaux noms, de beaux hôtels, des châteaux respectables, grevés de quelques hypothèques. Ils regardent d'assez haut l'esprit mercantile et l'activité frétillante des Marseillais; ils se flattent de dédaigner les choses matérielles; ils fréquentent les cours de la Faculté des lettres; leur royaume n'est pas de ce monde; ils sont de purs esprits; ils ressemblent aux lis de la vallée, qui ne savent ni filer ni tisser et qui n'en portent pas moins la robe blanche. Si toutes les villes de France étaient animées de cet esprit-là, nous ne serions pas à la tête de la civilisation.

Il faut entendre les Marseillais sur le chapitre de leurs voisins! Je me souviens qu'un jour du mois de mars, nous étions une vingtaine de bavards assis, après dîner, dans la serre d'un château qui domine la mer. La conversation avait déjà fait deux ou trois fois le tour du monde. Un convive nous avait raconté comment certain pacha d'Égypte, désireux de mettre à la tête de ses troupes une musique européenne, écrivit à son correspondant de Marseille de lui en expédier une. Le négociant acheta les instruments les plus perfectionnés et les embarqua pour Alexandrie. Le pacha, ravi de la beauté de tous ces cuivres, les distribua sur-le-champ aux soldats les plus vigoureux de son armée, et leur ordonna, sous peine du bâton, de lui jouer quelque chose. Ils exécutèrent une cacophonie si prodigieuse qu'on les fit rouer de coups et qu'on en appela d'autres. Après plusieurs expériences également inutiles, le pacha conçut des doutes sur la qualité de la marchandise qu'on lui avait envoyée. Il se plaignit; le commissionnaire protesta qu'il avait fait pour le mieux, et une longue correspondance s'ensuivit. Enfin le Marseillais s'avisa de demander au pacha s'il avait des musiciens ? « Parbleu! répondit l'autre, si j'avais des musiciens, je n'aurais pas besoin de musique. »

Un autre nous avait dit l'histoire beaucoup plus nouvelle de ce roi du Gabon qui écrivit (toujours à Marseille), pour demander des cuirasses. Livraison faite, il procéda lui-même à la première expérience, réunit le conseil des ministres, le cuirassa de ses propres mains, le disposa en groupe serré, et tira dans la masse un canon chargé à mitraille. Non-seulement ce monarque noir veut laisser les cuirasses pour compte ; mais il réclame le prix de sept ou huit Excellences mises à mal par le canon.

Aix nous fut dépeint à son tour, sous des couleurs plus

bizarres que l'Égypte ou le Gabon. Il n'était personne qui n'y fût allé, qui n'eût vu faucher les rues, trouvé des tortues sur la grande place, rencontré des chaises à porteur, entendu sonner le couvre-feu à quatre heures du soir, ou arraché quelque grande toile d'araignée à la porte d'une boutique. Un des assistants s'était rendu célèbre, il y a quelques années, en proposant au conseil municipal de Marseille d'acheter les maisons d'Aix pour une vingtaine de millions et de donner congé à tous les indigènes. De cette façon, l'archevêché, la cour impériale et les trois Facultés auraient dû, bon gré mal gré, se transporter à Marseille. Cette idée, assez plaisante en elle-même, vous semblerait infiniment plus comique, si je pouvais transcrire ici les gestes de l'orateur, la vivacité de sa physionomie, l'éclat de ses yeux ; tout l'esprit, toute la gaieté, toute la bonhomie et toute la malice qui éclairait toutes les figures de l'auditoire. M. Alexandre Dumas est peut-être le premier causeur de France : il joua presque dans cette conversation le rôle d'un personnage muet. La faconde marseillaise de M. Berteaud l'avait abasourdi.

---

L'industrie, le commerce et la spéculation se partagent la ville de Marseille.

L'industrie habitait autrefois le sommet des montagnes, le bord des torrents, les profondeurs des forêts ; je la trouve mieux logée dans les ports. La mer apporte les matières premières et remporte les produits manufacturés. Le grand ouvrier, le moteur universel, le charbon qui fait retentir les marteaux de l'usine, se transporte économiquement sur toute la surface des mers. Marseille sera dans un peu de temps une des capitales de l'industrie française, et ses fabriques feront un tapage à réveiller Bordeaux.

En attendant, les principales industries de la ville occupent déjà quelque vingt mille ouvriers. On y fait beaucoup de sucre, d'huile et de savon, car nous sommes dans la métropole de l'épicerie française.

Le sucre de cannes nous arrive des colonies dans des caisses ou dans des couffes, sous la forme d'une poussière noirâtre et grumeleuse. Les raffineurs marseillais le mélangent, le fondent, le cuisent, le clarifient, le sèchent en pains, et le pulvérisent de nouveau. Ils sèment sur toutes les côtes de la Méditerranée cette poudre blanche, cristalline et étincelante dont les Méridionaux sont si friands. La métamorphose du sucre noir en sucre blanc durait trois ou quatre semaines, du temps que le trajet de Marseille à Constantinople durait trois ou quatre mois. Aujourd'hui la vapeur, qui peut tout, transforme le sucre en huit jours et le transporte en une semaine, et nos raffineurs renouvellent leur capital pour ainsi dire à chaque instant. Sur cent millions de kilogrammes qui se consomment tous les ans dans la Méditerranée, Marseille en fournit vingt; les Belges et les Hollandais font le reste. Avant dix ans, s'il plaît à Dieu, tout le marché nous appartiendra et Marseille sera en mesure de sucrer la Méditerranée comme une simple tasse de café.

Ce n'est pas de l'huile d'olive qu'on fabrique à Marseille : ôtez-vous ce préjugé de l'esprit. L'huile d'olive se fait à la campagne, petitement, dans la mesure des récoltes, toujours modestes ; c'est presque une industrie domestique. Les moulins de la ville, qui tournent vingt-quatre heures par jour, écraseraient en un moment toutes les olives de la Provence. C'est une viande trop creuse à mettre sous leur dent : apportez-leur des navires chargés de sésame, d'arachides ou de noix de coco ; voilà le régime qui leur convient.

*Sésame, ouvre-toi!* c'est le mot d'Aladin dans le conte des *Mille et une Nuits.* A cette phrase magique, la cave aux trésors s'ouvre toute grande. Qui nous l'eût dit, quand nous étions enfants, que le sésame, en dehors de toute féerie, renfermait d'inépuisables trésors ? C'est une petite graine de l'Inde, plate, allongée, noirâtre; j'en ai vu de belles montagnes dans les magasins de Marseille. On le fait passer au laminoir. *Sésame, ouvre-toi!* Il en sort une huile blanche, limpide, excellente à manger. On le porte ensuite sous des meules énormes en granit d'Écosse : *Sésame, ouvre-toi!* On le soumet à l'action de machines hydrauliques qui brisent une colonne d'acier comme un enfant casse un joujou : *Sésame, ouvre-toi!* On l'écrase à chaud ; on en tire de l'huile pour la savonnerie, de l'huile pour l'éclairage, et lorsqu'on l'a épuisé jusqu'à la dernière goutte, il reste un tourteau, une galette qui sert encore à engraisser les champs.

Le sésame d'Aladin est appelé aux plus hautes destinées. Il détrônera les arachides, les colzas, les pavots, les faînes, les noix et même les olives, lorsque le fret des navires de l'Inde coûtera un peu moins cher. Petite graine deviendra grande dès qu'on aura percé l'isthme de Suez.

Je ne veux pas quitter les huiles et les sucres sans vous parler du spectacle le plus intéressant qu'on m'ait montré à Marseille. On m'a fait voir dans un bureau fangeux, enfumé, plus que modeste, une veuve encore jeune qui recevait en robe noire et la plume à la main tous les ambassadeurs du commerce. Elle gouverne et fait prospérer deux huileries importantes et une énorme raffinerie; achète et morcelle de grands terrains au nord de la ville; acquiert une propriété d'un million dans un département voisin; y découvre des mines de fer; établit des hauts fourneaux; gagne pour un million et demi de procès contre les communes riveraines; trouve une mine de cuivre, la seule qui soit en France, et s'apprête à l'exploiter, tout en élevant dix-sept garçons, filles, neveux et nièces, sans compter les petits-enfants. Cette personne extraordinaire et nullement excentrique, qui manie une dizaine de millions sans faire de bruit, a commencé sa fortune elle-même. Vous voyez bien que l'épicerie est proche parente de la féerie. *Sésame ouvre-toi!*

―――――

La fabrication des savons n'est point sujette au progrès, comme celle des sucres et des huiles. Elle n'a presque pas bougé depuis deux cents ans; elle était grande fille dès sa naissance, comme Minerve qui sortit tout armée du cerveau de Jupiter. Le seul changement à signaler, c'est que depuis l'invention de la soude factice, les huiles du sésame ont acquis droit de cité dans le pays de la savonnerie. Mais les fabriques de savon, qui parfument désagréablement tout un quartier au sud du vieux port, ont conservé une physionomie antique et primitive. Figurez-vous une vaste nef où quelques chaudrons cyclopéens, chauffés par des foyers invisibles, bouillonnent et écument en silence. Un peu plus loin, le savon refroidit dans de larges réservoirs. On le découpe en briques, on le pèse, on l'emballe : la vapeur n'a rien à faire ici. Ces énormes maisons sont des temples d'industrie patriarcale et de probité héréditaire. Le fabricant s'applique à maintenir la réputation de sa marque, et ce n'est pas chose facile. La moindre falsification dans les huiles qu'il achète peut gâter toute une cuvée de savon.

C'est surtout à la savonnerie que Marseille devait autrefois sa renommée d'infection et de malpropreté. Rien n'est plus sale que le savon tandis qu'il se fait. Il laisse derrière lui des résidus liquides et solides que les Marseillais de l'âge d'or déposaient à leur porte ou écoulaient dans le port. L'administration ne permet plus tant de laisser aller : on fait jeter les eaux sales loin du port et les terres fétides loin de la ville. Peut-être un jour toute l'industrie savonnière se transplantera-t-elle dans la banlieue. Les fabricants, s'ils se décident à émigrer à quelques kilomètres, économiseront les transports et les octrois qui grèvent leurs produits ; ils restitueront à la population aisée de Marseille un beau quartier bien tracé et bien bâti, que l'odeur rend inhabitable. Ils pourront s'établir dans le voisinage des fabriques de soude, où mille ouvriers travaillent pour eux.

Je ne m'éloignerai pas trop de l'épicerie en disant qu'on trouve à Marseille dix-huit raffineries de soufre et quarante fabriques de pâtes d'Italie. On y prépare ces confitures du Midi qui ont fait à Castelmuro une réputation européenne. Mais le canal de la Durance, en fécondant un sol poudreux, a augmenté la beauté des fruits au détriment de leur saveur. On en récolte davantage et ils sont bien plus gros depuis qu'ils sont mieux nourris, mais ils ont perdu cette quintessence d'aridité qui les distinguait des autres. Les fruits sont comme les hommes, un peu de misère les rend meilleurs.

---

On m'a montré à Marseille une petite usine vraiment curieuse et qui est, si je ne me trompe, la seule de son espèce. C'est une fabrique de bouchons de liége où tout se fait à la vapeur. J'avais vu quelquefois un ouvrier habile, armé d'un couteau bien affilé, découper des bouchons dans l'écorce du chêne-liége, et il me semblait impossible qu'une force aveugle et inintelligente accomplît un travail si délicat. Mais la machine qu'on me fit voir a de l'esprit comme une personne et de l'adresse comme une fée. Le serrurier ou plutôt le bijoutier qui l'a construite, serait au rang des dieux s'il avait pris la précaution de naître deux ou trois mille ans plus tôt. Je voudrais pouvoir vous montrer ces petites mains d'acier poli qui saisissent un liége brut, le tournent, le retournent, le découpent en cylindre, l'amincissent en cône, s'arrêtent pour tâter s'il est bien, le laissent au rebut s'il est mal, le retouchent à l'occasion, et le jettent finalement dans un panier, à l'état de bouchon parfait, sous les yeux du contre-maître. C'est plaisir de surveiller ces ouvriers métalliques qui travaillent du matin jusqu'au soir sans autre stimulant qu'un coup de piston, avec une goutte d'huile pour toute nourriture. On m'a dit que les petites mains de la machine gâtaient un peu plus de liége que les grosses pattes du bouchonnier. J'ai peine à le croire ; mais en tout cas, l'économie de la main-d'œuvre compense largement le déchet.

Je ne vous dirai rien des minoteries de Marseille, quoiqu'elles occupent plus de 1100 ouvriers, ni des tanneries, ni des forges, ni des fonderies, ni de ces admirables chantiers de la Ciotat où se construisent les navires. C'est assez que vous ayez vu par ce qui précède que les Marseillais ont le bon esprit de mener de front le commerce et l'industrie. Parlons commerce.

---

Le vieux port de Marseille est excellent : le nouveau est assez bon ; le troisième qui se construit sera passable. La ville possédera bientôt une surface d'eaux abritées qu'on évalue à 160 hectares. Il ne faut pas beaucoup plus de place pour loger tout le commerce maritime de la Méditerranée. Les priviléges du port sont assez séduisants pour attirer les navigateurs et faire concurrence aux franchises de Trieste. Les navires étrangers qui s'arrêtent à Marseille sont exempts de tous droits de navigation ; les navires français n'y sont assujettis qu'aux droits fixés pour la délivrance des actes de francisation et de congé. Les marchandises imposées à un droit principal de moins de 15 francs par 100 kilogrammes sont exemptes de la surtaxe de 10 pour 100 lorsqu'elles sont importées par Marseille. L'entrepôt fictif, qui partout ailleurs est d'une année, est ici de deux ans, et peut être prolongé.

Ces petites faveurs produisent de très-grands résultats. L'entrepôt de Marseille a reçu, en 1856, huit millions et demi de quintaux métriques représentant une valeur de 479 millions de francs. C'est à peu près les quatre neuvièmes de tout ce que la France a reçu dans ses entrepôts. La même année, Marseille figurait pour plus de 36 millions et demi dans le revenu des douanes. Elle possédait au 31 décembre 882 navires à voiles de 101 242 tonneaux. Mais sa plus belle richesse et son avenir le plus brillant étaient déjà dans la navigation à vapeur.

---

Je vous étonnerais bien si je vous faisais les confidences d'une Compagnie fort modeste et nullement bruyante qui a ses bureaux à Marseille, ses bateaux à la Joliette et ses chantiers à la Ciotat. Elle manie un capital de trente millions, transporte deux cent trente mille passagers, soixante-sept mille tonnes de marchandises, et parcourt trois cent mille lieues sans tambour ni trompette. Vous aurez une idée de la multitude et de la variété de ses opérations si je vous dis qu'à Marseille seulement elle reçoit tous les ans quarante mille lettres à son adresse ! C'est la Compagnie des Messageries impériales, qui s'est lancée à la mer le 8 juillet 1851.

Le transport des dépêches, des passagers et des marchandises dans la Méditerranée avait été jusque-là un privilége de l'administration des postes. Ses navires, petits marcheurs, parcouraient quatre-vingt-dix mille lieues environ, et réalisaient, en 1847, un déficit annuel de quatre millions et demi, non compris les frais généraux, l'intérêt du capital engagé, l'assurance et la dépréciation. Ils ne transportaient pas plus de vingt-sept mille passagers et neuf mille tonneaux. La loi du 8 juillet, en substituant l'activité des intérêts personnels à la froideur d'une administration désintéressée, a presque décuplé le mouvement des voyageurs et des marchandises, et ce miracle s'est accompli en moins de dix ans.

J'ai voyagé, il y a sept ans, sur les navires de la compagnie, et je puis mesurer les progrès qu'ils ont faits. Les vieilles coques léguées par l'administration des postes ont été mises au rebut. Les cinquante bâtiments qui sillonnent la Méditerranée composent une flotte qui se porte bien. Ils ne font pas cinq lieues à l'heure, comme *le Valetta* et *le Vectis* de la Compagnie Péninsulaire, mais ils dévident correctement leurs dix nœuds, quelles que soient la charge du navire et la résistance de la mer. Le passager y trouve toutes les douceurs de la vie, et surtout cette propreté française qu'on apprécie furieusement lorsqu'on a fait un voyage ou deux sous pavillon étranger. Enfin, les commandants sont gens du monde, et pas plus loups de mer que vous ou moi.

La Compagnie, qui songe à tout, emploie des bâtiments à hélice pour les trajets directs, des navires à aubes pour les promenades à vapeur le long des côtes. Les voyageurs pressés ont moins peur du roulis; les jeunes ménages qui vont de Marseille à Gênes, de Gênes à Livourne, de Livourne à Civita-Vecchia et à Naples, sous les rayons argentés de la lune de miel, s'endorment dans un équilibre plus stable entre les larges roues du bateau.

La rapidité des transports a donné des ailes au commerce de Marseille. La vapeur usurpe de jour en jour le cabotage de la Méditerranée, qui devient un lac marseillais. Je ne me charge pas d'énumérer ici les marchandises que la ville exporte en Orient : huit pages de journal ne suffiraient peut-être pas à la liste. J'aime mieux vous dire en résumé que les commissionnaires marseillais vendent de tout. Ils importent en échange les produits bruts de la Méditerranée et de la mer Noire, les récoltes de l'Amérique, de la côte d'Afrique et de l'Inde ; les cotons, les cuirs, les alcools, les sucres, mais avant tout et par-dessus tout les grains de toute sorte. Je vous ai touché un mot des graines oléagineuses ; il y aurait un livre à faire sur l'importation des blés. La France a fait cinq récoltes déplorables, de 1852 à 1857. Qui est-ce qui nous a nourris? Marseille. La Canebière a vu défiler en six ans plus de 13 millions de charges de blé, qui font plus de vingt millions d'hectolitres. Au commencement de 1856, quand les récoltes de la Russie étaient bloquées dans la mer d'Azof, quand la mercuriale de tous nos marchés allait de la hausse à la hausse, les Marseillais couraient à Naples et à Alexandrie, et vidaient les greniers de l'Égypte et des Siciles.

---

Au milieu de cette hausse dont personne ne voyait le terme, la spéculation sur les grains prit un essor dangereux. Un négociant allait chercher le blé à sa source et l'achetait à n'importe quel prix, sûr de revendre à bénéfice. En effet, tandis que le chargement accourait, vent arrière, vers le port de Marseille, il était demandé sur la place, vendu, revendu, toujours en hausse, et il changeait vingt fois de maître avant d'entrer dans le port. Entre les acquéreurs et les vendeurs circulait le courtier, homme habile, intéressé à faire croître et multiplier les affaires. On a vu des chargements passer par tant de mains que la vente de blé suffisait tout juste à payer les courtages. On a vu le principal courtier de Marseille, un jeune homme qui a véritablement le génie de l'entremise, gagner 1 200 000 francs dans un an !

Cet empressement téméraire des Marseillais a pu jeter quelque embarras dans leurs affaires, mais n'oublions pas qu'il nous a donné du pain.

Il était impossible que le retour de l'abondance et la baisse de toutes les denrées ne prît pas quelques spéculateurs au dépourvu. Les crises financières qui entraînent certains désastres privés sont une conséquence inévitable du développement du crédit. Nos pères ne les connaissaient pas, mais ils connaissaient la famine.

La spéculation sur les fonds publics et les valeurs industrielles est du fruit nouveau à Marseille. Cependant on estime que du 1ᵉʳ janvier 1855 au 1ᵉʳ janvier 1858, les Marseillais ont acheté du papier pour une centaine de millions. J'entends du papier solide, tel que rentes sur l'État, actions des chemins de fer et obligations garanties.

Jusque-là, le parquet faisait une besogne assez ingrate : il négociait des actions locales de peu de valeur, pour le compte de spéculateurs sans argent. On trafiquait sur des mines douteuses, des tourbières incertaines, et des banques mal assises. Le capital se cachait dans un trou lorsqu'il voyait passer un agent de change. Il est vrai de dire que la compagnie des agents, mal recrutée, n'offrait pas des garanties bien sérieuses. Les charges étaient offertes à 50 000 francs, sans preneurs; dix agents sur vingt avaient été mis dans l'obligation de vendre leur office. A côté du parquet, une coulisse imposante s'était constituée en corps régulier, avec syndic et chambre syndicale. Le public, qui n'entend pas malice aux affaires de bourse, s'était accoutumé à regarder les coulissiers comme d'autres agents de change. Cette confusion n'était pas de nature à flatter les agents, car ils voyaient parmi leurs sosies un certain nombre d'hommes sans aveu, criblés de dettes et surchargés de jugements.

Le bonheur voulut que la chambre syndicale nommée à cette époque prît à cœur les intérêts et la réputation de la place. Quant au syndic, M. Paul Blavet, il était jeune et il avait la rage du bien. Il se jeta sur les coulissiers comme un tigre, et les traîna devant le procureur impérial. Le tribunal les condamna tous, comme un seul homme; la corporation des agents fut délivrée d'une concurrence parasite et compromettante.

A la dispersion des coulissiers, succéda la conversion des marrons. Le terrible syndic dirigea ses attaques contre les agents non commissionnés qui s'occupaient de l'entremise des effets de commerce. Cette catégorie se composait en général d'hommes sérieux, habitués au travail, raisonnablement fournis d'argent et de clientèle et admis dans les meilleures maisons. On leur donna la chasse, mais poliment, pour les forcer de se mettre en règle. Chacun d'eux se réfugia dans une des charges d'agent qui se trouvaient vacantes, et le parquet se trouva solidement constitué.

Les hommes sérieux amenèrent les affaires sérieuses. Les valeurs locales furent proscrites de la cote à terme et ne figurèrent plus que pour mémoire sur la cote au comptant. Les placements se firent sur les grandes valeurs, comme à la Bourse de Paris. Les transactions sur les titres prirent de jour en jour un nouveau développement, et les charges d'agent de change qu'on offrait naguère à 50 000 francs, sont recherchées aujourd'hui de 120 à 150 000 francs.

---

Il suffit de traverser Bordeaux, Lyon ou Marseille pour voir que les parquets de province, sous l'influence de syndicats intelligents, tendent à décentraliser le marché des fonds publics. Autrefois Paris était le seul marché, la France entière y adressait ses ordres d'achat ou de vente. Les agents de province avaient été institués pour l'entremise des effets de commerce et des lettres de change, comme les courtiers pour l'entremise des marchandises, et la preuve, c'est qn'ils sont encore assimilés aux courtiers et placés avec eux dans la dépendance du ministre du commerce. Les agents de Paris, seuls chargés de la vente et de l'achat des fonds, étaient soumis à une organisation spéciale, et placés sous la main du ministre des finances. Lorsqu'un particulier de Marseille, de Bordeaux ou de Lyon voulait vendre ou acheter de la rente, il s'adressait au receveur général qui faisait faire l'opération à Paris par le ministère d'un agent.

Mais depuis que les parquets de province fonctionnent régulièrement, la rente se vend et s'achète à Marseille sans faire le voyage de Paris ; les négociants de Bordeaux ou de Lyon spéculent sur la hausse et la baisse par l'entremise de leurs agents, sans rien dire au receveur général. Cette révolution dans les habitudes de la province est plus importante et plus utile qu'on ne le suppose au premier coup d'œil. Lorsque toutes les affaires aboutissent au même marché, la concurrence de tous les ordres de vente qui s'abattent simultanément sur une seule place, en temps de crise politique ou financière, contribue à la dépréciation du crédit, et précipite la baisse. Quand les marchés de province sont là pour amortir le choc, la baisse se sent moins parce qu'elle se répartit.

---

Il y a tout juste un an que je gourmandais de toutes mes forces le conseil municipal de Bordeaux. Je lui reprochais d'être riche et mauvais riche, de ménager un peu chichement les revenus d'une ville grande et puissante, et de marcher sans enthousiasme dans cette voie de luxe et de progrès où la France entière galope à la suite de Paris. Il est certain que l'économie est la plus sotte et la plus stérile de toutes les vertus. Lorsqu'une dépense est utile, on doit la faire sans marchander et sans attendre. Je connais un homme qui voyage six mois par an, et qui a pour principe de ne rien payer trop cher : l'habitude de marchander lui sauve une dizaine de francs par jour, et lui retranche pour plus de cent francs de plaisir. Mon grand-père était un digne paysan, mais prudentissime pour son malheur et pour le nôtre. Il possédait, sous la Terreur, douze mille francs en or et six enfants. L'occasion se présenta d'acquérir le château du village et un domaine qui vaut un million. Mon grand-père n'était pas si fou! Il garda son argent par prudence, et lorsqu'il mourut, en 1845, on retrouva douze mille francs dans son bahut. Moi-même, qui ne suis pas plus économe qu'un autre, j'ai rencontré ces jours derniers dans une boutique de Rome le poignard de Trivulce, une pièce authentique du plus haut intérêt. La gaîne en os, longue d'un demi-mètre, porte le nom du possesseur, son portrait, le portrait de Louis XII, et le portrait d'une femme inconnue que je n'ai pas encore rencontrée dans l'histoire. Cette belle arme était à vendre pour 150 francs ; elle vaut quatre fois davantage ; je l'ai laissé emporter par un brocanteur de Paris. Que voulez-vous? J'ai attendu, j'ai fait comme mon grand-père ; avec cette différence que les 150 francs ne se retrouveront pas dans ma succession.

Personne ne songerait à faire des économies, si l'on était bien pénétré de cette vérité incontestable : l'or et l'argent baissent imperceptiblement tous les jours, tandis que l'art et le travail de l'homme augmentent de prix. Les sept louis et demi que j'ai bêtement gardés dans mon tiroir valent déjà quelque chose de moins que la semaine passée ; et le poignard de Trivulce dans quatre ou cinq cents ans vaudra dix fois son pesant d'or.

Si l'économie est absurde chez les particuliers, elle est presque coupable chez ceux qui gouvernent. La richesse et la grandeur d'un pays ne proviennent pas de l'argent mis de côté par les souverains, mais de celui qu'ils ont déboursé à propos. L'argent dépensé est le seul qui reste; l'argent épargné finit toujours par disparaître. Les assemblées bourgeoises ne sont pas de cet avis, parce qu'elles sont de l'école de mon grand-père; elles lésinent dans le présent, sans nul profit pour l'avenir. Panurge est peut-être allé un peu loin dans son royaume salmigondinois; mais il y avait plus de raison dans le petit doigt de Panurge que dans tout le ventre d'un parlement.

L'habitude de rogner les budgets et surtout l'ajournement systématique des travaux reconnus nécessaires ont coûté très-cher à la France. Si le chemin de Paris à Marseille avait mis quelques années de moins à se construire, le port de Trieste n'aurait pas fait fortune à nos dépens. Les éclaircies qui se font rapidement dans les quartiers touffus de Paris auraient coûté moitié moins en 1758. Elles coûteraient dix fois plus, si un esprit de temporisation parlementaire les ajournait d'année en année jusqu'en 1958. Il suit de là que pour tous les travaux d'utilité ou de splendeur publique, rien n'est plus prudent que la hâte, et rien n'est plus économique que la dépense.

L'histoire, qui juge les gouvernements en dernier ressort, leur sait peu de gré des millions qu'ils ont mis à la caisse d'épargne. Elle considère Galba comme un ladre, et elle n'a pas Vespasien en odeur de sainteté. Les magnificences de Louis XIV, encore qu'un peu personnelles, ont laissé un meilleur souvenir que les lésineries de Louis XI. C'est pourquoi, si nous voulons être bénis de nos enfants et admirés de la postérité, dépensons tous nos revenus à des entreprises grandes et utiles : c'est le meilleur placement.

Nous disions donc que la ville de Bordeaux prenait trop peu sur ses revenus pour se faire belle. Il est vrai que les siècles précédents lui ont laissé peu de besogne. Quant aux Marseillais, qui ont tout à créer, ils se démènent comme de beaux diables pour la plus grande gloire de leur pays. Ils n'ajournent rien au lendemain, ils entreprennent dix choses à la fois, ils mènent de front l'utile, l'agréable et le majestueux. Deux ports, un canal, un palais de justice, une résidence impériale, une bourse, une cathédrale, un jardin zoologique ! Je n'oublie rien ? non, rien, si ce n'est l'élargissement de la rue Noailles et de la rue d'Aix. C'est une affaire de neuf millions pour la rue Noailles, et de dix-sept millions pour l'autre ; vingt-six millions pour que les voitures circulent plus commodément à l'entrée de la ville ! Louis XI et tous ses compères décideraient, à l'unanimité, que ces gens-là sont fous.

J'avoue qu'au premier coup d'œil, cette fureur d'entreprendre m'avait presque épouvanté. Je me suis demandé un instant si ce jeune et impétueux Marseille ne gaspillait pas étourdiment ses biens nés et à naître ; s'il ne conviendrait pas de lui donner un conseil judiciaire au lieu d'un conseil municipal. Le budget de la ville m'a répondu.

Les dépenses les plus énormes et les plus folles en apparence se réduisent à rien lorsque celui qui les fait est en voie de prospérité, lorsque tout lui réussit et que l'argent jeté par la fenêtre rentre immédiatement par les portes, suivi de gros intérêts. Les établissements privés qui fleurissent à Marseille prouvent abondamment cette vérité. L'administration des théâtres paye 75 000 francs de loyer par an ; elle donne 5000 francs par mois à son premier ténor, 2500 francs à sa basse, 4000 francs à sa première chanteuse, et tout dans la même proportion. Cependant les directeurs ont encaissé 75 000 francs de bénéfices nets en 1857. Les cafés chantants du Casino et de l'Alcazar étalent un luxe quasi ridicule, qui étonnerait les gens de Paris; mais plus ils dépensent, plus ils gagnent, et la folie de leurs déboursés les enrichit en un rien de temps. Les actionnaires du jardin zoologique ont acheté leur terrain en 1855. C'était une affaire de 118 000 francs, sans compter les constructions et les bêtes. Mais le revenu, le simple revenu de 1857, s'élève à 95 660 francs. La récolte d'une année couvre presque le capital, comme dans la culture du lin.

Allez du petit au grand; les résultats sont les mêmes. Les dépenses de la ville augmentent tous les ans. Elles marchent d'un joli train, mais qu'importe, si les recettes ont toujours un ou deux millions d'avance? On débourse près de dix millions en 1855; il en rentre plus de douze. L'année suivante, pour onze dépensés on en récolte treize. En 1857, on fait des folies : dix-huit millions et demi ! La recette arrive presque à vingt millions. Savez-vous qu'il y a des États en Europe dont le budget ne monte pas si haut? Dans tous les cas, je n'en connais aucun dont la prospérité marche si vite.

On a tant de confiance dans les destinées de Marseille, on lui sait de telles ressources, on le croit si solvable, qu'il peut emprunter ce qu'il lui plaira. Tous les emprunts qu'il a ouverts ont été souscrits immédiatement par les citoyens de la ville au taux le plus modéré : 4 ½ pour 100 pour la plus grande partie.

Son bilan peut s'établir en quelques lignes ; il prouve la sagesse de ses administrateurs. La ville est autorisée par diverses lois à emprunter 43 250 000 francs. Elle a réalisé

35 750 000 francs ; elle en a déjà remboursé 8 900 000. C'est donc 26 850 000 qu'elle doit. Une misère ! Un homme qui a 20 000 francs de revenu, et qui en dépense 18 500, peut faire 27 000 francs de dettes sans encourir l'interdiction. On lui permettrait de s'endetter du triple s'il espérait dans l'avenir quelque honnête héritage. Or, mon Marseille est fils du commerce et de l'industrie ; il a dans l'avenir un héritage illimité et d'incalculables espérances.

Sa dépense principale a été la construction du canal de la Durance, qui coûte environ 35 millions et demi ; mais la vente des eaux produit déjà 450 000 francs par an, sans parler de la ville assainie, de la poussière abattue, de la campagne transfigurée. La construction des ports est entreprise à frais communs par la ville, le département et l'État. C'est la ville qui en recueillera les premiers fruits. La cathédrale coûtera cher. Combien ? Personne ne peut le dire. Le devis définitif des fondations est d'environ 1 300 000 francs. Mais il était impossible que l'évêque de Marseille officiât plus longtemps dans une église de village. L'État a souscrit pour deux millions et demi, la ville en donnera quatre : un sur son budget, trois sur les terrains de la Joliette qu'elle a vendus. Le palais de justice coûtera quatre millions ; mais c'est le département qui paye. La Bourse en coûtera six et demi ; mais c'est la chambre de commerce qui fait presque tous les frais. La ville fournira une subvention de 600 000 francs, payable en dix ans : elle a cédé le sol des rues.

On va construire une résidence impériale au sud du vieux port, sur l'emplacement de la Réserve, auprès de ce village des Catalans que Monte-Cristo a rendu célèbre. Depuis longtemps déjà le village des Catalans n'est plus qu'une ombre. Cette république de pêcheurs, apportée par l'émigration, s'est remise à émigrer. Est-ce en haine de l'inscription maritime? Est-ce parce que le poisson manque sur nos côtes? On ne sait. Toujours est-il que le petit port se fait désert, et que les cellules blanchies à la chaux sont presque vides. A peine si l'on entend dans cette solitude le son guttural d'une phrase espagnole. Il faut errer longtemps par les ruines avant de rencontrer sur le seuil d'une porte ouverte une vieille femme au visage de bronze épluchant la tête de son petit-fils.

---

Les Marseillais dépensent leur commun revenu en hommes intelligents; je n'ai pas dit en artistes. Gens d'esprit tant qu'on voudra; je suis prêt à enchérir sur tous les superlatifs de la louange; mais en matière d'art, ce n'est pas à eux que je demanderai des avis. Le discernement du beau est un fruit de l'éducation plutôt qu'un don de la nature, et les Marseillais n'ont pas encore tourné leur esprit de ce côté-là. Il leur manque cette tradition d'art qui s'est conservée çà et là dans quelques villes de France, à Lille, à Valenciennes, à Dijon, à Grenoble, à Lyon, je dirai même à Bordeaux. Les nouveaux édifices de Marseille ne s'annoncent pas comme des chefs-d'œuvre d'architecture : on fait aussi bien à Washington et à Cincinnati. Devant la Bourse neuve, qui est formellement laide, on voit un bourreau montrant au peuple une tête fraîchement coupée. C'est la statue du Puget, martelée par M. Ramus, et offerte en présent à la ville par un grand seigneur de Jérusalem. Le musée ne manque pas de bons tableaux, mais ils ne sont ni bien rangés, ni bien éclairés, ni bien entretenus. C'est ici que je me brouille avec le conseil municipal de Marseille. Il est fâcheux que des deux salles de peinture, la première soit mal éclairée et la deuxième ne le soit pas du tout. On regrette de voir trôner à la place d'honneur cinq ou six croûtes de l'école moderne, quand le *Mercure* de Raphaël, copié à la Farnésine par M Ingres, est placé sous le plafond, dans le coin le plus obscur d'une chambre noire. Enfin les restaurateurs du cru sont presque aussi imprudents que nos vandales de Paris.

———

De tous les priviléges municipaux, savez-vous quel est celui qu'on aime le plus en province? celui dont on est le plus fier? celui qu'on défend avec le plus d'obstination contre les empiétements de la capitale? C'est le droit de démolir un beau bâtiment pour en bâtir un laid; de choisir une mauvaise statue entre dix bonnes, de faire la nuit et le jour dans un musée, et d'élire un professeur de dessin qui ne sache pas dessiner. Cette fureur n'est pas spécialement française; on peut l'observer à loisir dans toute l'Europe civilisée, et elle contribue depuis nombre d'années à la décadence que nous voyons. Dans toute ville de dix mille âmes, les notables disent unanimement : « Nous avons le droit, pour notre argent, de protéger les arts à notre guise. Aucun pouvoir humain ne peut nous empêcher de gouverner la barque de travers, attendu que la cargaison est à nous. »

Un Bavarois qui habite Rome me racontait ces jours passés l'anecdote suivante. Je la transcris dans son entier, quoiqu'elle ne concerne ni l'Italie, ni même Marseille. Mais elle touche à une question qui intéresse les esprits élevés de tout pays. Écoutez-la donc avec soin ; c'est mon Bavarois qui parle :

« Je suis natif de Niguenau, ville de douze mille âmes, située à soixante milles de Munich, et chef-lieu de la province. On peut dire que mes concitoyens sont riches ; ils ont fait fortune en fabriquant des tissus de coton et des poupées de porcelaine. Leur plus grand plaisir est de manger des saucisses en buvant la bière du pays, qui est excellente ; ils ne savent rien de meilleur ni de plus digne d'un homme civilisé que la bière et les saucisses. Cependant, comme les beaux-arts sont à la mode en Bavière depuis un certain nombre d'années, et comme on s'en occupe activement à Munich, les notables de Niguenau, pour tenir leur rang dans le royaume, consacraient tous les ans quelques milliers de florins à la culture des arts. Ils entretenaient un architecte assermenté, chargé de réparer les édifices municipaux et de les repeindre en rouge. Ils avaient un musée composé au hasard, mais le hasard a quelquefois la main heureuse. Enfin ils nourrissaient tant bien que mal un professeur de peinture. Le professeur, le conservateur et l'architecte étaient trois enfants du pays, conformément à ce principe municipal : « Ne donnez pas à un étranger l'argent de la commune. » Ces trois personnages touchaient leur traitement chez le bourgmestre et par conséquent obéissaient à lui seul. Or le bourgmestre était un excellent homme, un médecin très habile et un des particuliers les plus spirituels de

Niguenau, mais en matière d'art, un âne. Il se montrait d'autant plus jaloux de sa prérogative, et les matières d'art étaient les seules sur lesquelles il n'entendît pas raison.

« L'administrateur de la province (appelons-le préfet pour parler comme chez vous) était un connaisseur éclairé par les voyages, par la vie de Munich et la fréquentation des grands artistes. Aussi se gardait-on de prendre ses avis. Lorsqu'il aventurait officieusement un bon conseil, le bourgmestre se drapait dans sa morgue municipale et répondait avec une politese impertinente : « Monsieur le
« préfet s'y connaît mieux que nous, et nous sommes gens
« à nous tromper ; mais Niguenau est assez riche pour
« payer nos bévues, et il n'en coûtera pas un kreutzer au
« gouvernement. »

« Lorsqu'il fut question de rebâtir l'hôtel de ville qui tombait en ruine, le bourgmestre et son architecte combinèrent ensemble un petit projet de temple grec, surmonté d'un clocher gothique et entouré d'un balcon suisse. Le préfet vit par hasard les plans de cet édifice hybride, et il ne put se défendre de pousser les hauts cris. On lui répondit avec douceur : « C'est la ville qui
« paye. »

« Vers le même temps, le conservateur du musée, qui n'avait touché un pinceau de sa vie, s'arrêta devant le tableau du Pérugin. Nous n'en avions qu'un seul, mais c'était la perle du musée. Cet animal (excusez-moi si je ne trouve pas un mot plus poli) s'avisa que la peinture était trop jaune, et il se mit à la gratter avec une racloire jusqu'à ce qu'il rencontrât le bois. Il s'aperçut alors qu'il avait fait la place un peu trop nette, et pour réparer sa maladresse, il étendit une couche de bitume sur l'espace qu'il avait blanchi. Mais s'étant souvenu fort à propos que le tableau primitif avait certaines parties dans la lumière et certaines autres dans l'ombre, il égratigna le bitume avec la pointe d'un canif, partout où il lui plut de faire des clairs. Le préfet le surprit au milieu de cette exécution, et poussa un cri de colère. Sa première idée fut de le foudroyer d'un coup de pied; mais il se contenta de provoquer son renvoi. « Vous nous « excuserez, répondit le bourgmestre, ce fonctionnaire « est à notre nomination, puisqu'il est payé sur notre « budget. »

« Le professeur de peinture à l'école communale vint à mourir. Il n'avait rien su de sa vie, et depuis une vingtaine d'années il enseignait aux jeunes gens de Niguenau une certaine peinture à la pommade qui faisait l'admiration des parents. Le préfet se persuada que cet heureux décès allait sauver le bon goût dans la ville. Il voulait appeler de Munich un homme âgé, plein de talent, goûté dans les expositions, honoré de plusieurs récompenses, et assez modeste pour préférer une position fixe en province à la vie militante de la capitale. Mais le bourgmestre et les conseillers avaient un autre candidat. C'était un jeune homme du pays qui s'était fait connaître par d'heureux commencements dès l'âge de douze ans. On l'avait envoyé à Munich avec une pension de 300 florins, dans l'espoir qu'il obtiendrait le prix de Rome et qu'il ferait honneur à la ville de Niguenau. Il avait concouru tant que son âge le lui avait permis, c'est-à-dire jusqu'à sa trentième année, et il n'avait pas même remporté un second prix. Ce n'était pas qu'il peignît à la pommade, mais il dessinait ses tableaux

avec la pointe d'un clou. Il fut élu à l'unanimité par le conseil de ville, et le bourgmestre se fit un devoir d'en informer le préfet. « Votre seigneurie, lui dit-il, appréciera
« les sentiments qui nous ont inspirés. C'est nous qui
« avons jeté ce jeune homme dans la peinture en lui four-
« nissant les moyens d'étudier. Puisqu'il n'a pas réussi,
« nous devons lui assurer des moyens d'existence.— Mais
« quoi? reprit l'administrateur intelligent, parce que ce
« garçon a prouvé son incapacité à Munich, vous lui donnez
« la place d'un homme capable ! Vous ne savez pas tout le
« mal qu'un professeur de dessin peut faire dans un pays,
« et quelle influence déplorable il exerce sur le goût du
« public. — C'est à nos risques et périls, reprit le bourg-
« mestre; d'ailleurs c'est nous qui payons. — Hé ! mor-
« bleu ! un homme a-t-il le droit d'empoisonner ses en-
« fants, sous prétexte qu'il a payé le poison ? »

« L'architecte, le conservateur et le professeur triomphaient dans leur nullité à la barbe du préfet, lorsque le roi vint à passer. C'était un roi fort doux, comme on sait, mais artiste à outrance et intraitable dans les questions de goût. Il manda le bourgmestre et les conseillers à l'hôtel de la préfecture et leur dit : « Bonnes gens, vous croyez
« avoir le droit de bâtir des édifices ridicules, de saccager
« les tableaux de votre musée et de fausser le goût de vos
« enfants, parce que le maître de dessin, le conservateur
« du musée et l'architecte de la ville sont payés sur votre
« budget. Ce préjugé est établi dans tous les chefs-lieux de
« mon royaume; aussi n'ai-je pas dix hommes de goût
« hors de Munich. Il est temps de changer de régime. Je
« veux que tous les édifices publics soient construits par
« des architectes à moi, que les conservateurs de tous les

« musées aient fait leurs preuves dans la capitale, et que
« les professeurs de peinture soient choisis par mon mi-
« nistre comme les maîtres de grec et de latin qui ensei-
« gnent dans les colléges royaux. Vous pouvez objecter
« que ces messieurs sont à votre nomination parce qu'ils
« sont à votre solde : c'est la loi. Mais la loi dit aussi que
« lorsqu'un fonctionnaire est payé par l'État et par la ville,
« c'est au gouvernement qu'il appartient de le nommer.
« C'est pourquoi, à dater de ce jour, je contribuerai pour
« un florin par an, au traitement de l'architecte, du con-
« servateur et du maître de dessin de Niguenau, et ils
« ne seront nommés que par moi. »

« Depuis cet acte d'autorité royale, on a construit à Niguenau un hôtel de ville simple et de goût irréprochable :
les élèves de l'École des beaux-arts ne peignent plus à la
pommade et ne dessinent plus avec un clou ; le musée est
bien éclairé, bien entretenu, bien rangé ; on voit sous
chaque tableau le nom du maître et l'indication du temps
où il vivait ; les chefs-d'œuvre sont mis à une place d'honneur, pour que le public soit instruit de ce qu'il peut
admirer à coup sûr ; et si notre collection n'est pas des
plus riches, elle est d'un aussi bon exemple que celle de
Munich. »

Ce discours traduit de l'allemand nous a entraînés si
loin de Marseille, que, ma foi, j'ai presque envie de n'y
plus retourner. Aussi bien, nous avons tout vu, si j'ai
réussi à vous montrer en quelques pages ce que j'ai étudié
en dix jours. Je vous ai dit ce que je pense des Phocéens,
le bien et le mal, et vous conviendrez certainement avec
moi que la somme du bien l'emporte de beaucoup.

Maintenant, s'il vous plaît, nous irons à Rome, et nous

y entrerons de plain-pied. Si j'avais parcouru la route en pèlerin, le sac sur le dos, comme les artistes du bon vieux temps, j'aurais bien des paysages à décrire et des scènes d'auberge à raconter. Mais je suis parti sur un bateau des Messageries, à dix heures du soir, heure militaire, et je suis descendu à Civita-Vecchia trente heures après, sans avoir eu le mal de mer. Voilà tous les incidents du voyage. Le paysage n'a pas varié un instant : bleu partout. Je pourrais vous donner le portrait et l'histoire de mes compagnons de traversée, mais je n'aurais que du bien à vous en dire ; et d'ailleurs, comme ils ne sont pas des hommes publics, leurs affaires ne vous regardent pas.

---

Il en est un cependant que je me rappelle avec trop de plaisir pour n'en pas dire quelques mots. C'est M. de Bailliencourt, colonel du 40ᵉ de ligne, et l'un des hommes les plus aimables, les plus ronds, les plus ouverts que j'aie rencontrés en aucun pays.

J'ai toujours aimé les soldats. Singulier goût, dira-t-on, chez un auteur qui se pique de philosophie. Parbleu ! je sais comme vous que l'homme n'est pas sur cette terre pour tuer les autres hommes. L'activité, le courage et l'intelligence ont mille emplois plus utiles et plus élevés ; je ne prétends pas engager de discussion là-dessus. Mais j'aime les soldats, et c'est plus fort que moi. Je les aime avec leurs qualités et leurs défauts, leur instruction et leur ignorance, leur grandeur d'âme et leurs travers, et surtout avec cette éternelle jeunesse de cœur qui les distingue de nous. Ce qui plaît aux bonnes d'enfant, aux grisettes et quelquefois aux grandes dames, c'est l'uniforme. Ce qui me séduit dans le soldat, quel que soit son grade, c'est un certain degré de naïveté honnête, une généreuse ignorance du mal, une demi-virginité de l'âme qui se conserve sous l'uniforme jusque dans un âge assez avancé.

Mon honorable compagnon de voyage est encore jeune; je crois qu'il est sorti de Saint-Cyr en même temps que M. le maréchal Canrobert. Et pourtant c'est déjà un vieux soldat. Il aime l'armée comme une patrie, le régiment comme une famille, le drapeau comme un clocher. Un numéro inscrit sur les boutons d'une tunique lui fait battre le cœur. En débarquant à Civita-Vecchia, il a poussé un cri de joie en reconnaissant un homme de son régiment. Il me raconte, en caressant sa moustache avec une joie attendrissante, qu'on viendra demain matin, musique en tête, lui rapporter le drapeau.

Cet homme bien né, cet homme du monde, a demandé un congé d'un mois pour revoir sa famille après une absence de plusieurs années. Il revient au régiment avant l'expiration de son congé : la nostalgie du drapeau l'avait pris.

---

A Civita-Vecchia, j'ai pris la poste comme un homme de qualité. Elle coûte deux ou trois francs de moins que la diligence lorsqu'on sait la manière de s'en servir, et elle arrive beaucoup plus tôt. Je crois, Dieu me pardonne! que nous avons fait la route en sept heures. Mes quatre chevaux ont traversé la ville éternelle en faisant sonner leurs grelots, et je leur ai dit adieu sur la place d'Espagne. J'étais chez moi, du moins je n'avais plus guère que trois ou quatre cents marches à monter.

# ROME.

## I

### MON AUBERGE.

Charlemagne était logé au palais des Césars, sur le mont Palatin. Cette auberge impériale, que les barbares avaient respectée jusqu'en 800, n'est plus habitée aujourd'hui. Il n'en reste que des tas de pierres, où les hiboux eux-mêmes trouvent difficilement un nid confortable.

Charles VIII, lorsqu'il fit son escapade triomphale, habitait, au bout du Cours, ce gros palais de Venise, si laid et si noir, où le comte Colloredo donne les plus belles fêtes de Rome.

Montaigne était campé à l'hôtel de l'Ours : on n'y rencontre plus de pédants, mais beaucoup de voituriers.

Notre divin Rabelais logeait à la même enseigne, mais

peu s'en fallut qu'on lui accordât pour rien le plus bel appartement du fort Saint-Ange. Le père de l'esprit français aurait été bien là pour ratiociner à loisir sur les mœurs et coutumes de l'île Sonnante.

Nicolas Poussin vivait près d'ici, devant l'église de la Trinité-des-Monts, à deux pas de la belle fresque de Daniel de Volterre, qu'il plaçait si haut, et que le gouvernement français a espéré un instant de placer au Louvre.

Le président de Brosses, du temps qu'il était conseiller et qu'il montrait de si étranges figures à la portière de son carrosse, habitait à la place d'Espagne. M. de Chateaubriand se tenait à l'ambassade de France, et Mme de Staël dans les nuages.

Je suis mieux logé, moi chétif, que tant de Français illustres, et, par les deux fenêtres de mon observatoire, je vois les choses de bien plus haut.

Je viens de recompter les marches qui m'élèvent au-dessus de la place d'Espagne, où les étrangers se donnent rendez-vous. Elles sont au nombre de trois cent vingt-sept; pas une de plus, pas une de moins. Mettez-en cent trente-cinq pour arriver au niveau de l'Académie de France; ajoutez-en soixante-dix-sept jusqu'au sol du jardin, car le jardin est au premier étage, comme chez la reine Sémiramis. Enfin, dussiez-vous tirer la langue, vous monterez encore cent quinze degrés avant d'entrer dans la chambre turque, qui est la mienne.

Vous ne sauriez vous tromper de porte : nous sommes au plus haut de l'escalier tournant, au sommet de la tourelle de droite : les seuls locataires qui me dominent de temps en temps sont les corneilles perchées sur le toit. Un croissant de fer, tracé au-dessus de ma serrure, vous annonce que vous entrez en Turquie, et que cette porte est arrière-petite-cousine de la Sublime.

Un H et un V dessinés sur la clef vous apprennent que l'ouvrier l'a faite pour M. Horace Vernet.

Car mon auberge a, elle aussi, abrité des hôtes illustres. C'est l'ancienne villa des Médicis. Galilée y fut détenu, si la tradition dit vrai. La prison du grand astronome est une chambre fort belle et merveilleusement située. Je souhaite un pareil cachot à tous les martyrs de la vérité.

C'est en 1803 que l'Académie de France, fondée par la munificence de Louis XIV, s'est transportée loin du tumulte des rues, à la villa Médicis. Depuis ce déménagement, presque tous les grands artistes de notre pays ont habité ce palais et rêvé sous ces beaux arbres. David, Pradier, Delaroche, M. Ingres et M. Vernet ont écrit leurs noms sur les murs.

Le premier aspect du palais est grand et majestueux, mais sans beaucoup d'ornements. On reconnaît de loin, au-dessus de la porte, les armes et le drapeau de la France. Le seul luxe de l'entrée consiste en une avenue de chênes verts et un jet d'eau tombant dans une large vasque. Vous passez entre deux bornes de marbre antique très-rare et très-beau, mais très-modeste ; il n'y en a pas là pour plus de six mille francs.

---

Le portier est à voir comme un des plus beaux types de la race romaine. Grand, large, bien fait, la figure pleine, la barbe en éventail, il porte avec majesté la canne des tambours-majors et des suisses de grande maison. C'est un homme important; il a des domestiques. Son fils lui baise les mains chaque fois qu'il rentre ou qu'il sort. Les jours de fête, lorsqu'il se tient en grande livrée sur le seuil de l'Académie, les badauds font un cercle autour de lui et l'admirent. Il les laisse arriver, mais par fournées, pour éviter la confusion. De cinq en cinq minutes, il les éloigne doucement avec sa canne et leur dit d'un ton paternel : « Assez! vous avez joui du coup d'œil; laissez approcher les autres. »

---

Le premier étage est occupé par les appartements de réception, vastes, magnifiques, revêtus des plus beaux ouvrages des Gobelins, et dignes en tous points de la grandeur de la France. Ils ont pour suite et pour dépendance un vestibule admirable, orné de colonnes antiques et de statues moulées sur l'antique. Mais la plus grande coquetterie de la maison, c'est la façade postérieure. Elle tient son rang parmi les chefs-d'œuvre de la Renaissance. On dirait que l'architecte a épuisé une mine de bas-reliefs grecs et romains pour en tapisser son palais. Le jardin est de la même époque : il date du temps où l'aristocratie romaine professait le plus profond dédain pour les fleurs. On n'y voit que des massifs de verdure, alignés avec un soin scrupuleux. Six pelouses, entourées de haies à hauteur d'appui, s'étendent devant la villa et laissent courir la vue jusqu'au mont Soracte, qui ferme l'horizon. A gauche, quatre fois quatre carrés de gazon s'encadrent dans de hautes murailles de lauriers, de buis gigantesques et de chênes verts. Les murailles se rejoignent au-dessus des allées et les enveloppent d'une ombre fraîche et mystérieuse. A droite, une terrasse d'un style noble encadre un bois de chênes verts, tordus et éventrés par le temps. J'y vais quelquefois travailler à l'ombre ; et le merle rivalise avec le rossignol au-dessus de ma tête, comme un beau chantre de village peut rivaliser avec Mario ou Roger. Un peu plus loin, une vigne toute rustique s'étend jusqu'à la porte Pinciana, où Bélisaire a mendié, dit-on. On y voit du moins une pierre ornée de l'inscription célèbre : *Date obolum Belisario*. Les jardins petits et grands sont semés de statues, d'Hermès et de marbres de toute sorte. L'eau coule dans des sarcophages antiques ou jaillit dans des vasques de marbre : le marbre et l'eau sont les deux luxes de Rome ; nous ne les connaissons que de réputation, à Paris.

Cette belle propriété de la France est adossée dans toute sa longueur aux remparts de la ville. Elle confine d'un côté à la promenade du Pincio, de l'autre au couvent français de la Trinité. Comme elle domine Rome entière, elle a le privilége de l'embrasser d'un seul coup d'œil.

L'Académie pratique largement l'hospitalité. Ses jardins sont publics ; ses galeries d'étude et ses séances de modèle sont accessibles aux jeunes artistes de tout pays ; ses salons s'ouvrent une fois par semaine à tous les Français de la bonne compagnie ; son territoire est un asile inviolable où la police romaine n'a pas le droit de poursuivre un accusé.

---

Les artistes qui obtiennent au concours le droit d'y compléter leurs études n'ont pas tous le même talent, quoiqu'ils aient tous remporté le même prix. Si chacun d'eux revenait en France à l'état d'homme de génie, la France ne saurait plus où les mettre, et l'excès de notre gloire nous causerait de grands embarras. Mais on peut affirmer hardiment qu'un séjour de quelques années dans une telle demeure et dans un tel pays n'est jamais inutile au développement d'un homme. Une vie modeste, mais sans souci du pain quotidien, l'obligation stricte de travailler jointe à la liberté absolue du travail, le spectacle des plus beaux paysages, des plus grands édifices et des populations les plus pittoresques; le voisinage des riches collections, le contact perpétuel avec les souvenirs d'un passé plus vivant que le présent, tout cela fait de l'Académie l'habitation la plus saine qui soit au monde. Il faut que j'en sois bien convaincu puisque je viens m'y remettre en pension.

A tous les biens que j'ai énumérés ajoutez le calme pénétrant qui émane de la ville éternelle, un certain esprit de paix et d'harmonie, de tenue et de dignité qui gagne insensiblement le cerveau le plus troublé. Dans cette solitude habitée qui s'étend de Saint-Pierre à Saint-Jean de Latran, les souvenirs de la vie militante nous apparaissent de loin comme les rêves d'une nuit d'orage. Celui qui voit l'agitation de Paris sans y être mêlé éprouve le même étonnement, le même malaise et le même dédain que s'il voyait tourbillonner un bal de carnaval, sans entendre les violons. Les journaux de tapage qui assourdissent les Parisiens n'arrivent pas jusqu'à Rome; les vauriens les plus célèbres et les plus redoutés des artistes n'y sont pas même connus ; le patois de la petite presse n'y serait pas compris. On y travaille à l'aise et sans tracas, dans un recueillement honnête, sans souci du qu'en dira-t-on, sans égard aux caprices passagers du public, les yeux tournés alternativement vers la nature et vers les maîtres.

Rome est peut-être, après Athènes, la ville du monde où l'on s'amuse le moins. Cependant les jeunes gens eux-mêmes avouent qu'il n'en est pas de plus attachante. Le premier mouvement des pensionnaires de l'Académie est de s'ennuyer comme à la tâche et de compter les jours d'exil qui les séparent encore de Paris; ils s'en vont tous avec regret ou plutôt avec déchirement.

―――

On peut dire de Rome ce qu'un critique disait du plus grand poëte de l'antiquité :

C'est avoir profité que de savoir s'y plaire.

Le plaisir élevé que la grande ville vous donne ne se goûte pas au bout de huit jours. On m'a montré un exemplaire du *Guide Joanne*, enrichi de notes manuscrites par un commis-voyageur. Ce bel oiseau de passage avait écrit en marge, à l'article Saint-Pierre de Rome : « J'ai vu mieux que ça. » Je ne sais pas précisément où il pouvait avoir vu mieux ; mais j'excuse toutes les bévues chez le voyageur de huit jours.

Le pape Grégoire XVI, qui était un vieillard spirituel, accordait volontiers des audiences aux étrangers. Il leur demandait régulièrement depuis combien de temps ils étaient à Rome. Lorsqu'on lui répondait : « depuis trois semaines », il souriait finement et disait : « allons! adieu. » Mais si le voyageur avait passé trois ou quatre mois dans la ville, le saint-père lui disait : « au revoir! »

En effet, tous ceux qui ont connu Rome assez longtemps pour la goûter sont possédés du besoin d'y revenir, comme s'ils y avaient oublié quelque chose d'eux-mêmes. Ils se connaissent entre eux, ou du moins ils se reconnaissent après dix minutes de conversation. Ils échangent une poignée de main maçonnique, comme des hommes qui ont aimé une même personne à quelques années de distance, et qui en ont été également bien traités. Enfin, ils se donnent rendez-vous au Forum, au Vatican, ou à l'éternelle place d'Espagne.

Le directeur actuel de l'Académie, M. Victor Schnetz, est venu ici pour la première fois en 1816; il y a près d'un demi-siècle! Il avait fait le voyage à pied, suivant l'excellente habitude des artistes de ce temps-là. Depuis le jour de son arrivée, il n'a quitté la ville qu'avec l'espérance d'y revenir; il y a vécu vingt-quatre ans, et il trouve que c'est peu. M. Schnetz est âgé de soixante-douze ans, mais on ne lui en donnerait pas plus de soixante : le climat de Rome est favorable aux peintres comme aux peintures. Cet excellent homme a conservé toute la vigueur de son corps et de son esprit; il arpente d'un pas également assuré les ruines et les souvenirs de la ville. Aucun Français ne connaît mieux les Romains et n'en est plus connu. La noblesse indigène le regarde comme un des siens; il a le même train que les princes et la même opinion que les cardinaux. Sa vie intérieure, sauf les jours de représentation, est aussi d'une simplicité romaine. Je déjeune avec lui et je dîne avec les pensionnaires ; la seule différence entre son repas et celui des élèves, c'est que l'un se sert au premier et l'autre à l'entre-sol.

---

Peut-être est-il temps de vous faire entrer dans ma chambre. Elle n'est pas la plus grande de la maison, mais j'y peux faire sept pas en ligne droite, et c'est tout ce qu'il me faut pour travailler. La coupole (j'ai une coupole) est assez haute pour que l'air ne manque jamais à mes poumons. M. Horace Vernet l'a fait peindre dans le style oriental, sur des dessins copiés en Algérie. La tradition veut que les oiseaux de toute couleur qui voltigent au-dessus du lustre soient de la propre main du maître. Si la chose était vraie, l'hirondelle du café Foy aurait une sœur ici. Les murs sont revêtus d'une faïence peinte, dont la fraîcheur m'accommode infiniment. L'entrée de l'alcôve se découpe à la mauresque, entre deux gros bouquets de fleurs fantastiques. Il y a des inscriptions arabes au-dessus du lit, au-dessus de la porte et des fenêtres. Vous pouvez vous coucher sur le tapis, vous allonger sur un de ces deux divans, ou vous asseoir dans le fauteuil; mais ne touchez pas à cette petite table : c'est là que je fais de la prose, en face de Monte-Mario.

Je ne sais pas pourquoi je me suis acoquiné à cette fenêtre plutôt qu'à l'autre : c'est probablement parce que le soleil y vient plus tard. L'autre est à peu près au midi, celle-ci est presque à l'occident. Je vois les seize pelouses de l'Académie dans leurs cadres d'arbres verts ; le Pincio vient à la suite; puis la campagne verte, le Tibre jaune et un rang de collines assez médiocres. Le Monte-Mario est couvert d'arbres, que mon commis-voyageur pourrait comparer à des parapluies : les pins ressemblent à des parapluies ouverts, et les cyprès à des parapluies fermés. Je vois à droite un peu de la villa Borghèse, et à gauche l'obélisque de la place du Peuple. En résumé, fort peu de Rome et pas assez de campagne. Cependant, quand le soleil fait son lit dans les nuages noirs marbrés de grandes taches rouges, je regrette que tous mes amis ne soient pas ici pour le voir avec moi.

Quand je me mets à l'autre fenêtre, je vois les quatre cinquièmes de la ville ; je compte les sept collines, je parcours les rues régulières qui s'étendent entre le cours et la place d'Espagne, je fais le dénombrement des palais, des églises, des dômes et des clochers; je m'égare dans le Ghetto et dans le Transtévère. Je ne vois pas des ruines autant que j'en voudrais : elles sont ramassées là-bas, sur ma gauche, aux environs du Forum. Cependant nous avons tout près de nous la colonne Antonine et le mausolée d'Adrien. La vue est fermée agréablement par les pins de la villa Pamphili, qui réunissent leurs larges parasols et font comme une table à mille pieds pour un repas de géants. L'horizon fuit à gauche à des distances infinies; la plaine est nue, onduleuse et bleue comme la mer. Mais si je vous mettais en présence d'un spectacle si étendu et si divers, un seul objet attirerait vos regards, un seul frapperait votre attention : vous n'auriez des yeux que pour Saint-Pierre. Mon commis-voyageur avait vu mieux; je le défie d'avoir rien vu de si grand. Du plus loin qu'on aperçoit Rome, c'est Saint-Pierre qui se dessine à l'horizon. Son dôme est moitié dans la ville, moitié dans le ciel. Quand j'ouvre ma fenêtre, vers cinq heures du matin, je vois Rome noyée dans les brouillards de la fièvre : seul, le dôme de Saint-Pierre est coloré par la lumière rose du soleil levant. Je me souviens qu'un jour, en allant de Syra à Malte, je vis la Sicile à une distance de quarante lieues : c'était par un temps magnifique, à la chute du jour. On me montra du moins une large et haute montagne qui semblait avoir ses racines dans la mer. C'est l'Etna qui s'élève au-dessus de la Sicile, comme Saint-Pierre au-dessus de Rome. Nous ne voyions pas la Sicile, mais nous voyions l'Etna.

---

Un jour de grande fête (c'était, je crois, pendant la semaine sainte), je rencontrai devant Saint-Pierre un homme fort scandalisé. C'était un digne Normand, pacifique par nature et par éducation, et ancien conseiller municipal de la ville d'Avranches. Quand je le vis hausser les épaules et prendre le soleil à témoin, je ne pus m'empêcher de lui dire : « Qu'avez-vous ?

— Ce que j'ai ? j'ai que depuis deux heures et plus il entre ici des torrents de monde, et cependant il n'y a pas de foule dans l'église. Le bâtiment est trop grand. Ces gens-là n'ont pas l'esprit juste, et ils exagèrent toutes choses.

— Hélas! monsieur, lui répondis-je, que direz-vous

du presbytère? Ce Vatican qui est une dépendance de l'église, a été construit avec la même exagération. On n'y compte pas moins de douze mille salles, trente cours et trois cents escaliers.

— Absurde, en vérité! C'est comme cette église qu'on m'a mené voir à deux ou trois kilomètres d'ici.

— Saint-Paul hors les murs?

— Précisément. Elle est beaucoup trop grande et hors de proportion avec les besoins de la localité.

— Je le crois bien! la paroisse se compose d'une auberge et de deux cabarets.

— Nous, monsieur, quand nous avons construit la nouvelle église d'Avranches, nous avons si bien pris nos mesures qu'il n'y a pas eu un centime dépensé en pure perte.

— Je vous en fais mon compliment. Mais il faut dire à l'excuse des Romains qu'ils ont construit dans Saint-Pierre et dans Saint-Paul, non pas des églises particulières comme celle d'Avranches, mais les paroisses centrales de tout le peuple catholique. »

---

Si belle que soit Rome, telle que je la vois de ma fenêtre, je me figure qu'elle était encore plus surprenante il y a treize cents ans. Saint-Pierre n'était point bâti, ni aucun des édifices que nous admirons le plus; mais l'antiquité était vivante et florissante malgré les invasions des barbares et les pillages d'Alaric. Suivant une statistique du sixième siècle, retrouvée par le cardinal Maï et citée par M. Ampère, la grande ville comptait encore :

380 rues larges et spacieuses;
46 603 maisons;
17 097 palais;
13 052 fontaines;
31 théâtres;
11 amphithéâtres;
2 capitoles;
9025 bains;
5000 fosses communes;
2091 prisons;
8 grandes statues dorées;
66 statues d'ivoire;
3785 statues de bronze;
82 statues équestres de bronze;
2 colosses.

Si quelqu'un trouve ces chiffres invraisemblables, c'est qu'il ne connaît pas les Romains, nation excessive en toutes choses, et plus exagérée dans ses actions que les Grecs eux-mêmes dans leurs paroles.

---

Il y a des jours où j'ai beau regarder par mes deux fenêtres, je ne vois rien que la pluie et les nuages. Le mauvais temps est pire ici qu'en aucun lieu du monde. Quand le vent du sud-ouest, le sirocco maudit se met à souffler, de longs nuages de plomb s'amassent à l'occident, et les hommes et les animaux sont pris d'un singulier malaise. Sur les plaines uniformes de la mer et de la terre, le vent d'Afrique roule tumultueusement sans rencontrer d'obstacles ; Rome est la première résistance qu'il rencontre sur son chemin. Il tourbillonne en sifflant autour des sept collines, et l'on dirait que les maisons s'ébranlent à son choc. Les nuages s'amoncellent les uns sur les autres comme des montagnes brassées par un titan, jusqu'au sommet de la voûte du ciel. Bientôt ils ne forment plus qu'une masse compacte dont le jour est obscurci. Tout crève alors, et un torrent épais, uniforme, inépuisable, descend bruyamment sur la ville. Le vent souffle toujours, ramène de nouveaux nuages, et remplit les réservoirs du ciel avant qu'ils ne soient épuisés. Le tonnerre se met quelquefois de la partie, et l'eau, le vent, les éclairs, les secousses qui ébranlent ma chambre me font la peinture achevée d'un navire battu par la tempête.

Souvent aussi l'orage menace, passe et disparaît sans laisser de traces, comme un souverain qu'on attendait dans une ville et qui ne s'y arrête que pour changer de chevaux.

———

On vient de frapper à la porte de mon observatoire : c'est une visite pour moi. Le visiteur est un homme d'esprit, et de sens, quoiqu'il ne soit pas exempt de certains préjugés aristocratiques. Il s'installe, fait des cigarettes de tabac turc, et fume une grande demi-heure sans déparler. Sa conversation m'a fait plaisir et peur en même temps. Il offre de m'apprendre tout ce qu'il sait sur l'Italie, mais en même temps il me défie d'écrire un livre qui ait le sens commun.

« Si vous m'en croyez, dit-il, vous consacrerez trois ou quatre mois à l'étude de Rome, sans regarder ni les tableaux, ni les statues, ni les ruines, ni rien de ce que les étrangers viennent voir ici. Vous n'avez assurément pas l'intention de répéter ce que tous les voyageurs ont écrit ; d'ailleurs, l'Italie contemporaine n'a rien à démêler avec l'antiquité, le moyen âge ou la Renaissance. Renfermez-vous dans l'examen des institutions, des mœurs et des caractères : vous en aurez pour longtemps, si vous cherchez la vérité. Tâchez de tout voir par vous-même ; ne comptez ni sur les Français, ni sur les Italiens pour vous renseigner. Les Français observent peu, et la division d'occupation dont j'ai l'honneur de faire partie ne se compose pas de philosophes. Nous vous dirons beaucoup de bien et beaucoup de mal des Italiens, suivant la maison où chacun de nous est logé. Nous vous dirons aussi quelques sottises. Un de nos soldats parlant à un Italien, et furieux de n'être pas compris, s'écriait en montrant le poing : « Quoi ? fainéant ! Il y a neuf ans que nous sommes « ici et tu ne sais pas encore le français. » Nous tombons tous de temps en temps dans le raisonnement de ce soldat. Parlez avec les Italiens, et dans leur langue, quand même ils sauraient s'expliquer dans la vôtre. La noblesse romaine, à commencer par le saint-père et le cardinal Antonelli, sait le français presque aussi bien que vous ; cependant l'Italien le plus instruit n'est pas tout à fait lui-même lorsqu'il ne parle pas italien. D'ailleurs, pourquoi vous priveriez-vous du plaisir d'écouter cette belle langue harmonieuse ? Venir en Italie pour y causer en français, c'est aller à l'Opéra sans entendre la musique. Promenez-vous à pied dans les rues et tâchez de ne jamais savoir votre chemin; le hasard vous conduira aux bons endroits. Si vous entrez dans une église, ne regardez pas seulement ce qui y est; observez aussi ce qu'on y dit et ce qu'on y fait. Engagez la conversation avec tous ceux que vous rencontrerez. Vous n'êtes pas en Angleterre : n'attendez pas qu'on vous présente à un maçon pour le questionner : il répondra. Je ne vous promets pas qu'il vous répondra la vérité, ni lui ni personne. Tous les Italiens, riches et pauvres, sont défiants par nature, car ils ont presque toujours été dupes. Vous aurez beaucoup de mal à tirer un oui ou un non de vos interlocuteurs. Ne vous découragez pas si l'on vous regarde avec inquiétude et si l'on vous fait une réponse évasive quand vous demanderez l'heure qu'il est.

« La société romaine est divisée en trois classes : la noblesse, la plèbe et la classe moyenne qui s'agite entre les deux. La noblesse est hospitalière et elle vous recevra si vous voulez : mais il y a peu de chose à en dire. Les princes de l'Église et les princes romains en ont fini depuis longtemps avec le népotisme et le sigisbéisme. Les cardinaux sont pauvres, et les grandes dames vont dans le monde sans amant.

« La plèbe est plus curieuse à observer, mais on la connaît déjà par les études des artistes. Ils ont rencontré le pittoresque des mœurs en cherchant le pittoresque des figures et des costumes.

« Ce qu'il y a de plus intéressant et de moins connu, c'est la classe moyenne. Elle s'étend très-loin; elle comprend tout ce qui n'est ni noble ni mendiant, depuis les plus modestes marchands du Cours jusqu'aux anciens ministres de 1848. Tous les avocats, tous les médecins, tous les employés et le ministre lui-même, lorsque par hasard il n'appartient pas à la prélature, font partie de ce monde intermédiaire qui n'a aucun contact avec le grand. C'est la classe moyenne qui travaille, qui progresse, qui remue et qui menace. Elle a fait la révolution de 1849 ; elle peut faire mieux, elle peut faire pis : il y a beaucoup à craindre et beaucoup à espérer de ces gens-là. Où les rencontrerez-vous? Ils vivent entre eux, chez eux. Bon nombre passent moitié de l'année dans les champs. On les appelle marchands de campagne ; ils cultivent les terres des grands seigneurs, payent des fermages énormes, et font fortune sans en avoir l'air. On m'assure que plusieurs d'entre eux sont très-intelligents et très-honnêtes, mais je doute que leur compagnie vous agrée, car ils ont peu d'idées communes à échanger avec vous. En supposant que le vrai monde vous permette de fréquenter celui-là ; en supposant que le monde moyen consente à vous recevoir, il vous sera plus que difficile de fréquenter les deux à la fois. Ils ne font rien de la même façon, ni aux mêmes heures.

« Cependant, je suppose que vous ayez la patience, le talent et le bonheur nécessaires pour approfondir la société romaine : vous ne serez pas encore bien avancé. Rome est une ville d'exception, qui ne ressemble à aucune autre. Il ne faut pas juger l'Italie d'après elle, ni même l'État romain. C'est un magnifique échantillon, mais la pièce est d'une autre étoffe.

— N'importe, répondis-je. Commençons toujours par connaître Rome. Il me semble que si je me tire d'ici à ma gloire, le reste ira tout seul et me coûtera peu d'efforts. »

## II

## LA PLÈBE.

Les nobles étrangers qui ont visité Rome en calèche connaissent peu ou mal le petit monde dont je vais parler. Ils se souviennent d'avoir été harcelés par des faquins hurlants, et suivis par des mendiants infatigables. Ils n'ont vu que des mains ouvertes pour recevoir; ils n'ont entendu que des voix aigres demandant l'aumône à grands cris.

Derrière ce rideau de mendicité se cachent cent mille personnes à peu près indigentes sans être oisives et qui gagnent mal leur pain quotidien. Les jardiniers et les vignerons qui cultivent une partie de l'enceinte de Rome, les ouvriers, les manœuvres, les domestiques, les cochers, les modèles, les marchands ambulants, les vagabonds honnêtes qui attendent pour souper un miracle de la Providence ou un terne de la loterie, composent la majorité de la population. Ils subsistent à peu près pendant l'hiver, quand les étrangers sèment la manne sur le pays; ils se serrent le ventre en été. Beaucoup sont trop fiers pour vous demander cinq sous; aucun n'est assez riche pour les refuser s'ils lui étaient offerts. Ignorants et curieux, naïfs et subtils, susceptibles à l'excès sans beaucoup de dignité, prudentissimes à l'ordinaire et capables des imprudences les plus sanglantes; extrêmes dans le dévouement et dans la haine; faciles à émouvoir, difficiles à convaincre; plus ouverts aux sentiments qu'aux idées; sobres par habitude, terribles dans l'ivresse; sincères dans les pratiques de la dévotion la plus outrée, mais aussi prompts à se brouiller avec les saints qu'avec les hommes; persuadés qu'ils ont peu de chose à espérer sur cette terre, réconfortés de temps en temps par l'espoir d'un monde meilleur, ils vivent dans une résignation un peu murmurante sous un gouvernement paternel qui leur donne du pain lorsqu'il y en a. L'inégalité des conditions, plus apparente à Rome qu'à Paris, ne les porte point à la haine. Ils sont rangés à la modestie de leur sort, et ils se félicitent qu'il y ait des riches pour que le pauvre puisse avoir des bienfaiteurs. Aucun peuple n'est moins capable de se conduire lui-même; aussi le premier venu les mène-t-il aisément. Ils ont joué le rôle de comparses dans toutes les révolutions de Rome, et plus d'un s'est bien battu sans comprendre la pièce qui se jouait. Ils croyaient si peu à la république qu'en l'absence de toutes les autorités, lorsque le saint-père et le sacré collége étaient réfugiés à Gaëte, trente familles plébéiennes ont campé chez le cardinal Antonelli sans y casser un verre. Le rétablissement du pape sous la protection d'une armée étrangère ne les a pas étonnés : ils l'attendaient comme un événement heureux et le retour de la tranquillité publique. Ils vivent en paix avec nos soldats, quand nos soldats n'interviennent point dans leurs ménages, et l'occupation ne les contrarie que lorsqu'ils en sont personnellement incommodés. Ils ne craignent pas de planter leur couteau dans l'uniforme d'un conquérant, mais je réponds qu'ils ne célébreront jamais de Vêpres siciliennes.

Ils se piquent de descendre en droite ligne des Romains de la grande Rome, et cette prétention innocente me paraît assez bien fondée. En effet, ils sont gros mangeurs de pain et très-friands de spectacles; ils traitent leurs femmes comme des femelles, ne leur laissent pas la disposition d'un centime et font la dépense eux-mêmes: chacun d'eux est client du client d'un patricien. Ils sont bien bâtis, robustes, et capables de donner un coup de collier qui étonnerait les buffles; mais il n'y en a pas un qui ne cherche le moyen de vivre sans travailler. Ouvriers excellents lorsqu'ils n'ont pas le sou, impossibles à saisir dès qu'ils ont un écu dans leur poche; bonnes gens, familiers et simples de cœur, mais convaincus de leur supériorité sur le reste des hommes; économes au dernier point et rongeurs de pois chiches, jusqu'à ce qu'ils rencontrent une occasion éclatante de dévorer leurs économies en un jour, ils glanent, sou par sou, dix écus dans leur année pour louer la loge d'un prince au carnaval ou pour se montrer en carrosse à la fête de l'Amour Divin : c'est ainsi que la populace de Rome oubliait le passé et l'avenir dans les Saturnales. L'imprévoyance héréditaire dont ils sont possédés s'explique par l'irrégularité de leurs ressources, la périodicité des chômages, et l'impossibilité de parvenir sans miracle à une condition supérieure. Il leur manque plusieurs vertus, et entre autres la délicatesse : celle-là n'était point dans l'héritage de leurs ancêtres. Ce qui ne leur manque pas, c'est la tenue et le respect d'eux-mêmes. Ils ne se traînent ni dans la basse plaisanterie ni dans la sale débauche. Vous ne les verrez jamais insulter gratuitement un *monsieur* qui passe ou jeter un mot crapuleux à la figure d'une femme. Cette classe d'hommes dégradés qu'on appelle la canaille est absolument inconnue ici : l'ignoble n'est pas une denrée romaine.

J'ai passé toute la journée d'hier dans le monde plébéien; c'était dimanche. Comme je descendais l'escalier de l'Académie, je rencontrai un frère quêteur. Ceux-là sont les plébéiens de l'Église. Il me salua poliment, sans savoir que j'étais de la maison, et il s'arrêta pour m'ouvrir sa tabatière.

« Grand merci, lui dis-je, je ne prends pas de tabac. »
Il répondit en souriant : « Tant pis !
— Et pourquoi ?
— Parce que si vous aviez accepté ma prise, vous m'auriez donné quelques sous pour mon couvent. »
Je souris à mon tour, et je lui dis : « Qu'à cela ne tienne. Je vous donnerai ce que vous voudrez, mais à une condition.
— Dites.
— C'est que vous me conduirez jusqu'à la place Farnèse, en répondant à mes questions.
— Volontiers; je n'ai plus rien à faire avant déjeuner. Je viens de porter ici ma dernière salade.
— Quelle salade ?
— Celle qu'on mangera ce soir chez le directeur de l'Académie.
— Quoi ! révérend, vous vendez de la salade !
— Non, j'en donne aux bienfaiteurs de notre ordre.

L'Académie, comme presque toutes les grandes maisons, nous fait une aumône tous les mois, et en échange de ce bon procédé nous lui portons une salade tous les dimanches. »

Il me conta, chemin faisant, tous les petits métiers qu'il exerçait gratuitement, au profit des bienfaiteurs de son ordre. Il arrachait les dents avec une certaine dextérité ; il posait pour la tête et la barbe dans l'atelier des peintres ; il suivait, le cierge en main, l'enterrement des grands personnages. Le métier de ces moines mendiants n'est pas un métier d'oisif. Ils sont les intimes et les familiers des petits, les serviteurs très-humbles et très-dévoués des grands. Le peuple les écoute volontiers, parce qu'ils sont peuple. Ils prêchent au Colisée, sur les places, dans les rues, en langage très-vulgaire, le poing sur la hanche, et à la bonne franquette. Si un gros mot peut donner plus de nerf à leur rhétorique, ils le lâchent tout naturellement. « Voilà comme nous sommes, me disait mon compagnon de promenade : nous ne sommes pas des érudits ; nous ne savons pas le télégraphe, ni le gaz, ni la vapeur ; mais nous en savons assez pour donner un bon conseil. »

Une vieille femme lui barra le passage en l'appelant par son nom. « Père, lui dit-elle, mon terne n'est pas sorti. Donnez-m'en un autre. C'est samedi à midi qu'on fait le tirage de Rome. »

Il la repoussa de la main et lui dit : « Va te promener ! Est-ce qu'il ne vaudrait pas mieux, quand par hasard tu as dix sous, acheter un pain et une bouteille de vin qui te donneraient des forces, que de perdre tout à la loterie ? »

La vieille répondit : « Faites excuse. Lorsque j'aurais

mangé le pain et bu le vin, la faim et la soif reviendraient bientôt; tandis qu'avec mon billet dans ma poche je suis riche jusqu'à samedi. »

Le capucin lui tourna le dos sans répondre. « Monsieur, me dit-il, en reprenant son chemin et son discours, on ne leur ôtera pas de l'esprit que nous sommes dans le secret de la loterie. Si je voulais fabriquer des ternes à tous ceux qui m'en demandent, il ne m'en resterait pas un pour moi. »

J'entrepris de le questionner sur les revenus de son ordre et sur les recettes qu'un capucin peut faire en un jour. Il me répondit à peu près comme le savetier de la Fontaine : « Tantôt plus, tantôt moins. Autrefois, me dit-il, j'étais dans un couvent de Tivoli. Je mendiais chez les paysans, et je percevais les aumônes en nature. Dans ce genre de promenade, il faut aller loin et suer beaucoup pour gagner peu. Je faisais quatre quêtes par an, dans l'ordre des récoltes. Au premier voyage, on me donnait du blé et des cocons; au deuxième, du maïs et des fèves; au troisième, du vin, et de l'huile au dernier. Dans chaque village, le bienfaiteur de notre ordre m'offrait l'hospitalité et gardait ma petite collecte, que l'économe du couvent faisait prendre. A Rome, les libéralités qu'on nous fait sont presque toujours en argent. Quand je pose dans un atelier, on est assez bon pour me donner le prix d'une séance de modèle. Quand j'arrache une dent, les personnes généreuses me font présent d'une pièce de dix sous ; quand je suis un enterrement de grand seigneur, je rapporte cinq sous et un cierge; quand un artiste a envie de mon beau chapelet de buis, il est bien rare que je ne rentre pas au couvent avec un écu. Enfin, lorsque je mets mon petit savoir à la disposition d'un étranger pieux et charitable, je suis presque sûr qu'il mettra vingt sous dans la tirelire que voici. »

———

La mendicité est et doit être florissante dans la capitale du monde chrétien. On ne peut ni l'interdire, ni la limiter, puisqu'elle est une provocation perpétuelle à l'exercice d'une des trois vertus cardinales. Tous les appels à la charité y sont permis depuis les premiers temps de l'Église ; le boiteux a le droit de montrer aux passants la nudité pitoyable de ses jambes. Les Romains, sollicités de toutes parts, satisfont tous, dans l'exercice de leurs moyens, au précepte de l'aumône. Riches et pauvres donnent beaucoup. L'ostentation est peut-être pour quelque chose dans la pratique d'une vertu si coûteuse, mais la bonté naturelle du peuple y a sa part.

De tous les mendiants qui pullulent dans la ville, les plus honnêtes et les plus utiles sont assurément les frères quêteurs. Mais on assure qu'ils ont la mauvaise habitude d'entrer partout sans se faire annoncer, de pénétrer *ex abrupto* dans les arrière-boutiques et de mendier d'un ton d'autorité qui embarrasse les timides et les petits.

———

Revenons, s'il vous plaît, à la place Farnèse : c'est là que mon distributeur de salades m'a laissé. Les voyageurs qui sont envieux de contempler la masse imposante du palais Farnèse, sa corniche dessinée par Michel-Ange et les deux belles fontaines qui jaillissent devant la façade, peuvent s'y faire conduire en tout temps ; mais c'est le dimanche matin que j'y vais de préférence. Le dimanche est le jour où les paysans arrivent à Rome. Ceux qui cherchent l'emploi de leurs bras viennent se louer aux marchands de campagne, c'est-à-dire aux fermiers. Ceux qui sont loués et qui travaillent hors des murs viennent faire leurs affaires et renouveler leurs provisions. Ils entrent en ville au petit jour, après avoir marché une bonne partie de la nuit. Chaque famille amène un âne, qui porte le bagage. Hommes, femmes et enfants, poussant leur âne devant eux, s'établissent dans un coin de la place Farnèse, ou de la place Montanara. Les boutiques voisines restent ouvertes jusqu'à midi, par un privilége spécial. On va, on vient, on achète, on s'accroupit dans les coins pour compter les pièces de cuivre. Cependant, les ânes se reposent sur leurs quatre pieds au bord des fontaines. Les femmes, vêtues d'un corset en cuirasse, d'un tablier rouge et d'une veste rayée, encadrent leur figure hâlée dans une draperie de linge très-blanc. Elles sont toutes à peindre sans exception : quand ce n'est pas pour la beauté de leurs traits, c'est pour l'élégance naïve de leurs attitudes. Les hommes ont le long manteau bleu de ciel et le chapeau pointu ; là-dessous leurs habits de travail font merveille, quoique roussis par le temps et couleur de perdrix. Le costume n'est pas uniforme ; on voit plus d'un manteau amadou rapiécé de bleu vif ou de rouge garance. Le chapeau de paille abonde en été. La chaussure est très-capricieuse ; soulier, botte et sandale foulent successivement le pavé. Les déchaussés trouvent ici près de grandes et profondes boutiques où l'on vend des marchandises d'occasion. Il y a des souliers de tout cuir et de tout âge dans ces trésors de la chaussure ; on y trouverait des cothurnes de l'an 500 de la république, en cherchant bien. Je viens de voir un pauvre diable qui essayait une paire de bottes à revers. Elles vont à ses jambes comme une plume à l'oreille d'un porc, et c'est plaisir de voir la grimace qu'il fait chaque fois qu'il pose le pied à terre. Mais le marchand le fortifie par de bonnes paroles : « Ne crains rien, lui dit-il ; tu souffriras pendant cinq ou six jours, et puis tu n'y penseras plus. » Un autre marchand débite des clous à la livre : le chaland les enfonce lui-même dans ses semelles ; il y a des bancs *ad hoc*. Le long des murs, cinq ou six chaises de paille servent de boutique à autant de barbiers en plein vent. Il en coûte un sou pour abattre une barbe de huit jours. Le patient, barbouillé de savon, regarde le ciel d'un œil résigné ; le barbier lui tire le nez, lui met les doigts dans la bouche, s'interrompt pour aiguiser le rasoir sur un cuir attaché au dossier de la chaise, ou pour écorner une galette noire qui pend au mur. Cependant l'opération est faite en un tour de main ; le rasé se lève et sa place est prise. Il pourrait aller se laver à la fontaine, mais il trouve plus simple de s'essuyer du revers de sa manche.

Les écrivains publics alternent avec les barbiers. On leur apporte les lettres qu'on a reçues ; ils les lisent et font la réponse : total, trois sous. Dès qu'un paysan s'approche de la table pour dicter quelque chose, cinq ou six curieux se réunissent officieusement autour de lui pour mieux entendre. Il y a une certaine bonhomie dans cette indiscrétion. Chacun place son mot, chacun donne un conseil : « Tu devrais dire ceci. — Non ; dis plutôt cela. —

Laissez-le parler, crie un troisième, il sait mieux que vous ce qu'il veut faire écrire. »

Quelques voitures chargées de galettes d'orge et de maïs circulent au milieu de la foule. Un marchand de limonade, armé d'une pince de bois, écrase les citrons dans les verres. L'homme sobre boit à la fontaine en faisant un aqueduc des bords de son chapeau. Le gourmet achète des viandes d'occasion devant un petit étalage, où les rebuts de cuisine se vendent à la poignée. Pour un sou, le débitant remplit de bœuf haché et d'os de côtelettes un morceau de vieux journal; une pincée de sel ajoutée sur le tout pare agréablement la denrée. L'acheteur marchande, non sur le prix, qui est invariable, mais sur la quantité; il prend au tas quelques bribes de viande, et on le laisse faire; car rien ne se conclut à Rome sans marchander.

Les ermites et les moines passent de groupe en groupe en quêtant pour les âmes du purgatoire. M'est avis que ces pauvres ouvriers font leur purgatoire en ce monde; et qu'il vaudrait mieux leur donner de l'argent que de leur en demander; ils donnent pourtant, et sans se faire tirer l'oreille.

Quelquefois un beau parleur s'amuse à raconter une histoire; on fait cercle autour de lui, et à mesure que l'auditoire augmente, il élève la voix. J'ai vu de ces conteurs qui avaient la physionomie bien fine et bien heureuse; mais je ne sais rien de charmant comme l'attention de leur public. Les peintres du quinzième siècle ont dû prendre à la place Montanara les disciples qu'ils groupaient autour du Christ.

La musique m'arrache à la conversation, et je cours. Vous savez peut-être qu'on entend peu de musique à Rome. Les gens du peuple y chantent presque aussi faux que les Athéniens, et c'est le même nasillement. Ici, je me trouve devant un guitariste aveugle, un violoniste borgne et une vieille *prima donna* des rues qui font autant de bruit que deux orgues de Barbarie. J'ai acheté leur complainte, car elle est imprimée par autorisation. Je pourrais vous la traduire d'un bout à l'autre, mais vous devinerez l'histoire quand vous aurez lu l'intitulé :

### ÉVÉNEMENT TRAGIQUE
#### ARRIVÉ A BOURGOGNE
#### TIRÉ
### DE L'HISTOIRE DE MARGUERITE,
#### REINE DE LADITE VILLE.

Inutile d'ajouter qu'il s'agit de la Tour de Nesle, en italien, tour de Nesler. Ceux qui croient que Florence est en Angleterre, parce que les Anglais viennent de Florence ; ceux qui demandent lequel des deux est le plus grand, de France ou de Paris, n'ont pas de peine à se persuader que Marguerite était reine d'une ville appelée Bourgogne, et que son mari l'a étranglée l'an dernier.

---

J'en riais encore quand j'aperçus auprès d'un étalage où les bouts de cigare se vendent en gros, un paysan de quarante ans passés qui pleurait sans mot dire et sans même essuyer ses yeux. Il était d'une laideur assez vulgaire, et sa douleur ne l'embellissait pas. Deux et trois hommes de son âge assemblés autour de lui travaillaient à le consoler ; il tenait à la main une lettre ouverte. Je m'avançai vers lui et je lui demandai ce qu'il avait ; car l'indiscrétion de ces bonnes gens est contagieuse. Il m'écouta d'un air abruti, sans répondre. Un de ses voisins me dit : « C'est une lettre qu'il a reçue de sa mère.

— Eh bien ?

— Elle est morte.

— Imbécile ! Elle n'est pas morte, puisqu'elle écrit.

— Oh ! monsieur, interrompit le patient, c'est comme si elle était morte. Lisez plutôt. »

Il me tendit sa lettre, et je la lus à haute voix, lentement, car elle était mal écrite et pleine de fautes d'orthographe, mais d'un style et d'une résignation antiques. Le pauvre diable, qui s'était fait déchiffrer cette triste nouvelle par un écrivain de la place, répétait chaque mot après moi, avec une douleur tranquille et profonde, et ses larmes continuaient de couler. Voici ce que sa mère lui écrivait :

« Mon fils, je vous écris ces lignes pour vous faire savoir que j'ai reçu le viatique et l'extrême-onction. Hâtez-vous donc de revenir ici, pour que je vous voie encore une fois avant de mourir. Si vous tardiez trop longtemps, vous trouveriez la maison vide de moi. Je vous salue tendrement, et je vous envoie ma bénédiction maternelle. »

Qu'en dites-vous ? Moi je ne pense pas que les héroïnes de l'ancienne Rome auraient fait meilleure contenance devant la mort. Et ne croyez pas que ce courage ait rien d'exceptionnel : Les Romains envisagent la mort naturelle comme une dette à payer; ils n'aiment pas tout ce qui peut en avancer l'échéance; ils disent avec une naïveté très-originale : « Je ne veux pas me baigner en rivière, on se noie; je ne veux pas monter à cheval, on tombe; je ne veux pas aller à la guerre, on reçoit des boulets. » Mais lorsque la vieillesse ou la maladie leur font signe de partir, ils ont bientôt bouclé leur sac. Je vous conterai sur ce point des choses curieuses quand nous serons au chapitre de la mort, et vous verrez qu'il y a de bonnes leçons à prendre dans ce pays-ci.

J'ai rendu à mon paysan la lettre de sa mère en lui glissant un écu dans la main; il n'a pas songé à me dire merci, et il s'est remis à regarder à travers les larmes ce lamentable écrit qu'il ne savait pas lire.

Lorsque le canon du fort Saint-Ange a sonné midi, tous les coins de la place Montanara étaient encombrés de dormeurs. Chaque famille forme un tas de chiffons magnifiques où un peintre trouve toujours sa vie. Les barbiers et les écrivains publics commencent à se croiser les bras; les cabarets du voisinage se vident; les boulangeries, qui n'avaient pas désempli depuis le matin, se dépeuplent; il se fait un peu de silence après tant de bruit. Mais qu'un prêtre vienne à passer avec le cortége qui accompagne le viatique, tous les dormeurs s'éveillent en sursaut, chapeau bas, et se dressent sur leurs genoux.

J'ai quitté la place Montanara pour faire une visite au Ghetto ; mais ne me demandez pas quel chemin j'ai suivi. Je vous ai prévenu que je ne savais jamais mon chemin. Je me doute que la place Farnèse est assez proche de la chancellerie, où tomba le pauvre comte Rossi. Je crois être sûr que la place Montanara est à peu près au pied de la roche Tarpéienne ; le Ghetto longe le Tibre quelque part : il y a fort peu de rues droites dans Rome, excepté entre le Cours (Corso) et la place d'Espagne. Tous les alignements sont en zigzag, et il faudrait démolir la moitié de la ville pour y tracer une rue de Rivoli. Le Tibre, qui n'a point de quais, serpente si capricieusement, qu'on le rencontre partout. On aperçoit son eau jaune, ici à travers une porte, là par l'embrasure d'une fenêtre. Vous croyez lui avoir tourné le dos ! point, il est là, devant vous. Cherchez une barque ou un pont, l'un et l'autre se trouvent.

Grâce au système que je pratique, j'emploie souvent une demi-journée à découvrir la maison où j'ai affaire, mais les rencontres de la route compensent le temps perdu. Ce qui fait que Rome est la plus aimable ville du monde et la meilleure à habiter, c'est qu'on y trouve toujours du nouveau. Les vieillards de cent ans qui n'en sont jamais sortis y font des découvertes à leur porte. La complication des chemins, le mystère des quartiers ajoutent à chaque trouvaille le charme de l'imprévu. Je commence à goûter cette friandise romaine qu'on appelle l'incertain. L'incertitude est ici le grand ressort des hommes : combien y en a-t-il qui n'agissent que dans l'espérance de l'incertain ! Un domestique aime mieux laisser retrancher cent francs sur ses gages de l'année que de renoncer aux quarante ou cinquante francs de *bonne main* qui composent l'incertain de ses revenus. Un cocher ne vous mène pas pour les quarante sous de la course, mais pour les cinq ou six sous de pourboire qu'il n'est pas certain d'obtenir. Qu'est-ce que la loterie, sinon le temple de l'incertain? Lorsqu'on m'aborde dans les rues de Rome, je suis presque toujours dans le cas de répondre comme Ésope : Je ne sais pas où je vais. Cependant, je ne manque jamais le Ghetto, parce que je le sens de loin.

―――

Avant de m'engager dans ses rues et dans ses odeurs, j'ai pris soin de déjeuner. C'est une opération qui n'est pas facile à Rome, faute de restaurants. Il y a bien les tables d'hôte des grands hôtels et trois confiseurs qui donnent à manger lorsqu'il leur plaît, mais tout cela demeure autour de la place d'Espagne, et nous en sommes loin. « Parbleu, fis-je en moi-même, puisque je suis dans la plèbe jusqu'au cou, je déjeunerai à la plébéienne, et la première boutique de friture sera mon restaurant. » J'eus bientôt trouvé l'affaire. Au détour de la rue, une grande boutique en plein air offrait à mon choix dix montagnes dorées dans de grands plats de cuivre étamé, couverts d'inscriptions gothiques. La poêle énorme bouillonnait à deux pas; la marchandise était chaude et croquante. Je pris un petit pain à la boulangerie voisine, un verre de limonade à la fontaine la plus proche; des poissons frits, des artichauts frits et des beignets frits me composèrent un repas divin. Jamais peut-être je n'ai mieux déjeuné à Rome, parce que la friture se fait dans l'huile, sans aucun mélange de ce beurre violent qui empoisonne tout. O magnifiques troupeaux de la campagne romaine, grandes vaches blanches ombrées de gris, quel beurre on fabrique avec votre lait! Les cuisinières de Paris disent que les épinards sont *la mort au beurre;* à Rome, c'est le beurre qui est la mort aux épinards.

# III

## LE GHETTO.

J'avais lavé mes mains à la fontaine et je les séchais au soleil, lorsqu'un murmure de voix nasillardes attira mon attention. Je me laissai guider par le bruit, et j'arrivai bientôt devant une de ces innombrables madones que la dévotion des Romains a encadrées dans tous les murs. Quatre hommes du peuple, trois vieux et un jeune, à genoux dans la poussière, le nez tourné vers la muraille, marmottaient pieusement les litanies de la Vierge. C'est ici que le respect humain ne gêne personne, et que les âmes chrétiennes s'inquiètent peu du qu'en dira-t-on [1].

---

1. Un scrupule m'arrête au moment où je relis cette phrase et voici qu'un autre souvenir me revient à l'esprit :
Par un beau soir du mois de mai, à l'heure de l'*Ave Maria*, je rencontrai une procession de gens du peuple et de petits bourgeois, au nombre de dix-huit ou vingt. Ils chantaient à tue tête un cantique italien en l'honneur de la sainte Vierge.
Tandis que j'admirais intérieurement cet acte de dévotion spontanée, je fus heurté par un homme indigné qui gesticulait énergiquement. C'était le prince Publicola de Santa-Croce. « Quelle impudente canaille !

Un peu plus loin, je trouvai la rue inondée dans le milieu. Deux manœuvres s'escrimaient sur une pompe pour tirer l'eau d'une cave. Les inondations sont aussi fréquentes à Rome que les incendies y sont rares. Les maisons ne brûlent presque jamais, parce que les appartements sont grands et peu meublés, parce qu'on allume rarement du feu ; peut-être aussi parce que le rez-de-chaussée est humecté à toute heure par les passants. Le sous-sol de la ville est traversé en tous sens par des milliers d'aqueducs, qui alimentent les fontaines privées et publiques. Les montagnes des environs envoient leurs eaux pures à Rome par la voie la plus directe, et cela de toute antiquité, car le sable liquide du Tibre n'a jamais été potable. L'eau abonde dans les propriétés privées comme sur les places publiques. Elle se présente quelquefois en masse si imposante, qu'on dirait des torrents versés dans des lacs, comme à la fontaine Pauline et à la fontaine Trévi. Si Naples est sur un volcan, Rome est sur mille rivières. Lorsque je rentre un peu tard à l'Académie, je n'entends que le bruit de l'eau dans le silence profond de la nuit. Mais les aqueducs sont sujets à quelques éruptions, c'est pourquoi nous avons des pompiers dans la ville.

---

Je suis entré au Ghetto par la place des Synagogues. Il y en a cinq, installées dans deux maisons, pour les quatre

---

disait-il à haute voix. Cesseront-ils enfin de nous rompre la tête ? N'ont-ils pas bien gagné les trente sous que la paroisse leur donne pour édifier les étrangers ? »

rites qui se partagent la population israélite. Nous avons le rite italien, le portugais, le catalan et le sicilien. Les synagogues sont propres et modestes ; leurs paroisses sont sales à faire frémir.

———

Certes, la voirie publique laisse beaucoup à désirer dans la capitale du monde chrétien. Il y est trop permis de salir les rues, et l'on se donne trop peu de mouvement pour les nettoyer. Les fenêtres s'ouvrent trop souvent pour laisser tomber des choses horribles ; les provisions de linge qui sèchent le long des maisons et des palais font croire aux étrangers qu'ils entrent dans la capitale de la blanchisserie : mais on n'y voit plus que des lys et des roses lorsqu'on revient du Ghetto. Dans la ville chrétienne, la pluie lave les rues, le soleil sèche les immondices, le vent emporte la poussière ; il n'y a ni pluie, ni vent, ni soleil qui puisse nettoyer le Ghetto ; il faudrait, pour le purifier, une inondation ou un incendie.

Vous avez peut-être entendu parler de cette rage de reproduction qui possède la race romaine ; on ne rencontre pas une femme qui n'ait au moins un enfant sur les bras. Mais au Ghetto, c'est bien autre chose. Les enfants y naissent par grappes, et chaque famille y compose une tribu. S'il faut en croire le dernier dénombrement, il y a 4196 Hébreux dans cette vallée de fange. Ils vivent dans la rue, debout, assis, couchés au milieu des haillons ; il faut bien regarder devant soi pour ne pas commettre un infanticide à chaque pas. Le type est laid, le teint livide, la physionomie dégradée par la misère. Cependant ces malheureux sont intelligents, propres aux affaires, résignés, faciles à vivre, et irréprochables dans leurs mœurs.

---

L'existence d'une colonie de juifs à quelques pas du siége apostolique est une anomalie curieuse. Il serait plus curieux encore qu'elle eût prospéré; mais non. Le Ghetto est pauvre, et je vais vous dire pourquoi il le sera toujours. Un juif ne peut être ni propriétaire, ni fermier, ni industriel. Il peut vendre du neuf et du vieux ; il lui est permis de réparer le vieux pour en faire du neuf, mais il violerait la loi s'il fabriquait une chaise, un gilet ou une paire de souliers. Enfermés dans le commerce, les juifs parviennent quelquefois à faire fortune, mais ils émigrent aussitôt vers des lois plus douces et un peuple moins méprisant. Ils transportent leurs biens à Livourne, et, à mesure que les particuliers s'enrichissent, le Ghetto s'appauvrit.

Ce n'est pas que le gouvernement soit cruel ni même sévère. La sévérité est dans des lois très-anciennes que le progrès des mœurs et la bonté des papes corrigent un peu tous les jours. Le sang des Hébreux n'a pas coulé à Rome pendant le moyen âge, lorsqu'il inondait l'Espagne et nos provinces. La papauté gardait les juifs comme échantillon d'un peuple maudit, qui doit traîner une vie misérable jusqu'à la consommation des siècles : on se contentait de les tenir à distance, de les humilier et de les dépouiller. On les parquait à la vallée Égérie, à plus de deux milles de la porte Saint-Laurent, à plus d'une lieue de la ville habitée. C'était bien loin : vers le quatorzième siècle, on se relâcha de cette rigueur, et il leur fut permis d'habiter le Transtévère. Entre 1555 et 1559, ils firent un nouveau pas : Paul IV les établit au Ghetto. Les portes de leur prison se fermaient tous les soirs : à dix heures et demie en été, à neuf heures et demie en hiver. Si quelqu'un rentrait après l'heure, ce n'était jamais sans payer la complaisance des soldats de garde. Les propriétaires de leurs maisons étaient des catholiques fervents ou des communautés religieuses, qui pensaient faire œuvre pie en les rançonnant sans pitié. Cet abus excita la compassion d'Urbain VIII. Il crut faire acte de justice et de prévoyance en fixant une fois pour toutes le prix des loyers. Telle maison serait louée dix écus, telle autre quinze, par un bail d'emphytéose perpétuelle, transmissible à la postérité la plus reculée; et, moyennant dix écus, le propriétaire serait tenu d'exécuter toutes les réparations nécessaires. Urbain VIII est mort il y a deux cent trente-quatre ans, et sa bulle imprudente a toujours force de loi. Il s'ensuit que les loyers ont augmenté dans tout l'univers, excepté au Ghetto. Les locataires israélites vivent littéralement aux frais de leurs propriétaires. On m'en a montré un qui est entretenu par un couvent d'Ursulines. Il loue pour trente écus une maison des plus grandes et des plus marchandes; il la sous-loue quinze fois plus cher, c'est-à-dire quatre cent cinquante écus, et comme le bâtiment n'est pas neuf, les Ursulines ont pour cent écus de mortier à remettre tous les ans. Elles sont réduites à poursuivre devant les tribunaux un locataire si onéreux pour qu'il consente à garder la maison au pair, sans payer de loyer, mais sans demander de réparations. Mon juif se défend comme un beau diable : son bail est le patrimoine de ses enfants, la dot de sa fille !

---

Depuis 1847, les portes du Ghetto sont démolies, et aucune barrière visible ne sépare les juifs des chrétiens. Ils sont autorisés par la loi, sinon par les mœurs, à se répandre dans la ville et à loger où il leur plaît. Quelques-uns se lamentent en voyant que les propriétaires des beaux quartiers ne veulent ou n'osent pas leur louer; ils se plaignent d'être forcés de rendre en secret les libertés qu'on leur a accordées en public ; ils accusent le gouvernement pontifical de regretter trop activement ses bienfaits de 1847. Ils demandent le rétablissement de ces portes qui les rendaient intéressants en assurant leur tranquillité pour toute la nuit. Les plus sages dans Israël prennent philosophiquement leur parti, jouissent de la demi-gratuité des loyers, de la modicité des impôts, des bienfaits d'un haut protecteur étranger qui introduit quelque article secret en leur faveur dans tous ses traités de finance ; ils se souviennent enfin que, si le purgatoire est à Rome, à Livourne est le paradis.

---

C'est encore sous le règne de Pie IX qu'Israël a cessé de faire les frais du carnaval. Au moyen âge, il payait de sa personne. La municipalité donnait au peuple le spectacle d'une course de juifs. Benoît XIV les remplaça par des chevaux libres, qui courent mieux, sans comparaison ; mais il en coûtait huit cents écus par an au peuple hébreu. Les principaux du peuple allaient porter la somme en grande cérémonie chez le Sénateur, qui les recevait sans cérémonie.

« Qui êtes-vous ?

— Hébreux de Rome.

— Je ne vous connais pas ; allez-vous-en ! » A ce discours affable, le premier magistrat municipal ajoutait encore, il y a dix ans, un geste du pied.

L'ambassade ainsi éconduite s'en allait chez l'un des conservateurs de la ville : « Qui êtes-vous ?

— Hébreux de Rome.

— Que demandez-vous ?

— Nous implorons humblement de votre seigneurie la faveur de demeurer ici encore un an. »

On leur accordait cette permission, assaisonnée de quelques injures : et, en signe de reconnaissance, ils offraient leurs huit cents écus, qu'on daignait prendre. Le souverain les a affranchis de la dépense et de l'humiliation.

---

En voici une autre dont ils ne sont pas encore exemptés. A l'avénement de chaque pape, les députés du peuple juif se rangent sur le passage du saint-père, auprès de l'arc de Titus. Le pape leur demande ce qu'ils font là ? Ils présentent une Bible en disant : « Nous sollicitons la grâce d'offrir à Votre Sainteté un exemplaire de notre loi. » Le pape accepte en disant : « Loi excellente, race détestable. »

---

Vous verrez à l'entrée du Ghetto, au bout du pont des Quatre-Têtes, une petite église où les juifs étaient forcés de venir, tous les samedis après le dîner, au nombre de cent cinquante. Un prédicateur payé à leur frais les régalait d'une bonne diatribe contre leur obstination. Les cent cinquante auditeurs étaient exacts, et pour cause : la communauté devait payer un écu par tête d'absent. Un vieux juif de ma connaissance me disait hier : « Pendant vingt-cinq ans, monsieur, je n'ai pas manqué une fois au sermon. » Mais ce peuple a le cou roide ; on ne le convertit pas de force. Pie IX a dispensé les juifs de l'homélie, et la petite église est devenue déserte. On a essayé d'y faire prêcher M. l'abbé Ratisbonne, mais personne n'est venu l'entendre.

Cependant il se fait une conversion tous les ans, le samedi de Pâques. Le baptistère de Constantin s'ouvre à deux battants devant une vieille juive qui gagne quatre-vingts écus et le paradis. Le peuple de Rome ne croit pas beaucoup à la sincérité des catéchumènes : « C'est aujourd'hui, dit-il, que les juifs se font Turcs. »

---

En résumé, les juifs de Rome ne sont plus ni enfermés pendant la nuit, ni rançonnés au carnaval, ni catéchisés malgré eux, et c'est à Pie IX qu'ils doivent ce triple bienfait. Ils sont administrés par leurs notables et surveillés par leurs rabbins. Si quelqu'un d'eux manque à la loi du Sabbat, c'est sur la demande du rabbin que le cardinal-vicaire l'envoie aux galères. Dans les inondations du Tibre, la municipalité romaine leur fait porter des aliments chez eux, et elle a l'attention délicate de leur envoyer des viandes tuées suivant le rite hébraïque. N'oubliez pas que bon nombre d'entre eux sont entretetenus par les propriétaires de leurs maisons. Ils payent pour tout impôt quatre cent cinquante écus de cinq francs, qui, répartis sur près de 4500 personnes, font un peu plus de cinquante centimes par tête. La contribution n'est pas pesante; encore refusent-ils de la fournir depuis 1848.

L'origine de cette imposition mérite d'être racontée. Il y a deux ou trois cents ans, un juif se convertit, entra au couvent des néophytes, et dans le silence de sa cellule écrivit un pamphlet contre ses coreligionnaires. Il les accusait, entre autres choses, de manger les petits enfants. Tant de zèle fut récompensé : ordre au Ghetto de payer quatre cent cinquante écus de rente à l'écrivain qui le dépeignait si bien. Le Ghetto paya, et la rente du moine entra, comme il convient, dans le trésor du couvent. Mais le néophyte mourut; il n'était pas éternel. Le couvent, qui avait joui de la rente et qui l'avait trouvée bonne, ne renonça pas à la toucher. « Est-ce notre faute, à nous, disaient les moines, si notre frère est mort? Nous l'avons soigné de notre mieux. Cette rente était son bien et nous sommes ses héritiers. D'ailleurs les juifs ont pris l'habitude de payer quatre cent cinquante écus par an, et Rome est une ville d'habitude. » Aujourd'hui, les juifs prétendent que n'ayant pas payé en 1848, ils en ont tout d'un coup perdu l'habitude, et que pour rien au monde ils ne sauraient la reprendre. Après de longs débats entre eux et le couvent, le pape leur a permis de se libérer du passé et de l'avenir moyennant un quart de la somme réclamée; mais les juifs se font tirer l'oreille; ils aimeraient mieux ne rien payer du tout.

S'ils acceptent les conditions qui leur sont offertes, ils seront à l'avenir exempts de tout impôt comme des gentilshommes.

En seront-ils plus heureux? Je ne sais. J'ai relaté de bonne foi tout ce que le gouvernement de Pie IX avait fait en leur faveur, mais il m'est impossible de dissimuler que la population israélite décroît rapidement dans les États de l'Eglise. Elle était de 12 700 personnes en 1842, sous le sévère Grégoire XVI. Onze ans plus tard, en 1853, sous le règne paternel de Pie IX, elle était diminuée de plus d'un quart et tombée au chiffre de 9237 âmes.

Cette effroyable réduction d'une race naturellement féconde ne peut s'expliquer que par l'émigration. Je me suis informé et j'ai su qu'en effet les juifs désertaient les Etats du pape dès qu'ils pouvaient obtenir un passe-port et payer le voyage.

Les malheureux n'ont pas voulu ou plutôt n'ont pas osé me dire ce qui les chassait. Les plus hardis m'ont adjuré de ne rien écrire en leur faveur si je ne voulais point aggraver les maux qui les accablent. En résumé, j'ai cru comprendre que la tolérance du gouvernement actuel était toute à la surface, et voici un fait à l'appui de mon hypothèse :

Un juif de Rome gagnait sa vie en cultivant la terre. Pour violer la loi d'une façon si flagrante il avait besoin d'un complice. Il trouva un chrétien qui, moyennant finance, consentit à lui prêter son nom. Mais la canaille des environs n'ignora pas longtemps que les récoltes appartenaient à un juif; on les mit au pillage. Une sainte maraude s'organisa contre les blés et les maïs du pauvre Hébreu ; chacun croyait faire son salut en faisant sa main. Le volé n'osait ni se plaindre ni se défendre. Mais il se souvint fort à propos que les Français étaient à Rome et qu'ils y exerçaient une certaine autorité. Il sollicita de M. le comte de Goyon la faveur d'assermenter un garde qui dresserait procès-verbal au besoin.

M. de Goyon, toute politique à part, est un excellent homme. Il eut pitié de ce juif et promit d'obtenir pour lui ce qu'il demandait. Il fit plus; il se transporta de sa personne chez S. Em. le cardinal Antonelli.

Le cardinal ne dissimula pas qu'il était monstrueux de faire prêter serment à un chrétien dans l'intérêt d'un juif. Toutefois, comme on n'avait rien à refuser au plus ferme appui du saint-siége, on promit non-seulement de donner un garde assermenté, mais encore de le choisir.

On prit du temps pour le choix; quelque chose comme un trimestre. La maraude allait son train, le juif n'osait plus rien dire, et le général, persuadé qu'il avait fait une bonne action, dormait sur les deux oreilles. Un beau matin, une voix timide l'éveilla en lui disant que rien n'était fait. Il repartit de plus belle et courut au Vatican pour la deuxième fois. L'autorité, mise au pied du mur, ne fit plus aucune résistance. On accorda le garde tant promis, la nomination fut signée séance tenante; M. de Goyon la rapporta lui-même et la remit victorieusement à son protégé.

Le juif se répandit en actions de grâces comme Moïse au chapitre xv de l'Exode. Peu s'en fallut qu'il ne baignât de ses larmes le nom béni du garde qu'on lui donnait.

C'était le nom d'un homme introuvable, disparu depuis six ans et qui n'avait donné de ses nouvelles à personne!

Que faire? Retourner au général? se plaindre une troisième fois? prouver à un galant homme et à un homme respectable que les autorités romaines s'étaient moquées de lui? Le juif y songea bien. Mais la police, qui ne dort jamais, lui ordonna de rester chez lui, de vivre en joie et d'être content, sous les peines les plus sévères.

Lorsque nos officiers le rencontraient par hasard, on lui disait : « Eh bien! vous avez ce qu'il vous faut. Vos récoltes sont en sûreté. Vous devez une fière chandelle à l'armée française! »

Il remerciait prudemment, souriait par ordre et s'en allait pleurer dans un coin.

---

Je ne veux pas raconter ici l'histoire du jeune Mortara. Elle prouve que les hommes les plus exercés à donner le spectacle de la tolérance oublient leur rôle quelquefois.

---

L'affaire Padova, moins connue, méritait autant de célébrité. Je l'ai racontée il y a longtemps, mais je ne veux pas négliger cette occasion de la redire encore.

M. Padova, négociant israélite de Cento, province de Ferrare, avait une femme et deux enfants. Un commis catholique séduisit Mme Padova. Surpris et chassé par le maître, il s'enfuit à Bologne. Mme Padova l'y suivit et prit ses enfants avec elle.

Le mari courut à Bologne et demanda qu'on lui fît rendre au moins les enfants. L'autorité lui répondit que les enfants étaient baptisés aussi bien que leur mère et qu'il y avait un abîme entre sa famille et lui. Toutefois on lui reconnut le droit de payer une pension sur laquelle ils vécurent tous, y compris l'amant de Mme Padova. Quelques mois plus tard il put assister au mariage de sa femme légitime avec le commis qui l'avait séduite. L'officiant était S. Em. le cardinal Oppizoni, archevêque de Bologne.

---

On m'a conté l'histoire d'un juif qui a tiré de sa religion le plus singulier bénéfice. Il avait commis un crime presque inouï chez les Hébreux de notre temps : il avait assassiné, et la victime était son beau-frère. Son affaire était claire, le fait prouvé. Voici à peu près le moyen de défense qui fut employé par l'avocat :

« Messieurs, d'où vient que la loi punit sévèrement les meurtriers, et va quelquefois jusqu'à les frapper de mort? C'est qu'en assassinant un chrétien, on tue à la fois un corps et une âme. On envoie devant le souverain juge un être mal préparé, qui ne s'est point accusé de ses fautes, qui n'a point reçu l'absolution, et qui tombe droit en enfer, ou du moins en purgatoire. Voilà pourquoi le meurtre, j'entends le meurtre d'un chrétien, ne saurait être trop puni. Mais nous, qu'avons-nous tué ? Rien, messieurs, qu'un misérable juif, damné à l'avance. Lui eût-on laissé cent ans pour se convertir, vous connaissez l'obstination de sa race, il aurait crevé sans confession comme une brute. Nous avons, j'en conviens, avancé de quelques années l'échéance de la justice céleste; nous avons hâté pour lui une éternité de peines qui ne pouvait lui manquer tôt ou tard. Mais soyez indulgents pour une erreur vénielle, et réservez votre sévérité pour ceux qui attentent à la vie et au salut d'un chrétien. »

Cette plaidoirie serait ridicule à Paris; elle était logique à Rome. Le coupable en fut quitte pour quelques mois de prison.

---

Les juifs sont tolérés dans plusieurs villes de l'État romain et dans quelques villages. Ils habitent Rome, Ancône, Ferrare, Pesaro, Sinigaglia. C'est à Rome qu'on les traite avec le plus de douceur. L'an dernier, le délégat d'Ancône a remis en vigueur une vieille loi qui défend aux chrétiens de converser en public avec les juifs.

Le petit peuple les méprise, mais il ne les hait pas. J'ai vu un enfant de quinze ans s'approcher d'un vieux juif et lui enfoncer son chapeau jusque sur les yeux; mais il ne lui aurait pas fait de mal. J'ai entendu un paysan dire à un juif : « Vous êtes bien heureux, vous autres;

vous ne craignez pas de mourir par accident (sans confession), puisque vous n'avez pas une âme à sauver comme nous. »

Les moines, les prêtres et généralement tout le clergé inférieur circulent dans le Ghetto sans répugnance marquée. Le pape, les cardinaux, les évêques et les simples monsignori sont exclus de ce lieu impur. Ils perdraient leur caste en y posant le pied.

Les ecclésiastiques romains font pourtant une grande différence entre les juifs et les protestants : s'ils ont un peu de mépris pour les uns, ils nourrissent une haine vigoureuse contre les autres. C'est que les juifs sont des vaincus, et les protestants des rebelles. L'Église n'a point oublié ce grand principe de politique romaine que Virgile avait résumé en un seul vers :

Épargner les vaincus, terrasser les superbes.

Permettez-moi de citer un fait à l'appui de mon dire. Un israélite de Paris, qui était venu voir la semaine sainte, s'était logé dans une maison particulière. Quelques jours après Pâques, il reçut par erreur la visite d'un des prêtres chargés de recueillir les billets de confession et de signaler à la justice quiconque a violé le commandement de l'Église. « Excusez-moi, monsieur, dit le juif en ouvrant sa porte, je ne suis pas chrétien.

— Monsieur est luthérien? demanda le prêtre avec plus de politesse que de tendresse.

— Non, monsieur; israélite.

— Allons! c'est moins mal. »

Il est certain que les juifs, si haut que la fortune les place, conservent devant le saint-siége une attitude respectueuse. Ils ne lui prêtent pas leur argent sans demander pardon de la liberté grande ; tandis que les protestants affichent un peu leur rébellion. Il y a toujours à Pâques, dans la chapelle Sixtine, un Anglais de six pieds de long, debout sur ses grandes jambes au milieu de la foule agenouillée. On a beau le déraciner ; il repousse l'année suivante.

---

Mais je rentre au Ghetto. Cette petite fenêtre, au troisième étage d'une maison horrible, dans une des ruelles les plus nauséabondes du quartier, est célèbre dans les traditions joyeuses de l'Académie de France. Il est d'usage que les nouveaux pensionnaires payent leur bienvenue par une journée de gros ennuis et de mystifications quelquefois un peu fortes. On raconte qu'un jeune compositeur israélite fut averti en arrivant qu'il aurait à loger au Ghetto. « Tu pourras manger ici, lui dit-on, parce que nous sommes dans un lieu d'asile ; mais il faut coucher au milieu de ton peuple : la loi romaine est intraitable sur ce chapitre-là ! » Il dîna au milieu de ses camarades, et, après le dessert, on le conduisit à l'appartement qu'on avait loué pour lui. Le mobilier était choisi pour faire horreur à l'homme le moins délicat ; si le lit posait sur trois pieds, c'est tout au plus. L'hôtesse se distinguait par une malpropreté repoussante ; elle promit au jeune locataire de le soigner comme un fils et d'avoir mille attentions pour lui. C'est devant cette perspective qu'il se coucha, dit-on, et la nuit fut si mauvaise que le lendemain il parlait de retourner en France. La plaisanterie n'alla pas si loin. Le jeune artiste rentra à l'Académie dans sa chambre légitime, et il n'y perdit pas son temps. Mais qui sait si dans la suite, lorsqu'il écrivit cette belle partition de *la Juive*, les souvenirs du Ghetto ne lui sont pas revenus à l'esprit?

---

Les habitants du Ghetto font tout dans la rue, comme je vous l'ai dit : c'est peut-être parce que leurs maisons ne sont pas tenables. Ce que j'ai vu de leur intérieur ne m'a donné nulle envie d'y pénétrer. Je me contente de traverser le quartier dans tous les sens, et voilà comme je m'initie aux mœurs de cette population. Dans la semaine, je les vois vendre et acheter, travailler patiemment de leurs mains, manger peu et mal. Le régime végétal auquel ils sont condamnés par la misère, joint à la rareté de l'air respirable, appauvrit leur sang et mine leur santé. Quoique voisins du Tibre, ils sont moins sujets à la fièvre que les habitants des quartiers moins bas; car ce n'est pas l'eau du fleuve, mais les miasmes de la campagne apportés par le vent, qui empoisonnent les Romains. Le samedi, mes pauvres juifs s'endimanchent de leur mieux pour envahir les synagogues. Hier dimanche, ils ont fait des affaires jusqu'à trois ou quatre heures après midi; mais bientôt les boutiques à demi ouvertes se sont fermées tout à fait; le peuple a pris sa récréation. J'ai rencontré au coin de chaque rue une table entourée de dix à douze personnes des deux sexes, avec un jeu de tarots dans le milieu. Je ne suis pas encore assez savant pour pénétrer le mystère de ces cartes bohémiennes que le petit peuple d'Espagne et d'Italie déchiffre couramment. Ce que j'ai remarqué, c'est qu'il n'y avait pas d'argent sur les tables, et qu'on se querellait pourtant à chaque coup.

J'ai cru un instant qu'un embrasement général se déclarait dans le quartier, à propos d'un as d'épée ou d'un sept de bâton. Un joueur lança les tarots à la tête de son adversaire; l'autre riposta en jetant la craie dont on se servait pour marquer les points. Les femmes intervinrent entre les combattants : ce ne fut pas sans se prendre aux cheveux. Toute la rue se mêla bientôt à la querelle, chacun prenant parti pour ses parents, et les quartiers voisins affluèrent en un rien de temps sur le champ de bataille. On échangea des volumes d'injures dans un patois où je n'entendais rien, et les Italiens, attirés par le bruit, n'y comprenaient pas grand'chose. Cependant tout s'apaisa au bout d'un quart d'heure, et j'appris que tout ce tumulte s'était fait pour la moitié d'un sou. Ne riez pas de la somme : je connais un professeur de mandoline qui a donné dix-sept coups de couteau à son meilleur ami pour une discussion de cinquante centimes.

Je m'éloignai, la tête rompue. De ma vie je n'avais entendu autant de bruit, si ce n'est peut-être à la sortie du théâtre de Péra, quand la population des rues se livre à coups de dents des batailles hurlantes. Mais ces querelleurs nocturnes de Constantinople ne sont pas des hommes.

Ma journée devait s'achever au Transtévère, dans le quartier le plus romain de Rome. La population qui habite au delà du Tibre est sans contredit la plus mâle, la plus fière, la plus ombrageuse et la plus honnête de la ville. C'est aussi la plus belle et la plus pittoresque : on n'a rien dit de trop à sa louange. Les Transtévérins ont peut-être l'esprit moins svelte et moins agile que les habitants des monts, mais ils ont plus de loyauté et de courage.

Je me perdis en route, et au lieu de tomber sur le Pont-Cassé, qui m'aurait conduit au cœur du Transtévère, je me trouvai au milieu des greniers à foin et des temples qui environnent la Bouche-de-Vérité. Les greniers étaient dans leur beau : quarante voitures semblables à des montagnes carrées arrivaient à la file, traînées par des bœufs. Au-dessous du dernier attelage planait le bon saint Antoine, patron des animaux. Je n'ai rien vu de plus sain, de plus beau et de plus odorant que ces foins de la campagne de Rome, et ce n'est pas un médiocre plaisir que de rencontrer au sein d'une grande ville les travaux, les costumes et les parfums des champs. Quand Rome ne sera plus la première cité du monde, elle sera encore le village le plus pittoresque de l'univers.

Cette Bouche-de-Vérité, que j'ai nommée tout à l'heure, est une curieuse relique du moyen âge. Elle servait aux jugements de Dieu. Figurez-vous une meule de moulin qui ressemble, non pas à un visage humain, mais au visage de la lune : on y distingue des yeux, un nez et une bouche ouverte où l'accusé mettait la main pour prêter serment. Cette bouche mordait les menteurs ; au moins la tradition l'assure. J'y ai introduit ma dextre en disant que le Ghetto était un lieu de délices, et je n'ai pas été mordu.

C'est auprès de la Bouche-de-Vérité, devant le petit temple de Vesta, non loin de la Fortune-Virile, que la justice romaine exécute un meurtrier sur cent. Quand j'arrivai sur la place, on n'y guillotinait personne ; mais six cuisinières, dont une aussi belle que Junon, dansaient la tarentelle au son d'un tambour de basque. Malheureusement elles devinèrent ma qualité d'étranger, et elles se mirent à polker contre la mesure. Je m'enfuis à toutes jambes et je tombai sur le pont que je cherchais.

# IV

## LE TRANSTÉVÈRE.

Le Pont-Cassé est un ouvrage antique. Le Tibre en a emporté les deux tiers ; Pie IX l'a réparé provisoirement. Un tablier de bois, suspendu à des fils de fer, le relie à la rive gauche. On peut s'arrêter quelques minutes sur ce plancher tremblant : la vue est au moins aussi belle que sur le pont de l'Institut. Le soleil se cache en amont, derrière le dôme de Saint-Pierre. Ses rayons obliques glissent sur l'eau dorée du fleuve. L'île Sacrée se dessine comme un navire entre les deux ponts qui l'unissent à la ville. Elle avait autrefois la forme et la couleur d'une galère de marbre ; mais ses revêtements s'en sont allés je ne sais où. Les maisons haut perchées qui bordent le Tibre se tapissent de figuiers et de lierres, ou s'encadrent dans des terrasses de citronniers en fleur. De l'autre côté, en aval du fleuve, vous voyez à gauche l'ouverture énorme du cloaque de Tarquin : plus haut la jolie rotonde de Vesta ; plus haut encore, les couvents, les jardins et les treilles qui couronnent le mont Aventin. A droite, le Transtévère, que vous observerez de plus près si vous me faites l'honneur d'y venir dîner avec moi.

Ne craignez rien; nous ne mangerons pas trop mal, et l'on ne nous mangera pas. Il se donnera plus d'un coup de couteau dans la soirée, attendu que c'est aujourd'hui dimanche; mais nous jouirons du spectacle sans courir aucun danger. Vous allez voir des hommes robustes comme des taureaux et non moins irascibles, qui allongent un coup de poing comme nous buvons un verre d'eau, et qui ne le donnent jamais sans avoir une lame dans la main. La police ne sera pas autour de nous pour nous protéger; elle est toujours absente. D'ailleurs, si vous offensiez un de ces gaillards-là, il vous tuerait entre les bras des gendarmes. Mais vous pouvez aller et venir au milieu d'eux, dépenser beaucoup, payer en or, faire sonner votre bourse et sortir après minuit dans les rues les mieux éteintes, sans que l'idée vienne à personne de s'attaquer à votre argent. Il y a mieux : ils nous accueilleront poliment et se serreront pour nous faire place. Ils ne nous regarderont pas comme des bêtes curieuses; ils se prêteront même obligeamment à notre curiosité, si elle n'est pas impertinente. Nous n'avons pas à redouter que le vin les excite à nous chercher querelle, mais gare à nous si nous avons le malheur de les provoquer! Ils n'ont pas le vin agressif, mais ils l'ont susceptible. Leur amour-propre de cabaret ne pardonne pas une offense même involontaire, si elle a pu les exposer aux railleries de leurs compagnons. Quand vous verrez une femme avec son mari ou une fille avec son père, tenez vos yeux en bride! Il est souvent malsain de regarder les Transtévérines sous le nez, et je pourrais citer plus d'un curieux qui en est mort. Entrons-nous? Vous hésitez? Alors, adieu; j'entre tout seul.

Ce ne sera pas pourtant sans avoir lu cette petite affiche clouée sur la porte :

« Frères bien-aimés, abstenez-vous des blasphèmes et songez :

« 1° Que Dieu vous voit;

« 2° Que Dieu vous jugera sur toutes vos paroles, et spécialement sur les blasphèmes;

« 3° Que Dieu est homme à châtier par le feu cette langue qui vous a été donnée pour le bénir et non pour l'offenser. »

---

L'affiche pourrait ajouter sans mentir que, dans ce bas monde, le blasphème est puni quelquefois plus sévèrement que l'assassinat. Dans un village des environs de Rome, deux paysans se sont oubliés le même jour. L'un a lâché une malédiction contre la madone, l'autre a empoisonné sa mère. Le tribunal les a envoyés aux galères l'un et l'autre. Mais le parricide a fini son temps, et le blasphémateur a encore quelques années à faire.

J'ai trouvé le cabaret tout plein : c'est un des plus fréquentés et des plus célèbres. On n'y vient pas seulement pour boire, comme dans les petits établissements de cette espèce; le maître de la maison se pique de cuisine, et il donnerait son couteau dans le ventre à celui qui l'accuserait de brûler les omelettes. Sa clientèle se compose de voituriers et d'artistes : artistes cordonniers, artistes fondeurs, artistes maréchaux ferrants, artistes filateurs de laine. Il n'y a pas d'ouvriers à Rome qui ne prennent le nom d'artiste : aussi est-il considéré comme une injure par les peintres et les sculpteurs. Le dernier copiste de tableaux, le plus mince praticien, le ménétrier le plus maladroit se fâcherait tout rouge si vous lui disiez qu'il est un grand artiste : « Monsieur, dirait-il sérieusement, je suis professeur ! »

Ces jours derniers, je voulais faire recoudre un bouton à une bottine. J'ai fait appeler la femme d'un domestique, et je lui ai demandé si elle était à la hauteur de ce travail. « Moi ! m'a-t-elle répondu en se rengorgeant, je suis fille de l'art : mon père était cordonnier ! »

---

Les artistes qui viennent ici le dimanche n'y paraissent pas dans la semaine. Ils se cachent dans leurs taudis pour boire de l'eau et ronger des salades. Mais le dimanche, quand ils ont économisé quelques sous, ils tiennent à honneur de se montrer au cabaret et de prouver à l'univers qu'ils dépensent de l'argent. Ils raisonnent à peu près comme nos petits jeunes gens de la Bourse, qui vont dîner une fois par semaine dans le restaurant le plus cher du boulevard, pour qu'on les voie entrer et sortir.

Je me suis assis au bout d'un banc, devant une de ces grandes tables massives qui entourent la grande salle. Le cabaret est pavé comme la rue, et presque aussi mal balayé; les murs sont peints en coutil, sans aucune décoration. La cuisine occupe une des extrémités de la salle, et le marmiton apporte de temps en temps un fagot de roseaux pour faire flamber le feu sous la poêle. Deux lampes à deux becs illuminent modestement toute l'enceinte : une troisième brûle dans un coin devant la Madone.

———

On entend peu de bruit dans cette assemblée de cinquante à soixante personnes. Mes voisins de droite sont cinq jeunes gens du même âge qui ont l'air de camarades d'atelier. La couleur de leurs mains et certaines entailles me font supposer qu'ils travaillent le fer. Celui qui s'est rangé pour me laisser asseoir est certainement un des plus jolis hommes qu'on puisse rencontrer ici : grand et bien fait, la figure longue, l'œil humide, la bouche fine, la lèvre rouge, le nez busqué, la barbe cotonneuse comme le duvet d'un cygne noir : il ressemble plutôt à un ténor de l'opéra qu'à un apprenti serrurier. Ses compagnons ne sont pas tous de même étoffe, et je vois justement en face de lui une figure de bouledogue qui ne me revient pas beaucoup; mais une gaieté franche et tranquille préside à leur petit repas. Mon beau voisin m'a présenté son verre en m'invitant à boire : J'y ai trempé mes lèvres, pour prouver que je connaissais les usages du Transtévère et que j'étais un homme bien élevé.

A ma gauche, la table voisine est occupée par des groupes variés que je distingue assez mal, dans une lumière douteuse et proche parente de la nuit. Je vois bien deux joueurs, assis en face l'un de l'autre : ils portent le costume des charretiers. Il y a quelque argent au jeu; peut-être trois écus en petite monnaie. Le plus vieux des deux adversaires ne doit pas être en veine, car il jette chaque carte sur la table avec un coup de poing à tout démolir : l'autre gagne sans rire et sans parler ; il boit à petits coups. Un peu plus loin, un meunier du Tibre, bâti comme l'Hercule Farnèse, soupe copieusement avec sa femme et sa fille. La mère est grosse et commune, la fille belle et blanche comme Vénus. Ses cheveux noirs, liés en grosses nattes, sont tout ce qu'elle a sur la tête. Les filles de Rome ne portent ni bonnet ni chapeau ; la nature les a coiffées chaudement pour l'hiver. Ma jolie meunière, en revanche, est un peu surchargée de bijoux : rien qu'avec son collier et ses boucles d'oreilles on payerait les impôts de la république de Saint-Marin. Un beau fichu de dentelle se croise sur sa poitrine : c'est la mode au Transtévère. Mais la jupe est un peu plus bouffante que de raison ; la crinoline arrive en trois bateaux pour nous gâter le costume national. C'est plaisir de voir comme la mère et la fille vident un verre de vin que le père a rempli jusqu'aux bords. Les Romains, lorsqu'ils sortent de leurs habitudes de sobriété, sont les plus formidables buveurs de toute l'Europe ; et il y a peu de Romaines qui ne soient en état de tenir tête aux hommes. La Transtévérine la plus mignonne absorberait la ration de douze matelots, et elle ne chancellerait pas en sortant de table. Il est vrai qu'elles ont des pieds !

---

Vous me pardonnerez si, après ce premier coup d'œil autour de mon couvert, mon attention s'est concentrée un instant sur le souper qu'on m'avait servi. J'avais couru tout le jour, déjeuné sur le pouce, et, dans votre intérêt même, je devais réparer mes forces. Ventre affamé n'a pas plus d'yeux que d'oreilles, et un observateur à jeun vous apprendrait peu de chose.

On m'a servi d'abord la salade, qui est le fond de tous les soupers romains, puis un morceau de bœuf à l'étouffée qui vous mettrait l'eau à la bouche si je pouvais faire passer dans ma prose un peu de son parfum et de sa succulence. Un gigot de chevreau est venu ensuite dans un plat de petits pois. L'entremets se composait d'une rondelle de fromage blanc, frit à la poêle, et j'ai eu pour dessert une grande assiettée de fraises d'Albano, exquises en vérité. Voilà comme on soupe au cabaret, pour une quarantaine de sous ; il est vrai que dans les hôtels et chez les pâtissiers la cuisine est aussi chère que détestable. Le vin de Rome n'est bon dans aucun endroit, mais c'est encore au cabaret qu'il se laisse mieux boire. Il est clairet, limpide, et d'une couleur dorée ; on le sert dans des bouteilles de verre blanc, légères comme le souffle et fragiles comme la vertu.

---

Mes voisins de droite ont fini de souper bien avant moi ; mais comme ils n'avaient pas fini de boire, le joli serrurier a proposé une passatelle. C'est un jeu prohibé, mais dans la ville de Rome rien n'est permis et tout se fait. Chacun des convives a donné quatre sous, et l'hôte a servi cinq flacons de vin au milieu de la table. « Chacun son écot » est une devise romaine que nous avons traduite en français. On a tiré au sort pour savoir à qui appartiendrait toute la boisson payée en commun et lequel des cinq commensaux serait le *maître du vin*. C'est ainsi que les anciens Romains jouaient aux dés la royauté du repas. Mais dans les pique-niques modernes, la royauté dégénère souvent en tyrannie et provoque des révolutions sanglantes. Le maître ou patron du vin fut mon voisin le beau serrurier. Les priviléges de son rang consistaient premièrement à boire tout son soûl avant de rien donner aux autres ; et en second lieu à choisir un ministre qui remplirait tantôt un verre, tantôt un autre, toujours au gré du roi, et jamais sans son aveu.

Il paraît que notre voisin le bouledogue n'était pas bien en cour. Il tendit deux fois son verre pour demander à boire ; deux fois le ministre prit une bouteille pour lui verser du vin ; deux fois aussi le prince Charmant se plut à dire : « Il ne boira pas ; c'est moi qui boirai. Ministre, mon ami, Excellence de mon cœur, voici le verre qu'il faut remplir. » Et de rire ! Le bouledogue était monsieur de la triste figure. Il avait payé, le gosier lui démangeait, le vin lui passait devant le nez, et ses amis se moquaient de lui.

---

Le vin fut bientôt épuisé, et le bouledogue, qui avait sa revanche à prendre, proposa lui-même une deuxième passatelle. « Que je sois le maître du vin ! dit-il au joli serrurier, tu verras si je t'en donne une goutte. — Et que m'importe ! répondit l'autre en riant aux éclats, tu vois bien que je n'ai plus soif. » Soif ou non, le sort lui fut encore favorable, et la disposition du vin lui échut une deuxième fois. Le bouledogue, moitié sérieux, moitié riant, lui dit : « Assez plaisanté ! j'y suis pour huit sous de ma poche, et j'espère que tu vas me laisser boire ? — Il faut, répliqua mon bel ami, se contenter de peu et quelquefois de rien. Es-tu chrétien, oui ou non ? Exerce-toi donc à la vertu de patience ! »

Comme ces messieurs parlaient fort haut et que leurs voisins riaient aux éclats, l'attention du cabaret se tourna insensiblement de leur côté. La jolie meunière jeta plus d'un coup d'œil sur notre table, sans demander le consentement de ses parents. Nos regards se rencontrèrent deux ou trois fois, je crois même qu'elle me sourit franchement avec ce laisser-aller des filles d'Italie, qu'on aurait grand tort d'interpréter à mal.

———

Le seul homme qui n'eût pas l'œil à la passatelle était le vieux joueur de la table voisine. La fortune des cartes s'obstinait apparemment contre lui, car après cinq ou six martingales imprudentes, il avait mis au jeu sa montre d'argent pour tout perdre ou tout regagner. Avant de couper les cartes, il alla s'agenouiller devant la madone du cabaret, et la supplia de lui rendre ce qu'il avait perdu, avec quelque petit bénéfice, promettant de partager le surplus avec elle et de porter un gros cierge à l'église de Saint-Augustin. Cependant l'adversaire se signait discrètement et marmottait, sans sortir de sa place, une contre-prière à la même madone. La partie fut chaude, et je la suivis attentivement. Le vieux charretier la perdit comme toutes les autres. Il se leva de table, enfonça son chapeau sur sa tête et revint se camper en face de l'image qu'il avait adorée. Je crus qu'il allait injurier la madone, mais quelque chose le retint et il fit tomber toute sa colère sur le divin enfant qu'elle portait dans ses bras : « Misérable bambin, lui cria-t-il, Judas a bien fait de te vendre. » Ainsi soulagé, il sortit. Son adversaire ramassa son argent et la montre, redemanda un flacon de vin qu'il but lentement, examina la pointe de son couteau, s'arrêta à la porte du cabaret pour voir si personne ne l'attendait dehors, et partit.

---

Une troisième passatelle s'était engagée à ma droite, et le sort têtu avait encore favorisé mon beau voisin. Le bouledogue, ivre de soif et de dépit, lui disait de gros mots dont il ne faisait que rire. Il répondait en plaisantant aux malédictions de son ennemi, et j'ose dire qu'elles étaient de poids : Voici un échantillon de la litanie :

« Face de chien !

« Guillotine à tes morts ! » c'est-à-dire, puissent tes ancêtres avoir péri par la main du bourreau !

« Puisses-tu mourir d'accident à froid ! » L'accident simple est l'apoplexie ; l'accident à froid est le coup de couteau.

« Et toi, répondait mon voisin, tu mourras d'un accident à sec ! »

Cette plaisanterie provoqua une hilarité universelle, et le bouledogue en prit un redoublement de colère.

J'avais échangé tant de regards avec la jolie meunière

que nous étions devenus, malgré la distance, une paire d'amis. Elle me fit une avance plus directe en envoyant sa mère me demander un verre d'eau : il n'y en avait qu'à ma table. Je m'empressai d'offrir la carafe, et je reçus deux remercîments à la fois. La jeune fille me sourit plus tendrement que jamais, et son père me fit des yeux énormes.

---

Plus près de moi, le bouledogue, las de prêter à rire, s'était retiré en grommelant. Mes autres voisins le suivirent bientôt, et je leur dis adieu. Ce ne fut pas sans leur offrir quatre cigares de la fabrique romaine, un peu fades au goût, mais bien faits et faciles à fumer. Le beau serrurier me tendit la main et je la serrai de bon cœur, sans savoir qu'il n'avait plus deux minutes à vivre.

Les places vacantes à mon côté furent occupées immédiatement par trois troupiers français, imperceptiblement gris. Ils parcouraient en triomphe les cabarets du Transtévère, après avoir remporté une victoire éclatante sur quatorze soldats du pape. Ces vainqueurs vidèrent un flacon, chantèrent un couplet, et transportèrent leur gloire et leur gaieté sur un autre théâtre. Ils furent bientôt remplacés par trois soldats pontificaux qui se vantaient d'avoir mis en déroute quatorze Français.

---

Je remarquai alors un nouveau venu qui avait pris place à la table voisine. C'était un vieillard de soixante ans sonnés, mais vert et vigoureux. Il regardait l'assemblée sans rien dire, en vidant son verre jusqu'au fond. Un foulard noué autour de sa jambe et une tache de sang qui perçait dessous me donnèrent à croire qu'il était blessé. Mais comme sa physionomie n'indiquait pas qu'il fût en veine de confidence, je partis sans lui avoir demandé son secret. Le premier garçon du cabaret, qu'on appelait M. le principal, m'indiqua un café voisin où l'on faisait quelquefois de la poésie et de la musique. « C'est là, me dit-il, que je vais tous les soirs ; vous ne trouverez rien de mieux. »

J'y fus bientôt rejoint par le meunier et sa femme, qui avaient ramené leur fille à la maison. Le meunier s'assit en face de moi, à quelques tables de distance, et il me regarda obstinément d'une façon qui voulait dire : Tu ne seras pas mon gendre ! C'était le cadet de mes soucis, et je vidai paisiblement le verre de café qu'on avait servi devant moi.

La salle était dallée proprement, et tendue de percaline blanche avec des bordures rouges à tous les angles. Le mobilier se composait de chaises de paille et de tables de marbre ; les petites cuillers d'argent étaient de forme ancienne et de poids notable. Une vingtaine d'ouvriers et d'ouvrières composaient tout le public : tous gens fort bien élevés, qui prenaient leur café et leur rosolio sans bruit.

---

Mon arrivée n'avait pas interrompu un combat de virtuoses. Tous les dimanches, ou peu s'en faut, quelques amateurs de poésie se réunissent là pour improviser des vers. On les accouple deux par deux, et ils s'escriment tour à tour sur un sujet donné, comme les bergers de Virgile. Le texte ordinaire de leurs improvisations est l'histoire ancienne ou la mythologie. Je ne sais pas où ils ont fait leurs études, mais ils galopent sans broncher dans les champs de la fable et de l'histoire, depuis le chaos jusqu'à la mort de Néron. Si l'on épluchait trop soigneusement leurs vers, on y trouverait peut-être quelques anachronismes de détail, mais la poésie couvre tout de son manteau de pourpre et d'or. La prosodie italienne n'impose pas des lois bien sévères; la rime est facile à trouver dans une langue ou une moitié des mots finit en *o* et l'autre en *a*. Mais ce qui m'a le plus étonné dans ces tours de force, c'est le choix presque toujours heureux de l'expression brillante. Le vocabulaire poétique, fort différent du langage familier, s'est conservé, je ne sais comment, dans ces esprits demi-incultes. Un cordonnier qui savait à peine lire nous a débité la guerre de Troie dans le style le plus pompeux et le plus fleuri.

Une mandoline grattée discrètement accompagnait la voix du poëte, car les vers se chantent et ne se parlent pas. C'est une sorte de récitatif rhythmé, une mélopée monotone et ronflante. Les Romains ont la voix haute, sonore, et presque toujours emphatique. Il n'y a pas une syllabe de leurs discours d'apparat qui ne soit accentuée par l'orgueil national. C'est plaisir d'entendre un petit garçon chanter dans la rue :

> Auguste empereur romain.

ou

> Nous irons au Capitole !

La joute dura une heure et demie, et je regrettai de n'avoir ni plume ni crayon pour vous sténographier quelques vers. Les applaudissements de l'auditoire étaient la récompense des vainqueurs; les sifflets et les huées punissaient le vaincu, dès que sa langue commençait à s'embarrasser. Le cordonnier de la guerre de Troie garda l'avantage assez longtemps, mais il fut battu à plate couture par un tanneur du quartier de la *Regola*.

Tout paraissait fini, et le tanneur remettait déjà sa veste pour aller dormir sur ses lauriers, quand une femme se leva d'une table voisine et se plaça devant lui, les poings sur la hanche. C'était sans mentir une créature magnifique, large, haute et belle, telle à peu près qu'on se représente les louves du temps des rois. J'ai su qu'elle était blanchisseuse, et son mari souffleur de verre.

« Vous n'y entendez rien, dit-elle, et c'est moi qui vous battrai tous. Toi, prends ta mandoline. » Elle partit de l'origine du monde et s'avança d'un pas ferme à travers l'histoire des dieux. La gaillarde possédait sa mythologie comme Hésiode lui-même. Bientôt elle entra de plain-pied dans la guerre de Troie, sauva Énée de l'incendie, l'amena au pays des Latins, rossa Turnus et tous les autres, sauta d'un bond à la naissance de Romulus, chassa les rois avec Lucrèce, conduisit les armées de la république à la conquête du monde, débrouilla le chaos des guerres civiles, applaudit Cicéron, tua César aux pieds de la statue de Pompée, mit Auguste sur le trône, renversa les empereurs les uns sur les autres comme des capucins de cartes, et finit par une invocation directe à la madone qui lui souriait derrière une lampe, avec un enfant dans les bras.

Elle allait droit devant elle, se reprenant quelquefois, ne s'arrêtant jamais, remplaçant un mot par un autre, recommençant la tirade applaudie et la corrigeant sans y penser. Ses yeux brillaient comme ceux d'une pythonisse ; sa voix tremblait de plaisir ; son geste simple et un peu trop régulier scandait le vers et appuyait sur la phrase. Elle fut applaudie comme on sait applaudir ici. Ni le cordonnier ni le tanneur n'entreprirent de lui répondre, et elle retourna toute rouge auprès de son homme qui avait tenu l'enfant pendant ce temps-là.

Je me livrais au plaisir de battre des mains, comme à une première représentation, lorsque je m'aperçus que le meunier me gardait rancune. De quoi ? Je n'en sais rien, car je n'avais rien fait pour l'offenser. Peut-être ses voisins du cabaret avaient-ils plaisanté avec lui sur l'emprunt de ma carafe ; mais, dans tous les cas, s'il y avait eu une inconséquence commise, elle n'était pas de mon fait. Cependant il grommelait entre ses dents toutes sortes de réflexions malsonnantes sur les gens qui devraient rester chez eux et se mêler de leurs affaires. Moins je semblais prêter d'attention à ses propos, plus il élevait la voix ; il était homme à me traiter plus mal, si j'avais fait mine de tourner le dos. Je résolus donc de l'aborder de front, et il n'y avait pas grand courage à la chose. On sait, dans tous les pays du monde, que chien qui aboie ne mord pas. Je me levai brusquement, juste à l'instant où il venait de prononcer le mot de *Français*, et je me présentai devant sa table : « Est-ce à moi, lui dis-je, que tu en as ? »

Il demeura un instant interdit avant de me répondre : « Mais non ; je n'en ai à personne. Tu t'es trompé.

— Alors contre qui grognes-tu ?

— Contre ma femme : c'est une coquine, une intrigante, une entremetteuse, que je veux rouer de coups en rentrant à la maison. »

A cela je n'avais rien à dire. Si charbonnier est maître chez lui, meunier peut battre sa femme et son âne lorsque la fantaisie lui en vient.

Sur les dix heures et demie, le principal qui m'avait servi à dîner vint prendre place auprès de moi, vêtu comme un monsieur. « Hé bien ! lui dis-je, la journée est finie ? »

Il me répondit à demi-voix : « Oui, seigneur cavalier, et mal finie pour moi, je le crains bien.

— Comment ?

— Je ne devrais peut-être pas vous conter l'affaire, mais vous êtes témoin que je n'ai pris aucune part à la querelle, et, en votre qualité de Français, vous pouvez me tirer de là.

— Que diable t'est-il arrivé ?

— Avez-vous remarqué ce vieux qui avait un mouchoir noué autour de la jambe ?

— Oui, un blessé.

— Il n'était pas blessé : c'était le sang du jeune homme. Il l'avait porté à la maison dans ses bras, et il revenait guetter l'autre.

— Quel autre ?

— Le meurtrier, bien sûr ; celui qui avait tué son fils.

— Quel fils ?

— Celui qui a dîné à côté de vous, l'homme de la passatelle.

— Le beau serrurier ?

— Il n'était pas si beau. D'ailleurs il avait tort; pourquoi refuser à boire à un ami, lorsqu'il a payé pour ça?

— Mais c'est impossible! On ne l'a pas tué!

— Juste devant notre porte, Excellence; au moment où il sortait.

— Mais ses amis étaient avec lui; ils auraient empêché le crime!

— Chacun pour soi en ce bas monde.

— Comment n'avons-nous rien entendu?

— Ça ne fait jamais plus de bruit. Le garçon est mort; on est allé le dire au père; il a porté le corps chez lui, et puis il est revenu s'asseoir où vous l'avez vu, dans l'espoir que l'autre repasserait par chez nous; mais pas si bête! Ce qui m'ennuie, c'est que l'autre gaillard avait pris mon couteau pour faire son coup.

— Mais c'est épouvantable! Voilà comme on s'égorge dans ton quartier!

— Que voulez-vous? Lorsqu'un ami vous fait une avanie, on ne va pas s'amuser à lui faire un procès. Un coup de couteau dans le ventre, et tout est dit. Si seulement il avait pris un autre couteau que le mien!

— Alors vous passez votre vie à assassiner vos amis?

— On n'a pas affaire à ceux qu'on ne connaît pas. Mais vous pouvez compter que sur quatre hommes de chez nous, il y en a bien un qui a joué du couteau une fois en sa jeunesse.

— Et toi, voyons?

— Oh! moi, j'avais raison. Il s'était permis de crier tout haut que notre vin était drogué et que nous empoisonnions le monde. Qu'est-ce que vous auriez fait à ma place? »

Je repris le chemin de l'Académie, et, au détour de la rue, je tombai sur un groupe d'enfants agenouillés devant une sainte image. Ils chantaient à l'unisson d'une voix claire et presque juste :

> Vive Marie,
> Et celui qui l'a créée !

## V

### LE JEU DES COUTEAUX[1].

Si les couteaux romains n'étaient jamais sortis de Rome, j'en aurais dit assez long sur cette curiosité locale. Mais dans l'état actuel de la société, lorsque les réfugiés italiens abondent en plusieurs pays et que leurs couteaux ensanglantent les tavernes de Londres comme les cabarets de Constantinople, je crois faire acte de bon citoyen de l'Europe en traitant sérieusement une question de sécurité européenne.

Avant tout autre propos, et dût-on s'en étonner en France, je commencerai par faire un compliment aux assassins de ce pays-ci : ils ne sont pas des voleurs. Dans presque toutes les grandes villes de ma connaissance, sur dix assassinats commis, il y en a six qui ont le vol pour but. On tue un homme pour avoir son argent, comme un renard pour avoir sa peau. Les Romains tiennent le vol

---

1. Ce chapitre, qui manque absolument d'actualité, fut écrit quelques mois après l'attentat du 14 janvier 1858. Je le conserve ici pour les détails curieux et authentiques qui y sont consignés. Mais chacun sait que depuis un an et plus tous les Italiens dignes de ce nom ont quitté le couteau pour prendre l'épée.

en souverain mépris. Leur délicatesse un peu émoussée ne fait pas fi d'une escroquerie habile, d'une concussion publique ; mais le vol proprement dit les révolte. Essayez de crier au voleur! dans les rues de la ville. Qu'un habitant du quartier des Monts (il y en a beaucoup qui ne valent pas cher) s'amuse à dérober un mouchoir de dix sous, la foule lui courra sus avec un acharnement incroyable. Que serait-ce donc s'il avait tué avant de faire son coup? On l'assommerait sur place, n'en doutez pas un instant.

---

J'ai sous les yeux la liste de deux cent quarante-huit assassinats commis dans la ville, entre 1850 et 1852. Sur cette multitude de crimes, il y en a juste *deux* qu'on explique par le vol. Le reste est venu à la suite de discussions de vanité ou d'intérêt, de rivalités en amour, de querelles au jeu, de propos injurieux échangés après boire. La violence du sang, du vin et du printemps a fait les neuf dixièmes du mal.

Pour la plupart des cas qui ont amené ces coups de couteau, un Français aurait donné un coup de poing, un coup d'épée, ou une assignation en justice. Ni les coups de poing, ni les duels, ni les procès ne plaisent au peuple de Rome. Les coups de poing ne marquent pas assez profondément la supériorité du vainqueur ; le duel expose le bon droit à périr ; la longueur des procédures et la vénalité de presque tous les juges inspirent aux citoyens l'horreur des procès. Tout s'arrange à coups de couteau, même les affaires de famille. Je trouve à la même page un frère frappé par son frère, un beau-frère par son beau-frère, deux gendres par leurs beaux-pères, et un neveu par son oncle. Un oncle du Gymnase se serait contenté de dire : « Mon coquin de neveu ! »

---

En 1853, les tribunaux de l'État romain ont puni 609 crimes contre les propriétés, et 1344 contre les personnes. La même année les cours d'assises jugeaient en France 3719 hommes accusés de vol, et 1921 prévenus de crimes contre les personnes. On pourrait conclure de cette statistique que les Romains sont plus emportés et plus honnêtes que nous.

---

Vous faut-il du fruit nouveau ? Voici le travail qui s'est opéré en six jours, vers la fin du mois d'avril 1858. Vous verrez que le printemps se fait sentir en Italie.

« A la caserne Serristori, le voltigeur Maurizi a tué d'un coup de couteau le grenadier Caponia. Affaire de jeu.

« On a fait charivari sous les fenêtres d'un vieillard nommé Ferri, qui se mariait en troisièmes noces. Il a assommé d'un coup de pierre un des concertants, nommé Bernardini.

« Le vigneron Bravetti a été tué d'un coup de pioche par un marchand de salade qu'il accusait de voler des asperges dans sa vigne.

« Quelques jeunes gens qui avaient passé la journée au cabaret, traversent la rue du Mascaron. Une discussion s'élève, un de ces messieurs entre chez un boulanger, prend un couteau, et vient frapper de trois coups mortels le nommé Vaccari, âgé de vingt et un ans. Il se rend ensuite chez le père de Vaccari et le tue. Mesure de prudence !

« La femme Caroline Paniccia et Juan son mari sortaient d'un cabaret après avoir soupé, lorsqu'ils furent assaillis à coups de couteau par le nommé Pierazzi. La femme est blessée, le mari est mort. Pierazzi était amoureux de la femme et jaloux du mari.

« Le jeune Alphonse Ambrogioni, âgé de 13 ans, a tué sa belle-sœur en lui coupant la carotide. Les Ambrogioni en voulaient à cette jeune femme parce que l'un d'eux, Pierre Ambrogioni, avait été forcé de l'épouser après l'avoir séduite. »

---

On peut dire sans paradoxe que, sur dix assassins à Rome, il y en a au moins un qui n'eût pas tué s'il avait eu un autre moyen de se faire rendre justice. Mais l'argent, le crédit, les protections sont choses si difficiles à surmonter, qu'un pauvre homme offensé dans son honneur ou lésé dans son bon droit ne s'adresse jamais qu'au couteau.

Je ne crains pas d'affirmer, pendant que j'y suis, que sept ou huit meurtriers sur dix se garderaient de tirer leur couteau s'ils savaient d'avance qu'un bourreau leur coupera la tête. Mais ils sont presque aussi sûrs de l'impunité qu'ils seraient sûrs du châtiment en France ou en Angleterre.

---

Presque tous les rapports de police que j'ai cités tout à l'heure se terminent uniformément par cette phrase sacramentelle : « Le coupable s'est dérobé par la fuite. » Le peuple, au lieu de les poursuivre, leur prête les mains. A ses yeux, l'assassin a raison, et la victime était dans son tort. Nos Romains de la plèbe n'ont pas plus de mépris pour un assassin que les Parisiens pour un homme qui a tué loyalement son adversaire en duel. Et de fait, c'est un véritable duel que l'assassinat tel qu'il se pratique ici. Lorsque dans la chaleur de la discussion deux hommes en sont venus à certaines paroles, ils savent que le sang doit couler entre eux ; la guerre est implicitement déclarée ; la ville entière est le terrain choisi : la foule est le témoin accepté de part et d'autre, et les deux combattants savent qu'à toute heure du jour et de la nuit il faut se tenir en garde. La plèbe croit donc, et ce n'est pas un préjugé facile à déraciner, que le meurtrier est un juste.

On protége sa fuite. Où va-t-il se réfugier ? Pas bien loin. La ville est pleine d'asiles. Les ambassades, l'Académie de France, les églises, les couvents, le Tibre sont autant de sanctuaires où la loi ne pénètre pas. Si un homme poursuivi menace de se donner la mort, la police est tenue de le laisser fuir ; c'est pourquoi le Tibre est un asile inviolable. On craint que le prévenu ne se jette à l'eau et ne périsse sans confession. Celui qui parvient à saisir un moine par sa robe est en sûreté, comme s'il embrassait les cornes de l'autel. Les gendarmes suivent le moine en criant d'une voix suppliante : « Cher petit frère! (*fraticello!*) lâche-le : c'est un assassin ! — Je ne saurais, répond le moine : il ne veut pas s'en aller! » Le donneur de coups de couteau arrive ainsi jusqu'à la porte du couvent.

---

Quelques cavaliers de la division d'occupation rencontrent sur la route de *Ponte Molle* un malfaiteur traqué par la police. Ils se mettent à sa poursuite, bride abattue. L'homme court au Tibre, et pour faire une niche à l'armée française, il se noie. Cela fit une grosse affaire, et je crois que la diplomatie s'en mêla un peu. Nos soldats n'auraient pas dû mettre un homme dans le cas de mourir sans confession.

---

Le possesseur d'un lieu d'asile est libre de recevoir ou d'expulser les coupables. Je sais qu'à l'Académie de France, par exemple, M. Schnetz se renseigne avec soin sur les hôtes qui font invasion chez lui. Qu'il arrive un pauvre garçon menacé des galères pour avoir mis une fille dans l'embarras, les portes s'ouvriront à lui toutes grandes. Mais je les ai vu fermer devant un drôle qui s'accusait gaiement d'une peccadille (una cosetta) contre nature.

---

Entre Velletri et la mer il y a dix lieues de pays qui sont un lieu d'asile. Ce vaste terrain, qu'on appelle la plaine Morte, est d'une insalubrité reconnue. On sait que les meurtriers n'y vivront pas longtemps; on sait d'ailleurs que des innocents ne consentiraient pas à assainir un tel pays. Les coupables y restent impunis et occupés à des travaux publics, jusqu'à ce que la fièvre ait fait contre eux la besogne du bourreau.

Souvent l'assassin est dérobé aux lois par le crime d'un autre assassin. Une fille tombe sous le couteau à quatre heures du soir; on relève le cadavre de son meurtrier avant la nuit. Le crime était déjà expié lorsque la justice en eut connaissance. Aussi arrive-t-il que le coupable se livre lui-même pour échapper aux vengeances privées, et préfère la prison à tous les autres lieux d'asile.

Quand la justice le tient, voici une autre série de difficultés qui commence. On ne trouve pas de témoins qui déposent contre lui. Vous ressusciteriez le mort lui-même, qu'il ne dirait pas le nom de son meurtrier. On ramasse un homme éventré dans la rue et respirant encore un peu. « Qui t'a mis dans cet état? — Personne; va chercher le prêtre et ne parlons pas du reste. » Il a réglé ses comptes avec un ami; il ne songe plus qu'à les régler avec Dieu. Un homme en poignarde un autre : l'un part pour le bagne, l'autre pour l'hôpital. Quand l'un sera libéré et l'autre guéri, ils se donneront la main sans rancune. Mais si le blessé avait avoué devant les juges qu'il eût reçu une blessure, ni l'assassin, ni ses parents, ni ses amis ne le laisseraient jouir de sa convalescence.

Le refus de déposer en justice est un mal tellement incurable, qu'on ne trouve pas de témoins, même contre les voleurs. Je vous ai dit cependant s'ils sont détestés! Nous les détestions aussi au collége, et nous nous faisions également un point d'honneur de ne les pas dénoncer. Nous les mettions en quarantaine, nous les faisions passer par les armes, à grands coups de balle élastique; mais nous aurions cru nous déshonorer nous-mêmes en les livrant au maître d'étude. Les Romains sont enfants à tout âge, comme nous l'étions à quinze ans.

Leur aversion pour les voleurs s'est manifestée, il y a deux ou trois ans, lorsqu'on en a fustigé un sur la place du Peuple. C'était un nommé Pietro Brandi, si j'ai bonne mémoire. Il avait jeté la confusion dans une fête publique pour pêcher en eau trouble quelques porte-monnaie et quelques mouchoirs de poche. Sa spéculation avait coûté la vie à deux ou trois personnes et la santé à plusieurs. Les juges le condamnèrent à recevoir vingt-cinq coups de nerf de bœuf, non pas sur la plante des pieds. La foule accourut à son supplice comme à une réjouissance. Elle criait à chaque coup : « Bravo! Frappe fort! » Mastro Titta, gagné par l'enthousiasme du peuple, ajouta un vingt-sixième coup pour la *bonne main;* c'est le nom italien du pourboire.

Dans le même pays, chez le même peuple, un paysan s'aperçoit qu'on lui a volé son cochon. Il devine le coupable, court à sa maison, et trouve encore l'animal attaché devant la porte. « Des témoins! dit-il; sainte Madone, envoie-moi des témoins! » Enfin, un homme passe; il lui saute au collet: « Tu vois ce cochon?

— Quel cochon? dit l'autre, qui flaira aussitôt une odeur de témoignage.

— Par tous les saints, tu n'es pas aveugle! il y a là un cochon.

— Non, il n'y a pas de cochon.

— Tu ne vois pas un cochon, là, devant cette porte?

— Je ne vois pas de cochon. Adieu, je cours à mes affaires. »

Le volé arrêta dix témoins l'un après l'autre; pas un ne voulut voir le cochon. « Puisque tu ne vois rien, dit-il au dernier, je vais détacher cette corde et la rapporter chez nous avec l'animal qui pend après. » C'est par là qu'il aurait dû commencer.

Les Romains avouent eux-mêmes que les lois pénales n'ont été appliquées chez eux que sous la domination française. En ce temps-là, le pouvoir était assez fort pour contraindre les témoins à dire ce qu'ils avaient vu, et pour les rassurer sur les suites de leur déposition.

Ce n'est pas que les moyens de répression manquent au gouvernement pontifical. Il a des prisons bien tenues et des bagnes en bon état. La prison cellulaire existait à l'hospice Saint-Michel cent ans avant d'être inventée par les Américains. La guillotine est une machine italienne qui date du treizième ou du quatorzième siècle. Mais presque tous les papes se sont transmis, d'âge en âge, des principes de douceur et d'indulgence sénile qui désarment un peu la loi. Les exécutions capitales ont toujours été excessivement rares dans cet État, où, d'après la statistique de 1853, il se commet plus de quatre meurtres par jour. Il est difficile qu'un souverain vieilli dans l'exercice d'un ministère de paix s'embarque un beau matin dans une guerre vigoureuse contre les violences de ses sujets. L'éducation de la plèbe romaine est à refaire. Il faut amollir de force ces natures brutales, que la moindre contrariété entraîne aux derniers excès. Il faut leur apprendre à respecter la vie humaine comme une chose sacrée ; il faut, dans l'intérêt de leur pays et de toute l'Europe, modifier violemment leurs idées sur l'assassinat. Tant qu'il y aura dans le monde civilisé un royaume où l'on tue un homme comme on boit un verre de vin, la civilisation sera un état provisoire, sujet à toute sorte d'accidents.

---

Il n'y aurait pas des ruisseaux de sang à répandre pour arrêter définitivement ce jeu des couteaux. Léon XII n'a pas décimé son peuple pour guérir la plaie du brigandage : nous n'avons pas eu besoin de dépeupler la Corse pour supprimer les bandits. De même il suffirait ici de quelques coups bien frappés, et surtout frappés en temps utile. Les animaux les plus nobles ne profitent d'une correction que si elle suit immédiatement la faute ; nos terribles plébéiens de Rome sont un peu dans le même cas que les chevaux de race et les chiens d'arrêt. Si un procès criminel pouvait se mener tambour battant, si l'expiation suivait le crime à quelques jours de distance, le peuple, à qui tout est spectacle, n'assisterait pas à un mauvais exemple sans recevoir aussitôt une bonne leçon. Mais quand un coupable est exécuté dix ans après son crime (c'est une chose qui se voit), les témoins de l'exécution n'ont que de la pitié pour cette tête qui tombe. On se figure que le meurtrier serait en droit d'invoquer la prescription, et le seul mot qu'on entende circuler dans la foule, c'est *poveretto !* Le pauvret !

Au mois de juillet 1858, M. le général comte de Noüe, galant homme s'il en fut, et partisan dévoué de l'autorité pontificale, s'arrêta quelques semaines à Viterbe. Dans une de ses promenades, il entendit plusieurs voix mâles qui chantaient des psaumes dans la prison de la ville. Ces choristes étaient vingt-deux condamnés à mort qui attendaient depuis plusieurs années l'heure de l'exécution.

Le gouvernement lui-même se fait comme un cas de conscience de mettre à mort un homme repenti et peut-être amendé. Je vous ai dit qu'il était d'une bonté et d'une douceur paternelles ; j'aurai plus d'une fois à répéter le même éloge. Un pape ne saurait oublier qu'il représente ici-bas le Dieu de miséricorde ; le saint-père, quel qu'il soit, a toujours horreur du sang. Mais il me paraît juste que la miséricorde s'applique d'abord à ceux qu'on assassine, et le premier devoir de ceux qui ont horreur du sang est d'effrayer ceux qui le répandent.

Il y a quarante ans encore, le meurtrier d'un prêtre était démembré comme un poulet rôti sur la place du Peuple[1]. Je ne demande pas qu'on revienne à ces férocités

---

1. « Ludovico monta l'échelle de l'échafaud....

« Mastro Titta tire de dessous sa casaque rouge un gros bâton pointu et l'examine avec soin. Il joue ensuite avec ce gourdin comme un tambour-major avec sa longue canne à pomme d'argent.... Enfin, il l'empoigne ferme, le fait tourner deux fois autour de sa tête et frappe le condamné sur la tempe gauche.

« Un cri d'horreur part de la foule. La victime tombe comme un bœuf et son corps commence à se débattre dans l'agonie....

« Mastro Titta jette son gourdin loin de lui, au milieu de la foule. Il

du moyen âge : la suppression légale d'un homme est par elle-même un fait assez effrayant, sans qu'on l'entoure d'un appareil si monstrueux. Mais on ne m'ôtera pas de l'esprit qu'il faut des exemples à Rome, pour supprimer cette école du couteau qui établit des succursales partout.

---

En attendant qu'on se mette à punir les assassins, on est dans l'usage de les envoyer aux galères. Je ne compte pas ce voyage au nombre des châtiments, car les forçats ne sont pas à plaindre. Mieux logés, mieux vêtus et mieux nourris que la plupart des gens du peuple, ils travaillent juste autant qu'il leur plaît, et leur travail est rétribué. Enfin, ce qui couronne tout, c'est qu'ils jouissent de la considération universelle. Je n'exagère rien ; les forçats sont bien vus. Non-seulement on les plaint, quoiqu'ils ne soient pas à plaindre ; non-seulement on s'arrête dans les rues de Rome pour leur donner de l'argent, mais la main qui leur fait l'aumône ne dédaigne pas de leur serrer la

s'abat de nouveau sur la victime, tire un long couteau de boucher, et l'égorge. Puis, avec le même couteau, il lui fait un cercle profond autour du cou, comme pour tracer la ligne, et coupe ensuite la tête qu'il montre au peuple. Le sang de cette tête rougit le bourreau, tandis que deux jets s'élancent du cou coupé et vont inonder la robe du prêtre. Vous croyez que c'est fini ? Non. Mastro Titta coupe les deux bras à la clavicule, les deux jambes au genou du cadavre, et ramassant des pieds et des mains, bras, jambes, tête, tronc, il jette le tout dans un coffre en bas de l'échafaud....

« Un an après, mourait à l'hôpital de Santo-Spirito un jeune homme de bonne famille ; il avoua que c'était lui qui avait tué Mgr Traietto pour venger un outrage.... »

Petruccelli della Gattina, *Prélim. de la Quest. rom.*, chap. v, pages 44 et 45.

main. Pourquoi pas ? la peine ne saurait être plus honteuse que le crime, et le peuple n'a point de raison pour mépriser après le jugement ceux qu'il admirait presque après l'assassinat.

Si, malgré les avantages qui leur sont assurés par la loi et par les mœurs, l'ennui vient à les prendre, ils n'ont qu'à le dire. La liberté leur sera rendue un jour ou l'autre. La peine des travaux forcés à perpétuité se commue assez facilement. Vingt ans de galères sont bientôt finis. D'abord l'année est de huit mois au bagne; et puis les réductions arrivant coup sur coup, pour peu que le patronage s'en mêle, un jour l'assassin voit les portes s'ouvrir, et, moitié content, moitié fâché, il retourne à l'exercice d'un métier honnête dont il a perdu l'habitude.

---

Ne craignez pas que la tache de son passé le signale au mépris du monde. Il serait trop curieux qu'un forçat libéré fût moins estimé qu'un forçat en activité de service. On le trouve un peu moins intéressant, voilà tout. Lui-même parle de ses corvées comme un soldat de ses campagnes. Il dit avec un petit sentiment d'orgueil : quand j'étais là-bas !

J'ai rencontré ces jours derniers à Frascati une excellente figure de paysan. Le bonhomme cheminait, piano, piano, sur son âne, dans un chemin assez escarpé. Sa femme le suivait d'un peu loin, attendu qu'elle portait une commode sur la tête. Je liai conversation avec ce modèle des maris, et la tournure de son esprit me plut.

La conversation tomba, je ne sais comment, sur les coups de couteau ; il y avait quelques jours que les coups de couteau me trottaient par la tête.

« Monsieur, me dit-il, voilà plus de six ans que les fêtes de nos villages ont perdu moitié de leur prestige. Du temps que la vigne n'était pas malade et qu'on buvait du vin tant qu'on voulait, il n'y avait pas une foire où l'on ne tuât quatre ou cinq hommes. J'en ai abattu plus d'un, quand j'étais jeune ; mais l'âge vient, c'est fini. On ne peut pas être et avoir été.

— Et il ne t'est jamais arrivé malheur en justice ?

— Si, si ; pardonnez-moi. J'ai fait deux ans à Civita-Vecchia. Vous me rappelez le plus beau temps de ma vie. Oh ! le bagne ! Vous n'y êtes jamais allé dans votre pays, Excellence ? »

# VI

LA LOTERIE.

La loterie est le plus court chemin de la misère à la richesse. Il en est de plus sûrs ; il n'y en a pas d'aussi directs. C'est pourquoi la plèbe romaine évite les autres et se coudoie dans celui-là.

Je me suis demandé quelquefois ce que je ferais pour me tirer d'affaire si j'étais un de ces plébéiens qui vivent au jour le jour dans les rues de la grande ville. Voici d'abord une carrière ouverte à tous, sans distinction de naissance ou de fortune : l'Église. Rien de plus démocratique au fond que ce gouvernement absolu. Tout homme intelligent a le pied dans l'étrier dès qu'il a franchi le seuil du séminaire ; il est en passe d'arriver à tout. Je dis plus : cette carrière est la seule où la vertu tienne lieu de science, et où la capacité se remplace avantageusement par l'humilité. Un homme des derniers rangs du peuple, et médiocrement lettré, peut devenir moine, prieur, général, évêque, cardinal et pape, marcher l'égal des plus grands souverains, et donner le pas à ses envoyés sur les ambassadeurs de toutes les puissances. Mais il faut la vocation ; nous ne l'avons pas : voyons autre chose. Les emplois civils ? Ils sont encore recherchés par quelques pauvres diables, et chacun se croit assez de talent pour les remplir s'il trouve assez de crédit pour les obtenir. Mais il n'y a que des emplois subalternes pour les hommes de peu, comme nous. Je puis devenir chef de bureau à force de protections ; mais si je veux monter plus haut, il faut absolument changer d'habit. Prétendrons-nous aux grandeurs militaires ? Tous les plébéiens de Rome se mettraient à rire s'ils entendaient une pareille proposition. Nous aurons tout un chapitre là-dessus. Quel parti prendre ? La littérature ? Néant. Le barreau ? La médecine ? Beaucoup de sujétion et peu d'avenir. L'enseignement ? Regarde comme tu es vêtu, mon pauvre homme ! Ton habit est trop court, au moins d'un pied et demi. Mais le commerce ? On y gagne sa vie. L'agriculture ? On y fait fortune, pourvu toutefois qu'on apporte des capitaux. Or l'immense majorité des plébéiens romains possède le capital du Juif-Errant : cinq sous dans la poche. Tout bien considéré, ils font tous comme la vieille femme dont je vous parlais l'autre jour : ils se passent de dîner, et ils portent l'argent à la loterie. Leur jetterez-vous la pierre ? Moi, je n'aurai jamais ce cœur-là.

———

Quelques voyageurs chagrins ont déclamé contre le peuple qui joue et surtout contre le gouvernement qui donne à jouer. On trouve mauvais qu'un pouvoir entouré de tous les respects de l'univers spécule sur les vices de ses sujets. Laissez-moi réfuter cette criaillerie.

Ce n'est pas à Rome seulement, c'est à Naples, à Florence, à Venise et sur toute l'étendue de ce sol opprimé, que les Italiens jouent à la loterie. S'il n'y avait pas de bureaux à Rome, les Romains joueraient hors de chez eux, et les diligences de Sienne, de Pise, de Florence et de Naples ne seraient chargées que de billets. Or, comme il est convenu qu'à ce jeu inégal le banquier gagne toujours, la suppression des loteries pontificales enverrait à l'étranger sept ou huit millions par an. Tel est à peu près le chiffre brut des bénéfices réalisés par l'État; mais les frais de perception nourrissent tant de petits employés que le produit net de chaque année ne dépasse pas quinze cent mille francs. La loterie est donc une très-petite ressource pour le gouvernement et une très-grande consolation pour le peuple. Nous avons bien fait de l'abolir à Paris, parce que, dans un État bien organisé, où le travail mène à tout, le gouvernement doit instruire les citoyens à ne compter que sur leur travail. On aurait tort de la supprimer dans Rome : ce peuple las et démoralisé, soutenu dans ses misères par la perspective de l'incertain, vit surtout par l'imagination et l'espérance; lui ôter la loterie serait lui prendre le peu qui lui reste.

***

Il y a plus de cent vingt ans que Clément XII a introduit cet usage dans ses États, et le jeu est si bien entré dans le sang du peuple que non-seulement les plébéiens, mais les princes et même les princes de l'Église, prennent un billet de loterie comme nous prenons une tasse de café. C'est en quoi vous pourrez remarquer la nature et l'éducation différentes des Italiens et des Français. J'étais petit enfant lorsque le progrès de l'esprit public fit tomber la loterie royale, mais je me souviens qu'on en parlait comme d'un jeu de concierges, et que les personnes de la classe intelligente se cachaient pour porter leur argent au bureau. Ici, les premiers personnages de la nation trouvent naturel de tenter la fortune et de coudoyer les maçons dans la boutique aux billets. La loterie était un vice chez nous; elle n'est pas notée ici comme une mauvaise habitude, et l'approbation des Romains est aussi fondée en raison que notre blâme l'était jadis.

---

On me saura peut-être gré de résumer en quelques mots la théorie de ce jeu que les archéologues seuls connaissent en France.

Le samedi, à midi, devant le ministère des finances, sous les yeux du peuple assemblé, une commission présidée par le représentant du prélat ministre des finances, extrait cinq numéros d'une roue qui en contient quatre-vingt-dix. Parmi les joueurs empressés qui assistent au tirage, l'un a joué l'*extrait simple*, c'est-à-dire a parié contre le gouvernement que tel numéro sortirait dans les cinq : si son numéro est sorti, il a gagné treize ou quatorze fois sa mise. Un autre a joué l'*ambe*; il a choisi deux numéros et parié qu'ils sortiraient tous deux de la roue. Un autre a joué le *terne* en choisissant trois numéros : il gagne plus de cinq mille fois sa mise. Je vous fais grâce des autres combinaisons, telles que le *premier extrait*, l'*ambe* et le *terne déterminés*. Qu'il vous suffise de savoir ceci : un homme qui saurait deviner d'avance trois des cinq numéros qui sortiront samedi prochain, pourrait acheter cent mille francs pour un louis. C'est, si je ne me trompe, le maximum des gains possibles. La banque ne joue pas gros jeu ; le *quaterne* et le *quine* n'en sont pas.

Ceci posé, tous mes Romains se mettent l'esprit à la torture pour prévoir les numéros qui sortiront. Jusqu'au jeudi soir à minuit, ils se creusent la cervelle, s'épuisent en combinaisons cabalistiques, demandent conseil à leurs amis, appellent les inspirations d'en haut. Les uns interrogent les extractions des années précédentes : tel et tel numéros ont l'habitude de se montrer ensemble ; il y a plus de six mois qu'on ne les a vus, ils vont sortir ! Les autres cherchent leurs idées sur les murs de la ville ; on y trouve à chaque pas des ternes tout faits, charbonnés par quelque amateur. Plus d'un fait une neuvaine pour décider ses numéros à paraître. Celui qui a eu le bonheur de rêver chien ou chat, s'empresse de consulter le *Livre des Songes*, où toutes les visions correspondent à des chiffres. La grande, la seule, l'inséparable idée de tous les Romains des deux sexes est la poursuite des bons numéros.

Ce n'est pas seulement les rêves qu'ils traduisent en chiffres ; tous les événements heureux ou malheureux perdent leur signification réelle pour passer à l'état de présages. Un tel s'est noyé. Bon ! 88 ! Ma fille a pris les fièvres. Bravo ! 18, 28, 48 ! Un mari rentre à la maison sans y être espéré. Il entend une voix d'homme dans la chambre de sa femme. Dieu soit loué ! 90 ! Il descend les escaliers quatre à quatre et va prendre son billet.

A Rome, le fils d'un charbonnier tombe d'un premier étage et se fait grand mal. Le père, avant d'appeler le médecin, compose un terne avec l'âge de son fils, l'heure de l'accident et le n° 56, qui correspond aux chutes par la fenêtre. Il gagne, l'enfant meurt, et plus d'un père est jaloux.

Un jeune homme et une jeune fille s'asphyxient ensemble dans une maison du Cours; le peuple vole aux bureaux de loterie pour jouer sur l'événement. L'administration est forcée de *fermer* ou d'interdire certains chiffres sur lesquels tout le monde se jetait à la fois : l'âge de chacun des amoureux, le numéro de la maison, l'heure où ils sont morts.

A Venise, un soldat autrichien se jette du haut d'un clocher. La canaille se rue sur lui dès qu'il a touché terre; on arrache le numéro de son régiment, de son bataillon; on plonge des mains avides dans son linge ensanglanté pour trouver le numéro matricule de sa chemise. Pas un homme qui ne regarde ce cadavre comme une aubaine tombée du ciel.

A Rimini, un condamné marche au supplice entre deux bourreaux. Une vieille femme le suit héroïquement dans la foule. Elle lui parle de temps en temps, et lorsqu'elle ne peut l'approcher d'assez près, elle lui adresse de loin une grimace suppliante. Est-ce sa mère? Pas du tout, c'est une joueuse qui lui demande des numéros.

A Sonnino, lorsqu'on avait encore l'habitude d'enfermer les têtes coupées dans des cages de fer, autour d'une porte du village, les vieilles joueuses venaient à minuit prier devant ces restes hideux. Elles priaient, mais l'oreille au guet, l'esprit tendu à tous les bruits. Le chant d'un coq, le miaulement d'un chat, les aboiements d'un chien, le bruit d'une voiture roulant au loin sur la route étaient notés par ces sorcières comme autant d'avertissements du ciel. C'est ainsi que les aruspices de l'antiquité interrogeaient la volonté des dieux dans cet observatoire en plein air qu'ils appelaient un temple.

---

Ne vous étonnez pas de voir le jeu et la prière confondus ensemble. La religion se mêle à tous les actes de la vie. Les Romains, dans ce commerce familier qu'ils entretiennent avec la Divinité, trouvent tout simple et tout naturel de l'intéresser à leurs petites affaires. Un honorable ecclésiastique m'a conté que ses paroissiens lui offraient de grosses sommes pour placer trois numéros sous le saint ciboire pendant le sacrifice de la messe. Aucun raisonnement ne peut leur prouver qu'un pareil tour de passe-passe serait sacrilége, et personne au monde ne leur ôtera de l'esprit que des numéros ainsi recommandés à Dieu doivent sortir au prochain tirage.

Je m'amuse quelquefois à parcourir les inscriptions engageantes qui tapissent les bureaux de loterie. L'une assure que le jeu se passe loyalement, ce qui est vrai. Une autre annonce que le gagnant sera payé sans attendre; une autre qu'il pourra demander la monnaie de son choix. Voici un distique de bon augure qui occupe la place d'honneur au milieu de toutes ces promesses :

> Un petit capital gagne une grande fortune :
> Jouez, et que la Madone vous assiste.

On ne s'attendait guère à voir la Madone en cette affaire ; mais n'oubliez pas qu'aux yeux des Italiens la Madone est la plus haute puissance du ciel. Ils parlent rarement de Dieu, et incessamment de la Madone. Lorsqu'on renvoie un pauvre sans lui donner un sou, on lui dit : Que la Madone te protége! et il remercie. J'ai entendu cette conversation dans un cabaret du Transtévère :

« Papa, les étrangers, d'où viennent-ils ?

— Ils viennent du pays d'*Étrangerie*.

— Comment c'est-il, dans ce pays-là ?

— Grand froid, maisons de bois, profonde ignorance, énormément d'argent !

— Est-ce qu'ils croient en Dieu ?

— Non.

— Mais ils croient au moins à la Madone ?

— Non.

— Quoi ! pas même à la Madone ? » Voici le discours d'un aubergiste de village qui voulait convertir un jeune Anglais : « Mais, âne que tu es, tu ne vois donc pas que le ciel, la terre, toi-même, tes habits, le pain que tu manges, tout vient de la Madone ? C'est elle qui a fait le monde, et il faut être plus bête que les bêtes pour ignorer cette chose-là ! »

Si l'esprit fort vient à régner sur cette terre, il niera peut-être Dieu, mais il continuera de brûler des cierges à la Madone. Lorsqu'un homme va mourir, on dit : Il ira bientôt voir la Madone. Tous les malades qui ferment l'œil sont victimes de cet *âne de médecin*; tous ceux qui réchappent ne sont redevables qu'à la Madone. Ils débattent le prix des visites, mais ils ne marchandent pas la cire à la madone de Saint-Augustin. C'est la plus vénérée de celles qu'on implore dans la ville. Tous les piliers de son église sont tapissés d'*ex-voto* d'or ou d'argent. Sa statue est écrasée sous le poids des bijoux ; elle a des écrins dont une reine serait jalouse. On raconte qu'une grande dame lui ayant fait offrande de tous ses diamants sans consulter son mari, le mari se plaignit au pape. Il ne s'agissait de rien moins que d'une fortune. Le pape autorisa le plaignant à reprendre son bien, sous la condition expresse qu'il irait le chercher lui-même, un dimanche, au sortir de la messe. Les diamants y sont encore. La madone de Saint-Augustin a un pied de bronze, littéralement dévoré par les baisers de la foule : il faut le renouveler de temps en temps. Mille petits tableaux suspendus autour d'elle attestent les miracles qu'elle a faits. J'ai vu autrefois, dans un cadre fort modeste, Mme Ristori à demi écrasée par un portant de coulisse, et préservée par la madone de Saint-Augustin. Je ne sais où ce tableau a passé ; je ne le retrouve plus. Si la Madone a protégé Mme Ristori un soir qu'elle jouait la comédie, elle peut bien enrichir de temps en temps un pauvre joueur de loterie.

---

Je conseille aux étrangers qui ont du temps d'assister au moins une fois au tirage de Rome. On y voit de bonnes figures et l'on y entend des réflexions curieuses. Le joueur qui a failli gagner injurie les numéros qui le ruinent. « Comprenez-vous, monsieur, qu'on ait tiré le 37 ? On avait bien besoin du 37, en vérité ! Sur ma foi, 37 est un joli numéro ! Est-ce qu'il n'aurait pas été cent fois plus beau, plus juste et plus chrétien d'amener le 42 ? Ma fortune serait faite. »

Un instant avant le tirage, tout le monde était content. « Compère, disait l'un, c'est un grand jour. — Vous allez voir du nouveau chez nous, » répondait l'autre. L'un et l'autre maintenant déchirent leurs billets en injuriant le sort. Ils s'exhortent réciproquement à renoncer au jeu, et ils entrent ensemble au bureau le plus prochain pour reprendre des numéros.

J'ai rencontré sur la place le domestique d'un de mes amis. Sa figure montrait assez clairement qu'il n'avait pas gagné. « Monsieur, me dit-il, mon terne n'est pas sorti ; mais n'importe, c'est un beau terne.

— Fais-le-moi voir.

— Tenez, monsieur : 17, 56, 82 ! N'est-ce pas un beau terne ? »

Je ne comprenais pas en quoi un terne pouvait être plus beau qu'un autre, et ce garçon fut stupéfait de mon peu d'intelligence. « Comment ! disait-il, vous avez tant étudié, et vous ne sentez pas que 17, 56 et 82 font un beau terne ! » Je crois sérieusement qu'à force de regarder les chiffres en face, ils y voient, comme Pythagore, toutes sortes de choses qui n'y sont pas.

Un homme du Transtévère dit à mon interlocuteur :

« Moi, je n'ai jamais joué que l'*ambe* ; car je sais bien qu'un terne ne prendra pas la peine de sortir pour un pauvre diable comme moi. Je ne demande qu'à gagner huit écus pour prendre femme, et la Madone me les a toujours refusés. Nous verrons samedi prochain. »

Il y avait bon nombre de juifs autour de nous, et leurs figures étaient longues. « Savez-vous pourquoi ? me dit un de mes voisins : c'est qu'il n'est sorti que de gros numéros, et les juifs ont l'habitude de jouer sur les petits. Lorsqu'on amène cinq chiffres au-dessous de trente, il y a fête au Ghetto. » Peut-être les juifs s'imaginent-ils aussi que les petits numéros sont favorables aux petites gens.

---

Les Romains jouent très-petit jeu ; aussi la loterie n'a-t-elle jamais ruiné personne. Les plus gros joueurs sont les buralistes qui spéculent sur les billets. Ils profitent de ce que le jeu ferme le jeudi soir et quelquefois vingt-quatre heures plus tôt, quand le jeudi est jour de fête. Comme le public se résignerait difficilement à attendre jusqu'au samedi à midi les bras croisés, sans risquer aucune combinaison, l'employé du bureau prend à son compte quelques centaines de billets, et il cherche à les revendre avec bénéfice. C'est alors que l'intérêt personnel, stimulant sans égal, s'ingénie à parer la boutique et à séduire les passants. Toute la devanture est pavoisée de chiffres infaillibles. C'est le terne de la Fortune ; c'est un ambe rêvé par un malade ; c'est un extrait apparu dans les nuages du soir. Souvent l'extrait, l'ambe et le terne infaillibles restent pour compte au marchand ; souvent aussi il se réjouit de n'avoir pu les placer, car il gagne au tirage. S'il perd deux ou trois fois de suite, et que le guignon s'en mêle, il prendra le parti de voyager, après avoir mis honnêtement la clef sous la porte.

---

Les étrangers qui viennent à Rome commencent par blâmer sévèrement la loterie. Au bout de quelque temps, l'esprit de tolérance qui est dans l'air pénètre peu à peu jusqu'au fond de leur cerveau ; ils excusent un jeu philanthropique qui fournit au pauvre peuple six jours d'espérances pour cinq sous. Bientôt, pour se rendre compte du mécanisme de la loterie, ils entrent eux-mêmes dans un bureau, en évitant de se laisser voir. Trois mois après, ils poursuivent ouvertement une combinaison savante ; ils ont une théorie mathématique qu'ils signeraient volontiers de leur nom ; ils donnent des leçons aux nouveaux arrivés ; ils érigent le jeu en principe et jurent qu'un homme est impardonnable s'il ne laisse pas une porte ouverte à la Fortune.

---

Tous les étés, sans préjudice de la loterie courante, on tire un certain nombre de tombolas. La tombola est une partie de loto jouée en plein air par la population entière. Chacun prend un carton et le remplit lui-même des chiffres qui lui semblent les meilleurs. Clercs et laïques, riches et pauvres entourent les bureaux. Le tirage a lieu dans cette belle villa que le prince Borghèse prête gracieusement au peuple de Rome pour s'y promener à pied et en voiture. C'est un jardin immense, hérissé de monuments de toute sorte, et peuplé de grands troupeaux qui vivent sur les pelouses. Que vous semble d'un jardin particulier où l'on fait cinquante mille bottes de foin tous les ans ? Un hippodrome de pierre, deux fois plus grand que notre hippodrome de planches, est le théâtre de la tombola. Toute la ville y vient en corps ; les boiteux et les paralytiques sont chargés de garder les maisons.

Cette fête de la Sainte-Monnaie est aussi solennelle que pas une et plus populaire que beaucoup d'autres. On y voit autant de capucins qu'à la procession la plus suivie. Le soleil, la musique, les toilettes, l'intérêt passionné des assistants, tout y est. Mais, chut ! Le premier numéro va sortir ; il se fait un grand silence. Le voici ! Une voix tonnante l'a proclamé ; il se transmet de bouche en bouche jusqu'à l'extrémité de l'amphithéâtre, tandis que de grands écriteaux l'affichent à tous les yeux. Chacun tient son carton à la main et pique les numéros sortis. Le premier terne, le premier quaterne, le premier quine s'annoncent aussitôt, et vont chercher leur argent sur l'estrade, au bruit des fanfares. Si quelque étourdi se trompe et réclame le prix sans l'avoir gagné, il revient à sa place au milieu d'un orage de sifflets. Le premier carton rempli gagne la tombola et mille écus.

Le gain n'est pas si gros dans les tombolas rustiques qui sont l'ornement obligé de toutes les fêtes de village ; mais pour cent écus, ou même pour cinquante, le gagnant témoigne autant de joie et le perdant autant de jalousie. Malheur à celui qui s'avise de gagner sans être de la paroisse ! On le reconduit à coups de pierre jusque chez lui, et son argent lui coûte cher.

Il n'y a pas très-longtemps que dans un village de la Sabine telle fortune échut à un paysan qui demeurait à trois lieues plus loin. Le vainqueur était un homme d'un certain âge, doux, patient, tranquille et flegmatique comme un Normand du pays de Caux. Il empocha l'argent sans rien dire et s'apprêta à l'emporter chez lui. Mais la belle jeunesse du village se mit en travers sur son chemin, et ce fut tant pis pour tout le monde. On commença par des quolibets : les bourrades vinrent ensuite. Le bonhomme se laissa rouler comme une balle élastique. Il se consolait de recevoir quelques coups de poing, parce qu'à chaque secousse il entendait sonner ses écus. La foule, enhardie par son air impassible, s'émancipa de plus en plus fort, si bien qu'au lieu de retourner chez lui, l'homme aux cinquante écus se réfugia dans un cabaret. On l'y suivit en criant à ses oreilles, sans préjudice des coups de poing qui trottaient toujours. Mais un couteau pointu s'étant trouvé sur le chemin, mon paysan tranquille et inoffensif le prit. Deux minutes plus tard, il y avait trois morts et quatorze blessés dans la paroisse. Le vainqueur gagnait au large et quittait le pays, un peu plus riche et beaucoup moins innocent qu'il n'y était entré. Il ne dormit pas la nuit suivante auprès de sa femme, mais il se dirigea du côté de Velletri, et c'est dans les mâquis de la *Plaine morte* qu'il mangea l'argent de la tombola.

# VII

## LA CLASSE MOYENNE.

Qu'on l'appelle bourgeoisie, tiers état ou classe moyenne, elle est le fond même des peuples modernes.

Les plébéiens ou les hommes qui vivent au jour le jour du travail de leurs bras, sont en tout pays une force aveugle. Leur ignorance et leur pauvreté les exposent à toutes les séductions du mensonge et à tous les entraînements de l'envie. Presque partout on est forcé de compter avec eux; je ne connais point de pays où l'on puisse compter sur eux. Le devoir et l'intérêt d'un bon gouvernement sont de les éclairer par l'instruction primaire et de les intéresser à la paix publique, en les encourageant à se faire un capital. D'un côté les écoles, de l'autre les institutions d'économie et de prévoyance, aident les plébéiens à monter en grade et les font entrer dans la bourgeoisie. Un temps viendra, soyez-en sûr, où il n'y aura plus de plébéiens, car tout homme aura derrière lui une éducation suffisante, et devant lui un petit avoir. Les nations les plus avancées sont celles où la plèbe se fond le plus rapidement dans la classe moyenne, qui doit tout absorber.

Elle absorbe déjà la caste aristocratique, et c'est un travail qui s'achèvera avant la fin de notre siècle. La féodalité a rendu de grands services à l'Europe, mais elle a fait son temps. Après la ruine du monde romain et l'invasion tumultueuse des barbares, elle a créé un ordre factice et brutal, mais régulier. La monarchie absolue, qui valait un peu mieux, lui a porté de rudes coups; elle l'a non-seulement domptée, mais transformée. À dater du seizième siècle, la féodalité change de nom et s'appelle noblesse. Le gentilhomme est encore au-dessus du vilain, mais il est à cent lieues au-dessous du roi. Il obéit plus qu'il ne commande, et il achète au prix des plus tristes humiliations, le droit d'humilier le peuple. En 1793, le peuple, c'est-à-dire la classe moyenne, décapite la monarchie et la noblesse, et proclame le principe de l'égalité des hommes, qui sera désormais discuté, controversé, éludé, mais non aboli.

Il suffit aujourd'hui de jeter un coup d'œil sur l'aristocratie française, pour voir qu'elle se fond peu à peu dans la classe moyenne. Les familles nobles qui survécurent à la Terreur étaient dépouillées de tout patrimoine. Les restitutions de Napoléon I$^{er}$ et le milliard des émigrés ne les ont relevées que pour un temps. Le Code civil, qui n'admet pas le droit d'aînesse, défait les plus grandes fortunes en les partageant. Les priviléges dont on pouvait tirer quelque argent sont abolis; les emplois publics ne sont plus donnés à la naissance, mais au mérite ou à l'intrigue, et si un gentilhomme de 1860 avait la prétention de vivre sans travailler comme ses pères, il condamnerait sa postérité à mourir de faim. Cependant les besoins augmentent, le luxe déborde, ce qui s'appelait richesse il y a cent ans, suffit à peine aujourd'hui pour constituer une médiocrité décente. Que reste-t-il à l'aristocratie de notre pays ? Elle se distingue encore de la foule par la pureté de quelques types, l'élévation de quelques caractères, l'obstination de quelques préjugés ; mais il faut, bon gré mal gré, qu'elle oublie son mépris héréditaire pour l'industrie, le commerce et la finance, et qu'elle s'adonne aux arts de la classe moyenne.

Cette annexion graduelle de tout un peuple à la classe la plus intelligente et la plus laborieuse est une des causes les moins connues de notre grandeur. Cette bourgeoisie dont nous raillons justement les ridicules et les travers, dont nous condamnons l'égoïsme et l'esprit exclusif, est pourtant la force la plus vivante de la nation française. On a pu décapiter la noblesse en 1793 sans faire grand tort au pays ; si la révolution de 1848, comme on l'a craint un instant, avait décapité la bourgeoisie, c'en était fait de nous. L'empire romain si fortement constitué sous le despotisme démocratique des Césars, n'a pu survivre à la destruction de la classe moyenne : il a péri, faute de bourgeoisie.

Regardez autour de nous : la Suisse et la Belgique, affranchies à des époques bien différentes par le courage de quelques bourgeois, ont formé deux petites nations très-vigoureuses, parce que la classe moyenne y prospère et y grandit. Une bourgeoisie riche et puissante est le grand ressort de l'Angleterre et meut cette énorme machine dont les bras enveloppent le monde. L'Amérique du Nord, pays éminemment bourgeois, dévorera incessamment l'Amérique du Sud, peuplée de maîtres et d'esclaves. L'Espagne, abaissée au dernier rang par ses rois et ses moines, se relève avec une rapidité merveilleuse depuis qu'elle a une bourgeoisie. La Turquie périt, faute de classe moyenne. La Russie avec son territoire, sa population, ses ressources de toute espèce, concentrées dans une seule main, semble menacer l'Europe et inquiète certains politiques, mais elle ne sera pas à craindre avant cinquante ans, car il faut un demi-siècle au moins pour créer, entre les serfs et les seigneurs, une classe moyenne.

---

En Italie, c'est la classe moyenne qui a préparé la révolution salutaire à laquelle nous assistons. Les chefs du mouvement dans la paix et dans la guerre sont deux hommes de génie sortis de la classe moyenne : M. de Cavour et Garibaldi. Ce qui nous a permis d'espérer dès le premier jour que l'Italie recouvrerait son indépendance, c'est le développement que la classe moyenne avait pris et les progrès qu'elle avait su faire, malgré toutes les entraves de l'oppression.

Si le roi Victor-Emmanuel est le souverain prédestiné de la nouvelle Italie, ce n'est pas seulement parce qu'il est le prince le plus libéral et le plus audacieux de tout le pays. C'est surtout parce que la classe moyenne est plus avancée, plus prépondérante et plus forte en Piémont que partout ailleurs. On trouve aussi en Lombardie, en Toscane, dans les États de Plaisance et de Modène, dans les Romagnes et même dans le royaume de Naples une pléiade d'avocats, de médecins, d'ingénieurs, de professeurs, d'industriels et de négociants, qui depuis longtemps rêvent, poursuivent et méritent la liberté de leur patrie.

---

Rome ne sera affranchie qu'après Venise et toutes les autres villes italiennes. La religion et la diplomatie ne sont pas les seules causes de ce retard ; il s'explique aussi par l'infériorité relative où les maîtres de la ville ont abaissé et maintenu la classe moyenne. Cette caste maltraitée se compose des fonctionnaires laïques de tout rang, des officiers de tout grade, des avocats, des boutiquiers, des médecins, des artistes, des logeurs et des marchands de campagne.

---

Les hommes de cette catégorie vivent entre eux sur un pied d'égalité presque parfaite : le colonel, le ministre, le boutiquier et l'avocat appartiennent au même monde. Ils sont généralement pauvres, et presque toujours dépendants ; leur instruction est modeste et leur éducation négligée à dessein. La plupart sont clients des cardinaux ou des princes ; ils exercent à leur tour une sorte de patronage sur les plébéiens. Prodigues des compliments et des politesses qui sont la monnaie courante de Rome, ils ont des crudités de langage qui paraîtraient intolérables chez nous. Ils se réunissent entre eux dans des pique-niques, et avant de se mettre à table ils ôtent volontiers leur cravate et leur habit. Dans leur jeunesse, ils sont assez jolis, et ils s'habillent avec coquetterie, endossant jusqu'à leur dernier écu. A quarante ans, ils se négligent, prennent du tabac, portent des cravates où le nœud est tout fait, et point de gants, mais il leur faut absolument une voiture. Le ventre leur vient aisément, car le pain et les pâtes forment le fond de leur nourriture, avec quelques salades et beaucoup de légumes verts. Ils vont eux-mêmes au marché et laissent rarement la disposition d'un sou à leurs femmes. Leurs appartements sont plus que simples, leur mobilier rare et négligé. Ils ne manquent ni d'intelligence ni de finesse ; ils ont de grandes ressources dans l'esprit, et ils inventent les combinaisons les plus ingénieuses pour gagner beaucoup d'argent sans travailler. Ils se marient jeunes, et la Providence leur envoie une multitude d'enfants, dont ils ne savent que faire. Ils ont tous de la religion ; ils n'ont pas tous de la probité. Ils se plaignent volontiers du gouvernement lorsqu'ils ne craignent pas d'être entendus; ils caressent les prélats et cherchent une occasion de se mettre à leur place. Voilà comme ils sont tous, ou presque tous ; il y a, bien entendu, des exceptions très-honorables, mais je les évalue à dix pour cent.

---

Leurs filles ont de belles dents, grâce à la pureté de l'eau et à sa température égale; de grands yeux, des cheveux en quantité prodigieuse, de belles épaules et la nuque admirable ; des traits réguliers sans beaucoup de finesse, le nez bien fait, la lèvre un peu dédaigneuse, le teint appétissant, les bras superbes, la main potelée, la taille souvent épaisse, la jambe lourde, le pied trop fort. Il est plus agréable de les voir que de les entendre ; elles ont souvent la voix virile et même rauque. Leur éducation, commencée au couvent, achevée à la maison, est encore plus négligée que celle des hommes ; elles ignorent à peu près tout ce qu'elles devraient savoir, et elles savent bien des choses qu'elles devraient ignorer. Deshéritées par la loi au profit de leurs frères, il faut qu'elles attirent les maris par d'autres amorces que l'argent. Elles recourent assez souvent à une coquetlerie franche, ouverte, agaçante, libre, gaie, nullement nébuleuse et exempt de toute sentimentalité germanique. Elles ne répriment ni leur appétit ni leur embonpoint ; elles ne rêvent pas au clair de lune ; elles disent hautement que, si le rossignol est agréable à entendre dans les bois, il n'est pas mauvais en ragoût avec du riz. Le romanesque leur plaît, en tout bien tout honneur ; elles décochent volontiers une œillade au jeune homme qui passe : elles se penchent quelquefois sur leur balcon pour échanger des billets au bout d'une ficelle ; mais cette confiance et cette liberté prouvent quelque chose en leur faveur. Elles ne supposent pas qu'on en veuille à leur cœur sans aspirer à leur main ; ces amourettes innocentes sont à leurs yeux des chemins de traverse qui conduisent au mariage. Autant elles sont promptes à s'enflammer, autant elles sont fortes pour se défendre. L'amoureux le plus follement aimé n'est plus rien pour elles dès qu'il perd son auréole de futur. Elles le pleurent comme mort et six mois après elles se remettent à en aimer un autre. Don Juan et Lovelace perdraient leur temps auprès de ces petites forteresses, faciles à investir, impossibles à prendre. Lorsqu'on les épouse enfin, elles apportent à leur mari une innocence éclairée une candeur instruite. Elles ont gardé tout le trésor de la jeune fille, excepté la naïveté. Il ne leur manque rien, si ce n'est peut-être le duvet des pêches sur l'arbre. Elles sont comme ces fruits du marché de Paris, qui ont passé par sept ou huit mains avant que nous y mettions la dent.

---

Après le mariage, elles usent de quelque liberté, si la chronique dit vrai. On prétend que les maris complaisants sont en grand nombre dans la classe moyenne, et que beaucoup de femmes pourvoient elles-mêmes aux besoins de leur toilette. Je crois que ce reproche est, sinon tout à fait injuste, du moins fort exagéré. Voici les enfants qui arrivent à la file; les premières rides se dessinent sur le front, l'âge vient, la femme abdique, la mère succède, la coquetterie s'éteint, la toilette se fane ; il ne reste plus qu'une sorte de gouvernante en robe de laine, qui marche derrière ses filles à la promenade du Pincio.

---

La bourgeoisie romaine ressemble si peu à la nôtre que vous serez sans doute curieux de la passer en revue d'un peu plus près. Entrons dans les rangs, et commençons par les professions libérales.

M. Marchetti, M. de Rossi, M. Lunati sont des hommes

éminents qui feraient honneur à tous les barreaux de l'Europe ; mais le vulgaire des avocats est très-humble, très-timide et très-effacé. Les débats judiciaires ne sont pas publics, et l'on n'est guère tenté de se mettre en frais d'éloquence lorsqu'on plaide dans le désert. Souvent l'avocat écrit, au lieu de parler. Ses mémoires pour tel ou tel client sont tirés à quelques exemplaires. Eût-il le talent de Cicéron, sa gloire n'irait pas loin de ce train-là. Sa fortune chemine tout doucement : petits honoraires, appointements fixes payés par trois ou quatre familles riches qui prennent un homme de loi à leur service. Plusieurs princes du barreau servent de secrétaires et de conseillers aux auditeurs de rote : ils résument les questions et développent les arrêts de la cour suprême. Mais si l'auditeur de rote est promu au cardinalat, son secrétaire très-savant, son conseiller de cabinet, tombe directement sur le pavé. L'avocat Vannutelli a laissé une belle fortune, mais parce qu'il était l'homme d'affaires de la famille Bonaparte. Que nous sommes loin de la toute-puissance de la tribune antique et même de la noble et brillante indépendance du barreau français !

Ce qui m'étonne, c'est qu'il y ait quelques hommes de science et de conscience dans ce corps modeste et subalterne.

---

Les médecins sont aussi dépendants pour le moins. Dans une ville où les visites se payent de vingt à trente sous, un pauvre diable de docteur mourrait de faim à la journée s'il n'était pas le client de quelques grandes maisons. Il touche ici un écu par mois, là deux, là cinq ou six. Pour le courant des affaires, il passe tous les soirs chez le pharmacien à l'heure de l'*Ave Maria*. C'est au pharmacien que le malade s'adresse lorsqu'il a besoin du docteur, car le domicile du docteur est souvent inconnu. Quand vous vous promenez devant une pharmacie vers six heures du soir en hiver, vous voyez une demi-douzaine de messieurs qui se serrent autour du poêle, le chapeau sur la tête : autant de médecins qui attendent la clientèle ! En été, ils se tiennent sur le pas de la porte, comme les commissionnaires à Paris.

Il y en a beaucoup qui mériteraient de vivre autrement, et je pourrais citer ici un certain nombre de médecins romains qui ont, comme le célèbre Baroni, honoré l'Italie et éclairé l'Europe. Mais l'enseignement est si faible, si incomplet et entravé par des préjugés si ridicules, que la masse des médecins romains est en retard. Pour dix qui suivent pas à pas les progrès de la science moderne, on en compte trente qui sont encore à la thérapeutique de M. Purgon. Presque tous les malades exposés à leurs soins déjeunent d'une purgation et dînent d'une saignée. Les habitants de Rome sont les mieux purgés et les mieux saignés de tous les chrétiens. On saigne les malheureux atteints de la fièvre intermittente, jusqu'au jour où, épuisés simultanément par la maladie et par le remède, ils descendent tout pâles au tombeau.

Quelques médecins de ce pays ont encore la jactance bruyante des charlatans. Ils expliquent au malade, à haute et inintelligible voix, la cause de ses souffrances. « Pauvre créature périssable, c'est le ver qui te tourmente ; tu es littéralement victime de l'*acrastia vermi*. Par bonheur pour toi, tu m'as appelé à temps ; le ver ne s'est pas encore insinué jusqu'au grand ressort de la vie. Je vais l'arrêter dans sa marche par une bonne saignée, de peur qu'il ne profite du mouvement de la circulation pour s'avancer plus loin : nous verrons ensuite à l'expulser inopinément dans le torrent d'une purgation détersive. » Après huit jours de traitement, le malade, vidé comme un poulet, finit par rendre un filament blanc ou rouge, et le médecin s'écrie : « Félicite-toi d'avoir rencontré un digne élève d'Hippocrate ! La science a fait un miracle de plus ; le ver est dompté, tu es guéri ! »

Cependant j'ai rencontré dans la banlieue de Rome un docteur beaucoup plus modeste. Il était jeune. Le pharmacien l'avait envoyé dans une maison où je me trouvais par hasard. Le malade lui dit : « Je ne me sens pas bien, ma tête est lourde, je suis gros, j'ai le cou passablement court ; je ne me soucie pas de mourir d'*accident* : saignez-moi.

— Volontiers, répondit le jeune homme en ôtant son habit. La saignée est une belle opération, très-utile, et assez facile ; oui, assez facile, en vérité, quoique tous les hommes ne soient pas également adroits. Vous n'avez pas peur ? Oh ! ni moi non plus. Qu'est-ce qu'une saignée ? une piqûre à faire au bras. Le tout est de ne pas trembler. »
Il tremblait un peu. Cependant il se raffermit en présence du danger, tira sa lancette, piqua la veine. Un beau filet de sang jaillit dans la cuvette, et le jeune docteur tomba à genoux en s'écriant : « Rendons grâce à la Madone ! Cette fois, j'ai réussi. »

Lorsqu'il fut remis de son émotion, je lui dis : « Parbleu, docteur, vous avez la main heureuse, et je veux, moi aussi, me confier à vos soins. Le maudit vent de sirocco qui souffle depuis deux jours me cause je ne sais quel malaise, et j'ai bien de la peine à travailler.

— Voulez-vous que je vous purge?

— Merci.

— Voulez-vous que je vous saigne?

— Oh! merci. N'abusons pas des bontés de la Madone. »

Il reprit, avec une certaine hésitation : « Que feriez-vous, de vous-même?

— Je crois que je prendrais un bain de pieds bien chaud.

— Vous avez raison. Oui, prenez un bain de pieds, je vous l'ordonne. Ensuite, si vous m'en croyez, vous vous mettrez au lit et vous ferez une prière à saint André d'Avellino; son intervention est toute-puissante en pareille matière. »

---

La distance est assez petite entre ce médecin à la douzaine et le boutiquier, pour que j'ose passer sans transition de l'un à l'autre. Les marchands et les ouvriers en boutique ont un peu changé de physionomie depuis cent ans. Autrefois, les magasins du Cours ressemblaient à des échoppes; ils ressemblent maintenant aux magasins de nos villes de province. Le vendeur répondait jadis du ton le plus nonchalant : « J'ai ce que vous demandez, mais revenez demain ; c'est trop haut. » Il montre un peu plus d'empressement, mais la marchandise ne vaut pas mieux.

Rome n'est pas le centre du commerce intérieur, et presque toutes les villes de l'État s'approvisionnent directement en France ou en Allemagne. La capitale se suffit à elle-même par une fabrication restreinte et une importation limitée. Les étrangers de passage y trouvent à peu près tout, ou du moins l'étiquette de tous les produits du monde sur des denrées falsifiées. Le prix de toutes les marchandises de luxe y est exorbitant, la qualité détestable. C'est que le marchand paye des droits assez forts, vend peu, et partage son bénéfice avec plusieurs personnes. Les courtiers, les domestiques de place, les officieux de toute sorte prélèvent une petite part. Vous voulez acheter un meuble, votre domestique italien connaît un homme qui sait où l'on en vend. On vous conduira de fil en aiguille jusqu'à une boutique sans enseigne, située au premier étage d'une maison sans apparence que vous n'auriez jamais su trouver vous-même. Vous sorti, le marchand partage avec votre guide, qui rend quelque chose à votre domestique. Les pâtissiers qui donnent à dîner sont presque enveloppés du même mystère. Au premier coup d'œil, vous croyez qu'ils vendent des fanfreluches de papier doré; au second, vous les soupçonnez de faire en secret le métier de confiseur. Il faut dire certaines paroles pour qu'on vous montre un bifteck, qui n'est pas bon. Le courtage a tant de part aux bénéfices du commerce, que la même quantité de la même huile se vend six sous en gros et quinze en détail. Jugez de la part qui revient aux intermédiaires!

Les ouvriers romains sont généralement habiles. Ils travaillent lentement, mais ils font certaines choses dans la perfection. Il n'y a pas au monde de maisons plus solidement bâties que celles de Rome. La légèreté des échafaudages est miraculeuse. On ne répare un édifice qu'à la dernière extrémité et la veille du jour où il doit tomber par terre. On ôte une brique, on en remet une autre; on glisse une pierre dans une crevasse; bref, au bout de quelques mois la construction se trouve refaite à neuf.

Avez-vous jamais entendu l'histoire de ce cordonnier de Milan qui fut mandé chez un général français? C'était sous le premier Empire. « Mon garçon, dit le général, j'ai besoin d'une paire de bottes fines ; mais on n'en fait qu'à Paris! » Le cordonnier s'inclina, prit la mesure et sortit. Huit jours après, il essayait au général une botte sans défaut, aussi juste, aussi souple et aussi fine qu'un gant. « Peste! murmura le vainqueur, tu es un drôle assez adroit. Ta botte me va bien ; voyons l'autre! — L'autre, reprit l'ouvrier, vous la ferez faire à Paris. »

Si les ouvriers romains travaillent plus lentement que les nôtres, c'est surtout parce qu'ils n'ont pas d'argent. J'avais commandé un vêtement de voyage à un petit tailleur dont la boutique annonçait une certaine aisance.

Il me fit attendre plus d'un mois, et les prétextes qu'il inventa suffiraient à défrayer un acte de comédie. Enfin je m'avisai de lui avancer quelques écus, et je fus servi. Presque tous les maîtres maçons, vitriers, couvreurs, etc., qu'on emploie à l'Académie de France travaillent sur les avances qu'on leur fait.

C'est faute de capital que le commerce et l'industrie romaine végètent. C'est faute de capital qu'on cherche vainement à Rome cette bourgeoisie indépendante et éclairée qui est la ressource de toutes les grandes nations. Il est à croire que l'achèvement des chemins de fer, en faisant converger vers Rome toutes les ressources du pays, y créera une classe moyenne digne de ce nom. On cite quelques charcutiers qui sont devenus riches ; mais la seule entreprise commerciale où il se soit fait une fortune princière est la boulangerie. Je vous ai dit que les Romains étaient les plus énormes mangeurs de pain de l'univers civilisé.

---

Les ouvriers et marchands en boutique, tout misérables qu'ils sont, ne pèchent jamais par excès de modestie. Leur vanité et leur imprévoyance égalent quelquefois celles des plébéiens. Ils dépensent toutes leurs économies deux fois par an, au carnaval d'abord, puis au mois d'août, pendant les vendanges. Ils aiment à paraître ; ils portent beaucoup d'or en chaînes, bagues et boucles d'oreilles. Notre menuisier, qui ressemble trait pour trait à Caliban, porte une turquoise à chaque oreille, comme les buffles ont un anneau de fer dans le nez.

Hier soir, en remontant la via Frattina, j'ai entendu le dernier mot d'une conversation entre un droguiste et un relieur qui fermaient leurs boutiques. « Avec tout ça, disait le relieur, nous sommes Romains, les premiers du monde. »

---

La location des appartements meublés a été pendant longtemps la principale industrie de la classe moyenne. Lorsqu'il fallait voyager pendant un mois ou deux pour venir à Rome, les étrangers ne s'y arrêtaient pas huit jours. Ils y passaient l'hiver, et non pas à l'hôtel ; l'hôtel est une invention moderne. En ce temps-là donc, une famille romaine, pour peu qu'elle eût quelques écus devant elle, louait de troisième ou quatrième main tout un étage sur le Cours, louait des lits pour le meubler, et l'offrait aux nobles étrangers venus en chaise de poste. Vous aviez pour mille écus un appartement qui n'en rapportait pas cinquante au propriétaire de la maison. Le surplus se partageait entre le principal locataire, le sous-locataire, le marchand de meubles, l'entrepreneur de locations en garni, et le domestique de place qui vous avait amené jusqu'à la porte. Cet usage ne s'est pas encore entièrement perdu ; beaucoup de familles qui tiennent un certain rang n'ont pas d'autres ressources pour vivre. Elles habitent auprès de vous, dans un petit coin de l'appartement ; elles ouvrent la porte, reçoivent vos visites, et se tiennent complaisamment à votre service. Cette demi-domesticité n'a rien qui les humilie. Du reste, il y a peu de Romains de la classe moyenne qui ne soient peu ou prou domestiques. L'un est avocat et intendant ; l'autre est médecin au service d'un prince ; celui-ci épicier et valet de chambre, celui-là marchand de tabac et suisse d'un cardinal, cet autre cuisinier d'un marquis et restaurateur. Qui n'a pas entendu parler du restaurant Lepri ? C'est la gargote la plus célèbre de Rome, et celle où l'on dîne le plus mal à bon marché. Voici comment elle s'est fondée. Le marquis Lepri était à peu près ruiné ; son cuisinier offrit de le nourrir avec toute sa famille moyennant cinq sous par tête. Il ne demandait rien en échange, sinon la faculté d'ouvrir un petit restaurant auprès de sa cuisine, au rez-de-chaussée du palais. Marché conclu, le petit commerce s'agrandit si bien que le restaurant déménagea, emportant le nom de Lepri qui lui est resté. Mais voyez comme tout s'altère en ce bas monde ! il s'intitule aujourd'hui restaurant du lièvre, *della lepre*.

---

Les seuls bourgeois vraiment dignes de ce nom, parce qu'ils arrivent à la fortune et à l'indépendance, sont les marchands de campagne. Leur industrie consiste à prendre à ferme un grand domaine, qu'ils cultivent à grand renfort de bras, de bétail et de capital.

Si l'industrie et le commerce ne brillent dans Rome que par leur absence, l'agriculture n'est point dans le même cas : la ville est comme une ferme gigantesque au milieu de la plaine la plus fertile du monde. Le sol est si puissamment riche que, malgré l'insalubrité de l'air, malgré la routine, malgré les chômages, malgré l'insuffisance des lois civiles, malgré l'indolence des propriétaires, et la distribution déplorable de la propriété, malgré le délabrement des routes, la capitale du catholicisme est aujourd'hui la capitale du blé. Quelques hommes intelligents, sortis des bas-fonds de la plèbe campagnarde, ont économisé quelques écus ; leurs fils les ont fait fructifier dans des spéculations rustiques, leurs petits-fils achètent du bétail, prennent une ferme, payent cent cinquante mille francs par an au prince Borghèse ou à un autre, et en mettent de côté tout autant. A la génération suivante, ils sont comtes, marquis, ducs, princes! Ils achètent le patrimoine, le nom et les ancêtres d'une grande famille ruinée, s'il leur plaît de descendre des héros de Tite Live et non des esclaves de Caton.

En attendant cette métamorphose, le marchand de campagne habite, à Rome ou à Frascati, une grande maison modeste et peu meublée. Il a des chambres peintes à la chaux où il donne une hospitalité cordiale ; il offre à ses amis un vin excellent et quatorze plats de viandes succulentes : mangez de tout, je vous prie, sous peine de le désobliger. Sa conversation est solide et pleine de choses, surtout si vous le questionnez sur le travail des champs. Ce n'est pas qu'il vive toujours dans l'horizon de la campagne romaine ; il voyage de temps en temps. Il a fait un tour à Londres et un petit séjour à Paris ; il se propose d'aller voir son frère qui est à Vienne ; peut-être même donnera-t-il un coup de pied jusqu'à Constantinople. Ne le confondez pas avec les Romains de profession, qui n'ont jamais vu la mer, et qui parlent d'Albano par ouï-dire. Le marchand de campagne est de tous les pays, comme le blé, comme l'argent. Son seul défaut est de répéter un peu trop souvent : « Ayez de l'indulgence, nous sommes gens de campagne. » Sans cette modestie exagérée, on trouverait un plaisir sans mélange à causer avec lui. Mais excusez-le pour un instant ; il faut absolument qu'il vous quitte. Il a mis le matin même seize cents moissonneurs dans une pièce de blé. Permettez-lui de monter à cheval et d'aller voir par ses yeux si la grêle d'hier soir lui a fait perdre plus de cent mille francs. Ses blés s'étendent à deux lieues d'ici ; dans une heure et quelque chose il sera de retour et tout à vous.

---

Je vous le montrerai dans l'exercice de ses fonctions si vous me faites l'honneur de me suivre un jour dans la campagne. Pour le moment, ôtez votre chapeau : voici messieurs les employés.

Quelle foule, grands dieux ! Qui est-ce qui nous disait donc que les laïques n'arrivaient point aux emplois dans les États du Pape ? Ne prenez pas la peine de compter : ils sont huit mille cinq cents, d'après le dernier recensement officiel. Un usage invétéré veut que tout personnage important, cardinal, prélat ou prince, s'applique à loger ses clients et ses amis dans quelque place du gouvernement. La multiplicité des emplois et la modicité des traitements, deux fléaux, viennent de là. On cherche à contenter tout le monde, sans toutefois vider le trésor. Tous ces messieurs si bien mis touchent des appointements fort modestes, à l'exception de cinq ou six. La grande majorité se contente de vingt-cinq à cent francs par mois ; ceux qui arrivent à cinquante écus sont des personnages. Voici des gouverneurs et des sous-gouverneurs de villes qui administrent et qui jugent, qui ont le droit d'envoyer un homme aux galères pour cinq ans, et qui touchent sur le budget 125, 100, et même 60 francs par mois! Voici des juges de première instance à 200 francs, des conseillers de cour d'appel à 350. Ils sont payés moins chers que les employés de la Loterie. Si vous êtes curieux de savoir comment ils font pour vivre, c'est un secret que je peux dévoiler sans scandale. Le chef de division du ministère des finances est en même temps le teneur de livres d'un marchand de campagne. Il n'y a pas deux heures qu'un domestique du fermier est venu le talonner à son bureau pour certaines écritures en retard. Cet employé du sénat descend du Capitole une fois par jour pour aligner des chiffres au Ghetto, dans l'arrière-boutique d'un israélite. Ceux-ci ajoutent clandestinement au revenu de leur charge un *incertain* qu'ils obtiennent en tendant la main à propos. Ceux-là sont trop fiers pour tendre la main; ils l'introduisent furtivement dans la caisse. Voilà un groupe d'honnêtes gens qui servent l'État avec un zèle assidu, désintéressé, je dirais presque héroïque. Il se peut faire que l'un d'eux arrive par accident à quelque emploi élevé. Mais la plèbe qui n'estime que les grandeurs héréditaires ou ecclésiastiques, le prendra difficilement au sérieux. Elle ne lui pardonnera ni l'humilité de sa naissance, ni les fonctions modestes qu'il a remplies. L'aristocratie le tiendra rigoureusement à distance et lui fermera ses salons; le clergé verra en lui un parvenu irrégulier, qui a marché à son but par des chemins de montagne.

A la première occasion, il éprouvera le sort du pauvre Campana.

Je dois avouer, au demeurant, que ces fortunes politiques sont fort rares. Non-seulement les citoyens les plus honnêtes et les plus capables sont écartés des hauts emplois, mais ils s'en détournent eux-mêmes et prennent un autre chemin.

---

L'armée appartient à la plèbe par ses soldats, à la classe moyenne par ses officiers. Elle n'a pas son rang parmi les corps de l'État ; elle ne forme pas comme en France et dans tous les pays militaires une classe distincte et distinguée. Les esprits ne sont pas encore faits à voir dans un soldat quelque chose de plus qu'un homme du peuple, et l'épaulette d'officier n'est pas un insigne de noblesse, mais la marque distinctive d'un emploi comme tous les autres. Cette question mérite un chapitre complet; je l'ajourne pour la traiter à fond.

Mais je ne me séparerai pas de la bourgeoisie sans vous faire remarquer ce petit peloton de boutiquiers en uniforme. Ils vont de ce pas au Vatican occuper la deuxième antichambre, entre les Suisses et la garde noble. On leur prêtera des fusils pour la journée, et ils les rendront en sortant. Cette garde nationale s'appelle la *scelta* pour indiquer qu'elle est choisie. Elle s'équipe à ses frais, mais je crois que chacun des *choisis* touche neuf écus par an et une dot de trois cents francs lorsqu'il marie une de ses filles.

---

## VIII

LES ARTISTES.

On trouve encore dans Rome un certain nombre d'artistes éminents. Je n'ai pas la prétention d'apprendre à l'Europe les noms de MM. Tenerani, Podesti, Calamatta, Mercuri. Mais je m'étonne que ces talents aient pu mûrir dans une ville où l'art est une branche d'industrie cultivée par un certain nombre de bourgeois.

Les artistes de tout pays appartiennent à la classe moyenne, mais c'est en Italie seulement qu'ils font partie intégrante de la bourgeoisie. Les ateliers des peintres et des sculpteurs tiennent de la fabrique et de la boutique. Les théâtres sont des magasins où l'on donne à bon marché des denrées indigènes de qualité médiocre et des marchandises étrangères frelatées par le vendeur.

Nos bourgeois de Paris ont tous, suivant leur âge et leur éducation, un préjugé favorable ou contraire aux artistes. Un commis de magasin croit s'honorer en buvant de l'eau-de-vie avec un jocrisse du Palais-Royal; le patron du même magasin trouve que son commis se compromet en si mauvaise compagnie. Les jeunes bourgeois qui ren contrent un rapin dans la rue des Martyrs le considèrent comme un être supérieur à l'humanité; les hommes d'un certain âge et d'une certaine fortune ne sont pas loin de voir en lui une créature dégradée par l'abus des couleurs fortes. De leur côté, nos artistes affichent presque tous un profond mépris pour la caste bourgeoise qui touche beaucoup de loyers et achète peu de tableaux. Les comédiens eux-mêmes, qui sont nourris par la bourgeoisie, ne font aucun cas de l'opinion des bourgeois. Ils n'estiment que les applaudissements d'une trentaine de personnes qui n'ont pas payé leurs places. Nos auteurs écrivent aussi pour être admirés d'un petit nombre d'individus qui n'achètent pas beaucoup de livres : on leur fait un reproche sanglant lorsqu'on les accuse de travailler pour les bourgeois. Écrivains, peintres, sculpteurs, compositeurs, chanteurs et comédiens vivent chez nous mieux ou plus mal, mais à coup sûr autrement que les bonnetiers.

---

On suppose généralement en France que les défauts et les qualités de nos artistes se retrouvent dans les artistes italiens, avec cette dose d'exagération que le climat comporte. De même que les plantes inodores des pays tempérés prennent un parfum violent aux approches de l'Équateur ; comme les serpents inoffensifs dans le Nord font des blessures mortelles dans le Midi, on se figure volontiers que le talent et le caractère de l'artiste s'échauffent et s'exaspèrent aux rayons d'un soleil plus ardent. Le théâtre et le roman français viennent chercher en Italie des compositeurs nerveux, des poëtes brûlés par la fièvre, des peintres ivres de gloire, des chanteuses de haute fantaisie qui jettent plus de bonnets par-dessus les moulins que toutes les modistes de Rome n'en ont jamais fait. Bonnes gens que nous sommes!

Commençons par les gens de théâtre, et vous verrez comme ils ressemblent peu aux portraits qu'on nous en a donnés. Le directeur est un homme qui a un peu d'argent à risquer. Il demande la permission de jouer la comédie pendant trois mois dans une des salles de la ville ; un protecteur répond de sa moralité ; la police consent : le voilà directeur. L'an dernier, il était marchand de campagne ; l'année prochaine, il spéculera sur les fournitures de l'armée ; en ce moment même, si la recette ne va pas bien, il se rattrapera sur la pêche des anchois, dont il a le monopole.

La salle où il tendra ses rets au public est une sorte de puits avec des loges tout autour et le parterre au fond. Comptez six rangs de loges toutes pareilles et disposées dans le même ordre que les fenêtres d'une maison. Le parterre et l'orchestre ne font qu'un ; il y a des banquettes commodes et l'on y circule aisément. Les loges se louent pour la saison ou pour la soirée, à des prix excessivement doux ; elles sont meublées de chaises de paille ; le locataire est libre d'y mettre des fauteuils. L'éclairage coûte peu, car la salle est un peu moins noire qu'un four. Les réparations consistent en une couche de détrempe qui ne se renouvelle pas souvent.

L'administration se compose de deux employés, dont l'un vend les billets dans une boutique voisine, et l'autre les reçoit à l'entrée du parterre. Pas de contrôle, pas d'ouvreuses; chacun arrive avec son billet ou avec sa clef, selon qu'il habite le haut ou le bas. Le vestibule sert de foyer; on peut aussi passer les entr'actes dans la rue.

Si l'entrepreneur juge à propos d'offrir à ce *respectable public* une saison d'opéra, il affiche préalablement une proclamation à ses *Mécènes*. Il trompette à grand renfort de louanges les noms des auteurs, des compositeurs et des artistes qu'il a enrôlés. Les premiers sujets sont payés raisonnablement, beaucoup moins cher qu'à Paris, mais ils ont de quoi vivre à l'italienne. Les choristes et les instrumentistes se ramassent d'un seul coup de filet : il est assez de cette marchandise, et rien n'abonde ici comme la médiocrité.

La première chanteuse absolue est une bonne mère de famille; ses six *créatures* ont eu l'attention délicate de ne point gâter la voix de leur maman. Son mari est un baryton, quelquefois un gentilhomme ruiné qu'elle nourrit. Ne craignez pas qu'elle lui soit infidèle: elle a trop à faire. Le spectacle, les répétitions, les enfants et le pot-au-feu absorbent toute son âme. Peut-être cependant donnera-t-elle un ou deux coups de canif dans le contrat, car elle est femme; mais jamais elle n'abandonnera son mari pour chanter plus à l'aise. Il y a beaucoup de simplicité, de bonhomie et d'honnêteté vraie dans cette *prima donna*, pourvu que le luxe de Paris ou de Saint-Pétersbourg ne lui ait pas tourné la tête. Son mari est pour elle un meuble nécessaire : il la mène et ramène, il signe les traités, il conduit les petits garçons à l'école, il fait les provisions au marché.

Les chanteurs et les chanteuses ne sont ni mieux ni

plus mal vus que les autres bourgeois. Les grands seigneurs les reçoivent le soir, et les tutoient. Ils ont des parents en boutique, qui les reconnaissent volontiers. On les envie un peu lorsqu'ils gagnent beaucoup d'argent ; on les plaint lorsqu'ils traînent la sandale. Ils ont appris la musique comme ils auraient étudié le droit, la couture ou la médecine. Les applaudissements leur font plaisir, et ils ne se suicident pas lorsqu'il leur arrive d'être sifflés. Du reste, on les applaudit beaucoup chaque fois qu'ils le méritent un peu. L'Italie est plus enthousiaste que la France. Nous sommes jaloux de nos artistes comme de nos grands hommes, et nous leurs reprochons les applaudissements qu'ils nous arrachent. L'Italie gâte les siens. L'habitude de les rappeler après chaque morceau est si forte, qu'il a fallu laisser une ouverture au milieu du rideau. Pour peu qu'ils aient de succès, ils ne font qu'entrer et sortir jusqu'à minuit sonné. Jamais la critique ne les empêche de dormir ; si un homme de goût avait quelque bon conseil à leur donner, il serait obligé de l'écrire sur les murs, et cela, par la raison fort simple qu'il n'y a pas de journaux.

Chacun d'eux, vers la fin de la saison, donne une représentation à son bénéfice. Il va lui-même, tendant le dos, porter les loges chez les grands seigneurs. On les lui paye plus cher que le prix de location, et il remercie humblement. A l'heure du spectacle, il s'assied lui-même sous le vestibule du théâtre, derrière un plateau d'argent où chacun jette son offrande. Et il s'incline en signe de remercîment pour une pièce de vingt sous.

Les pauvres diables de l'orchestre et des chœurs font tous quelque autre métier pour vivre. Le cumul est de mode et de nécessité dans le pays. Hier, j'ai pris une calèche chez un grainetier qui loue des voitures, et le cocher se trouvait être un chanteur d'*Argentina*.

Le théâtre ouvre par un opéra en trois actes, d'un divin maestro dont le nom n'arrivera jamais jusqu'à Paris. Il est maître de chapelle d'un grand-duc microscopique ou client de quelque prince Romain. La toile se lève, le ténor chante un air, le public applaudit. A ce signal, on va chercher dans la coulisse un petit homme en paletot noisette et en cravate à carreaux. Un comédien l'amène devant la rampe, et il salue profondément : c'est l'auteur. On le rappelle, il revient. A la fin de chaque morceau, les applaudissements le font rentrer en scène, une fois, deux fois, trois fois ; sa pauvre échine n'en peut plus. Ce jeu lui plaît apparemment, puisqu'au lieu de se dérober aux affronts d'une telle gloire, il s'est posté dans la coulisse, comme un laquais dans une antichambre, attendant le bon plaisir du public. Il faut, en vérité, que ses oreilles soient bien affamées, car le voici maintenant qui vient de lui-même, au premier bruit des applaudissements, sans qu'un semblant de violence excuse un triomphe si plat. A sa quatorzième génuflexion, le dégoût me prend, et je sors. Le premier acte était presque fini.

Ce qui peut paraître invraisemblable, c'est l'enthousiasme d'un auditoire payant pour une œuvre médiocre et faiblement exécutée. Les claqueurs n'existent pas ici ; c'est le vrai public qui s'égosille à crier bravo, et bat des mains sans craindre la courbature. Je n'ai pas remarqué que le beau monde prît des glaces ou parlât de ses affaires pendant les récitatifs. Ils écoutent de toutes leurs oreilles et applaudissent de tout leur cœur. Les romains de Rome font gratis et vigoureusement ce que les romains de Paris font mollement et à prix d'or.

Au bout d'une saison de trois mois, l'entrepreneur qui a joué trois opéras, dont un nouveau, se retire avec gloire. Il a perdu un peu d'argent; il s'en console en gravant sur une plaque de marbre, à la porte du théâtre, les succès qu'il a obtenus et la reconnaissance du peuple. Quelquefois il va chercher fortune ailleurs ; quelquefois aussi, pour se refaire, il essaye une saison de drame et de comédie.

---

Il a pris soin de s'assurer le concours de trois ou quatre avocats : c'est l'avocat qui écrit les comédies. Les poëtes de la troupe sont annoncés sur le prospectus, à la suite des acteurs. Le plus souvent ces messieurs se contentent de traduire les drames et les vaudevilles de Paris. C'est ainsi que Térence et Plaute s'inspiraient de la comédie grecque; mais Térence et Plaute n'écrivaient pas leurs traductions au courant de la plume. L'auteur romain se refuse rarement le plaisir de signer l'œuvre qu'il a traduite : vieille habitude d'un peuple conquérant. Quelquefois on biffe le nom de l'auteur et on laisse croire au public que la pièce s'est faite toute seule. Le seigneur Eugenio Scribe a seul le privilége d'être toujours nommé.

Le public romain n'aime que les pièces françaises. Il y pleure, il y rit, il y applaudit. Mais de temps en temps son amour-propre se révolte contre son goût. « Quoi! dit le parterre, nous sommes Romains et nous applaudissons des auteurs français ! » Là-dessus, on siffle pour le principe l'ouvrage dont on est le plus charmé. L'an dernier, à cette époque, le public se mit à huer à propos de rien son acteur favori. Ce garçon comprit aussitôt ce qu'on voulait lui dire. Il se croisa tranquillement les bras et répondit : « Messieurs, j'avoue que nous avons le plus grand tort de vous servir tous les jours des denrées étrangères. Nous nous engageons aujourd'hui à vous donner exclusivement des pièces nationales.... dès que messieurs vos auteurs auront pris la peine d'en faire. »

Messieurs leurs auteurs s'y mettent de temps en temps, et c'est alors qu'on voit paraître de grandes berquinades morales et filandreuses : *Égoïsme et bon cœur, l'Orphelin vengé, un Repentir tardif, les Inconvénients d'un caractère fougueux*. Le public bâille un peu à ces rapsodies, mais il y pleure aussi quelquefois. Sa sensibilité banale se répand en eau, pour peu qu'un père bénisse ses enfants ou qu'un pécheur demande pardon de ses fautes. Les acteurs qu'il goûte le plus sont ceux qui donnent de la voix à faire écrouler la salle, ou qui roulent de gros yeux blancs hors de leurs orbites.

Parmi les rares écrivains qui travaillent pour le théâtre, il y a quelques élèves distingués de Goldoni. Modérés dans le comique et dans le pathétique, ils ne manquent cependant ni d'invention, ni d'élégance. Mais la bonne volonté du parterre et les bravos d'un public qui n'est pas assez exigeant, les accoutument à se contenter de trop peu. Ils brodent un dialogue facile sur un canevas un peu lâche ; ils plaquent çà et là quelques tirades morales ou sentimentales, et la pièce est faite. Un auteur anglais n'est content que lorsqu'il a bourré deux ou trois actions dans son drame ; les dramaturges italiens en prennent tout à leur aise et ne craignent pas de développer en cinq actes une simple anecdote. L'esprit tourmenté, violent, excessif de l'Angleterre, le génie facile et coulant de l'Italie se trahissent en cela comme en tout.

---

La censure est inepte à Rome, comme dans tous les pays affligés d'une censure. Rien n'est plus irréprochable que les moralités dramatiques qu'on invente en Italie, et Bossuet lui-même ferait grâce au théâtre, s'il pouvait voir seulement une fois *le Repentir tardif*.

Mais l'homme à qui l'on a donné une paire de ciseaux pour couper les ailes de la pensée, tient à gagner son salaire en conscience. Il chicane sur les détails innocents ; il est doué d'un flair particulier pour trouver le danger partout où il n'est pas. On a forcé le traducteur à changer le titre du *Brasseur de Preston*, parce que *birrajo* (brasseur) sonnait un peu comme *sbirrajo* (sbire). Il a fallu afficher, dans l'intérêt de la paix publique, *le Liquoriste de Preston*.

Dans la traduction de Diane de Lys, on a coupé ces mots : *ordinate i cavalli*. « On n'ordonne pas les chevaux, disait le censeur ; on n'ordonne que les prêtres. » En revanche, il laisse passer des crudités que le parterre des Funambules ne supporterait pas chez nous.

---

Les comédiens de ce pays sont tous d'une médiocrité tolérable, comme les autres artistes : ils ne manquent ni d'intelligence ni de zèle; et, à les voir jouer ce soir, on ne devinerait jamais qu'ils ont répété ce matin pour la première fois. Vous les trouverez quelquefois excellents dans les comédies bourgeoises de Goldoni, ce Scribe italien. Ils m'ont paru presque bons avant-hier dans *Fiammina, ou une expiation*, comédie anonyme. Daniel Lambert et sa femme n'avaient d'autre tort que de promener leurs yeux hors des orbites, toutes les fois que la situation tournait au pathétique. Le seul reproche à faire à Silvain Duchâteau, c'est qu'il entrait partout avec son chapeau enfoncé jusqu'aux oreilles. Malgré quelques incorrections de mise en scène, malgré le bonnet grec du peintre et le foulard rouge dont il s'essuyait le front, la pièce produisit une impression profonde. Les gendarmes de service pleuraient à chaudes larmes. Pour moi, je n'ai pas su m'empêcher de rire en voyant le dénoûment ajouté par le traducteur. Daniel Lambert pardonne à sa femme, lui ouvre ses bras et dit au jeune Henri : « Nous serons deux à t'aimer. » Silvain Duchâteau ajoute immédiatement : « Et ma sœur et moi, nous ferons quatre. » Le rideau tombe sur cette niaiserie; laissons-le tomber.

———

Si modeste que soit la littérature dramatique, elle est encore ce qu'on trouve de plus brillant dans le pays. Il s'imprime de temps en temps une dissertation sur les plaies de N. S. J. C.; une offrande au cœur de Marie; un modèle du diacre chrétien, une vie de sainte Gertrude de Frosinone ou du bienheureux Nicolas de Velletri; quelque édition expurgée d'un classique latin, quelque traité élémentaire d'astronomie ou d'archéologie. La presse périodique se réduit à deux petites feuilles politiques dans le format du *Charivari*. Elles rendent compte des cérémonies célébrées à Rome et des gros événements accomplis à l'étranger. L'une s'intitule *Journal de Rome*, l'autre *le Véritable ami du peuple*. L'une et l'autre se tirent à quelques centaines d'exemplaires. Je citerai pour mémoire quelques autres publications éphémères qui essayent de vivre en compilant, et *la civittà cattolica* qui nous honore quelquefois de ses injures.

---

J'en ai dit assez sur ce sujet, car ce n'est ni le théâtre ni la littérature qui attirent les voyageurs à Rome. Ils savent que les spectacles y sont simplement tolérés et qu'on n'y fait rien depuis deux siècles pour encourager les écrivains. Mais il est de mon devoir de combattre un préjugé ridicule dont les Américains, les Anglais et les Français eux-mêmes sont dupes. On croit encore à New-York, à Londres et à Paris que les peintres et les sculpteurs romains sont les premiers du monde, comme au temps de Raphaël.

Rome possède un très-petit nombre de vrais artistes et une pléiade de fabricants qui vivent sur la réputation de leurs ancêtres. Il n'y a pas un riche voyageur qui ne se croie tenu de rapporter de Rome une statue, quelques tableaux et un portrait. Les conseils de fabrique de nos paroisses du midi, lorsqu'ils ont quelque marbre à commander, s'adressent volontiers à un sculpteur romain. Les Américains enrichis par le commerce ou par la banqueroute se font construire un temple grec sur la lisière d'une forêt vierge ; et pour que les dedans de la maison soient en harmonie avec les dehors, on vient à Rome en trois bateaux ; on fait une razzia, la bourse à la main, dans tous les ateliers, et l'on emporte un assortiment d'objets d'art.

J'ai eu le plaisir d'accompagner un gentleman de Cincinnati dans une de ces expéditions foudroyantes. Il était venu à Rome vers la fin du mois d'avril, et il n'y pouvait passer que trois jours. C'était peu. Cependant, il trouva le temps de voir la ville en détail, d'acheter un cent de tableaux et une demi-douzaine de statues, de poser pour un buste et pour un portrait en pied. « L'occasion est favorable, me disait-il en sortant de l'hôtel. D'après les renseignements que j'ai pris, l'étranger a peu donné cet hiver ; les magasins des artistes sont encombrés ; le tableau perd vingt-cinq pour cent sur l'année dernière ; les marbres se tiennent mieux, dit-on, et pourtant les premières marques ont fléchi de dix à quinze depuis le 1<sup>er</sup> mars. » Il dit au domestique de place qui nous conduisait : « Hop ! mon garçon ! chez le premier sculpteur de Rome ! »

Le drôle ne se le fit pas dire deux fois : il était fait à ces façons d'aller, et il savait le chemin des cinq ou six ateliers où l'on donne les meilleurs pourboires. La voiture s'arrêta devant l'enseigne d'un marbrier célèbre. Le maître ratissait négligemment une petite figure de terre en attendant la pratique. Il se précipita au-devant de nous avec autant de zèle que le meilleur chef de rayon dans un magasin de Paris. Ce ne fut pas sans jeter un coup d'œil d'intelligence au galant homme qui nous livrait entre ses mains.

Une fois qu'il eut pris possession de nos personnes, il nous promena dans un, deux, trois, quatre et cinq ateliers successifs; il nous expliqua le sujet de toutes ses compositions, nous arrêta devant toutes les statues qu'il avait faites en sa vie, et nous cita le nom de tous les personnages qui en avaient commandé un exemplaire. Telle figure avait été vendue successivement à douze étrangers, et le modèle était toujours là, prêt à servir. On venait tout justement d'en terminer une copie; une autre était ébauchée, une autre mise au point. J'admirais à part moi la naïveté de nos sculpteurs français qui vendent avec le marbre la propriété de leur œuvre. Les Italiens ne sont pas si fous. Lorsqu'ils vous donnent pour 15 000 francs une Psyché ou un Adonis, ils se réservent le droit de les recopier en grand et en petit, tant qu'il y aura des amateurs pour les prendre.

Je n'aurais rien voulu prendre dans ces magnifiques ateliers, quand on m'aurait tout donné pour rien. Le mauvais goût des compositions rivalisait avec la trivialité des figures et la mollesse du modelé. Sous la main de quarante praticiens habiles, le marbre devenait beurre. Mon Américain, en revanche, était dans l'extase. Ce qui l'émerveillait le plus, c'était la pureté du marbre de Carrare, aussi blanc que le sucre le mieux raffiné; c'était le poli incomparable qu'un ouvrier armé de la *pierre du Bernin* donnait à cette matière précieuse; c'était la perfection avec laquelle les praticiens ciselaient les accessoires, attributs, fauteuils, soieries, dentelles, plumes, livres, boucles de soulier, boutons d'habit. Les marbriers italiens ont une supériorité positive sur tous les autres dans tout ce qui n'est pas du domaine de l'art.

On nous montra de l'antique et du moderne, des figures mythologiques, un tombeau destiné à une église de Rome, un monument commandé par la république de Guatemala; une collection de bustes toujours médiocres, quelquefois ridicules, où la bourgeoisie de toutes les nations de l'Europe étalait ses toupets, ses nattes, ses favoris, ses rivières de diamant serpentant entre deux salières, ses cravates nouées mathématiquement autour d'un faux col. Je dois dire que ce qui me choquait le moins, c'était les figures allégoriques. Quelques-unes rappelaient assez bien les chefs-d'œuvre de l'antiquité; elles les rappelaient même un peu trop. Je saluais ici les bras de la Vénus du Capitole, là le torse de la Vénus de Milo; plus loin, les jambes de la Vénus de Médicis. L'Américain acheta quatre figures de femme, livrables fin juillet. Ce ne fut pas sans marchander un peu, quoiqu'il fût pressé par le temps. Il voulait avoir son buste par-dessus le marché, mais le vendeur ne l'entendait pas ainsi. « Je ne vous ai pas surfait d'un écu, disait-il, aussi vrai que je suis un grand artiste. Ce que je gagne sur vous est très-peu de chose; mes bénéfices sont limités par la concurrence; je ne fais qu'échanger mon argent. L'exploitation d'une carrière me coûte les yeux de la tête; car j'extrais mes marbres moi-même pour les avoir sans défaut. Le bâtiment qui les transporte à Rome est à moi; j'ai l'équipage à nourrir toute l'année. Mes praticiens (j'en occupe une quarantaine) me mangent tout vif. Mes ateliers représentent un capital de

200 000 francs dont les intérêts s'ajoutent aux frais généraux de l'établissement. Et si vous voulez votre buste, qui sera certainement un chef-d'œuvre, vous ajouterez trois mille francs au total de la commande. »

L'Américain se laissa convaincre. Le patron fit un signe, et aussitôt un de ses élèves se mit à l'œuvre. Il choisit, parmi cinq ou six bustes ébauchés d'avance, celui qui ressemblait le plus à mon compagnon ; il prit quelques mesures au compas, rentra le front, cassa le nez, ajouta des moustaches, renforça les favoris : après une séance de deux heures, le plus fort de l'ouvrage était fait. « Revenez demain, dit le maître ; c'est moi qui terminerai le portrait en mettant la ressemblance. Nous moulerons demain soir, après-demain nous réparerons le plâtre, et le marbre sera rendu à bord du navire avec vos autres emplettes, le 31 juillet. » Nous sortîmes là-dessus, et le modèle serra la main de l'artiste avec une admiration sincère. Ce qui le flattait surtout, c'était d'avoir affaire à un homme qui maniait de grands capitaux.

« Plût au ciel, ajoutai-je timidement, qu'il maniât aussi bien la terre glaise ! » J'essayai de lui démontrer par une critique éloquente que le plus modeste élève de notre école des Beaux-Arts était un Michel-Ange au prix de tous ces fabricants. Je lui expliquai pour quel motif ils n'avaient rien envoyé à l'exposition universelle : parce que les produits ratissés de leurs manufactures n'auraient pu être rangés que comme des bornes à l'extérieur du bâtiment. Il se bouchait obstinément les oreilles et chantait de sa voix la plus saxonne : Rome, nourrice des arts !

Le domestique de place gagna un deuxième pourboire en nous conduisant chez un peintre renommé. J'ai su depuis qu'il ne nous avait pas menés chez le pire de la ville, mais du diable si je m'en étais douté dans l'atelier! Les marbriers romains, tout médiocres qu'ils sont, doivent avoir le pas sur les fabricants de peinture. C'est ici que les compositions sont plates! c'est ici que la pauvreté des idées, la banalité du dessin, l'innocence de la couleur font un ensemble affadissant! Pour le coup, mon Américain se trouva de mon avis. Cependant il donna une séance de deux heures, parce que l'artiste était complaisant, parce qu'on l'avait appelé Excellence, parce qu'on lui promit de le peindre en pêcheur napolitain, dans un champ de cotonniers, avec son rifle sur l'épaule et sa filature à l'horizon.

Mais comme un portrait, si intéressant qu'il soit, ne suffit pas à décorer un hôtel, nous nous fîmes voiturer chez un peintre qui copie les tableaux des maîtres pour l'exportation. « Décidément, me disait l'Américain, j'aime mieux cent bonnes copies que cent originaux médiocres. Ces reproductions suspendues à tous les murs de mon hôtel me rappelleront les chefs-d'œuvre de l'école italienne que j'aurai vus, un peu vite, dans les musées et dans les galeries. »

La grande fabrique de copies, qui défraye toute l'Europe inintelligente, n'occupe jamais moins de cinquante ouvriers. Cinquante jeunes gens, réunis autour d'un entrepreneur, copient du matin au soir des copies faites sur des copies. Une douzaine de tableaux, qui ne sont pas les meilleurs, ont le privilége de se recopier éternellement, à l'exclusion de tous les autres. La Cenci du Guide, le Joueur de violon de Raphaël, deux Amours découpés dans un tableau du Corrége; une Hérodiade du Guide, un Christ du Guerchin, une Vierge de Carlo Dolci, une Judith de Gherardo delle Notti et l'Aurore du Guide, déjà nommé, composent le fond du magasin central, dont le trop-plein s'écoule par certaines écluses dans toutes les boutiques de la ville. Mon Américain mordit à cette marchandise; il se fit une pacotille de trente copies encadrées, tant pour lui que pour ses voisins. La plus chère lui coûta deux cent cinquante francs, avec le cadre.

―――

Il me communiqua ses réflexions en sortant de la manufacture. « Comment pouvez-vous nier, me dit-il, que les Romains soient les premiers artistes du monde? Ces copies ne sont pas mal faites, vous en convenez : vous reconnaissez dans ceux qui les fabriquent une habileté suffisante, et j'ai vu parmi eux des enfants tout jeunes. Pensez-vous qu'à Paris vos élèves de l'école des Beaux-Arts sauraient livrer une marchandise aussi bien conditionnée à un prix aussi réduit?

— Non.

— Nos jeunes Américains, qui ne sont pas des sots, travailleraient dix ans avant de mettre dans le commerce des produits de cette qualité; et leurs prix ne soutiendraient jamais la concurrence. D'où je conclus que les Romains sont mieux organisés que nous pour la peinture.

— Vous avez pleinement raison, et je n'ai jamais dit le contraire. Si la peinture est un métier, les meilleurs peintres du monde naissent à Rome, comme les meilleurs fumistes en Piémont. Les petits Romains à qui l'on fourre une brosse entre les doigts apprennent en un rien de temps la pratique de la peinture. Un apprentissage de trois ou quatre ans les met en mesure de gagner leur vie; le malheur est qu'ils ne vont pas plus loin. Est-ce leur faute? Non. Je n'accuse que le milieu où leur naissance les a jetés. Peut-être produiraient-ils des chefs-d'œuvre s'ils étaient à Paris. Donnez-leur des maîtres, des concours, des expositions, l'appui d'un gouvernement, les encouragements d'un public, les conseils d'une critique intelligente. Toutes ces bonnes choses qui abondent chez nous leur manquent absolument; ils ne les connaissent que par ouï-dire. Leur seul encouragement, leur unique ressort, c'est la faim qui les talonne et l'étranger qui passe. Ils vont au plus pressé; ils abattent une copie en huit jours, et, lorsqu'elle est vendue, ils en recommencent une autre. Si quelque ambitieux entreprend une œuvre originale, à qui demandera-t-il si elle est bien ou mal? La classe moyenne ne s'y connaît pas, et les princes ne s'y connaissent guère. Le possesseur de la plus belle galerie de Rome, M. le prince Borghèse, disait l'autre jour, dans le salon d'une ambassade : « Moi, je n'admire que le *chic*. » Le prince de Piombino a commandé un plafond à M. Gagliardi; il voulait absolument le payer à la journée. Le gouvernement a bien d'autres soucis que l'encouragement des arts. Les quelques petits journaux qui circulent s'amusent quelquefois à citer le nom de leurs amis; c'est pour les flagorner niaisement. Les étrangers qui vont et viennent sont quelquefois des hommes de goût, mais ils ne composent pas un public. A Paris, à Munich, à Dusseldorf, à Londres, le public est un véritable individu, un homme à mille têtes. Lorsqu'un jeune talent a frappé son attention, il le suit des yeux, l'encourage, le blâme, le pousse en avant, le ramène en arrière ; il se prend de belle amitié pour celui-ci, et se fâche tout rouge contre celui-là. Il se trompe quelquefois, il a des engouements ridicules et des retours injustes, mais il vit et vivifie ; on peut travailler pour ses beaux yeux. Si Rome a quelques hommes de talent dans les arts secondaires, c'est au public de Paris qu'elle les doit. MM. Mercuri et Calamatta sont élèves de l'école Saint-Michel, à Rome ; mais vous les verriez graver des images pour l'exportation, si Paris ne les avait adoptés.

---

— Maintenant, dit l'Américain, je voudrais acheter de petits souvenirs en marbre pour mettre sur les étagères avec les coquillages et les oiseaux empaillés. »

Le serviteur fidèle qui ne nous quittait non plus que notre ombre, nous conduisit chez les mosaïstes, les marbriers, les graveurs de camées, les tourneurs en pierre dure. Mon compagnon fit une ample récolte de monuments antiques, réduits à des proportions bourgeoises. Il acheta deux Colisées, un arc de Titus, une colonne Trajane, quatre obélisques et un tombeau des Scipions. « Les architectes romains sont bien heureux, me disait-il, d'avoir incessamment de si beaux modèles sous les yeux.

— En effet, lui répondis-je ; mais ils n'en profitent pas. L'architecture est un art perdu depuis cent ans. Les constructions des deux derniers siècles, dans ce style rococo qui porte le nom des jésuites, n'étaient pas toujours d'un goût parfait, mais elles ne manquaient ni de grandeur, ni de richesse, ni d'éclat. Vous verrez à Saint-Pierre, au Jésus, à Saint-Ignace, à la Victoire, des chapelles un peu trop chargées d'ornements, mais qu'on est forcé d'admirer, car elles étonnent les yeux. Jamais peut-être l'emploi des couleurs vives et des formes hardies ne fut mieux entendu. La sculpture du Bernin vit, palpite et bouillonne au milieu de cette orgie de bronze et de porphyre. Mais les édifices nouveaux sont dignes de loger la plate sculpture dont vous emportez des échantillons. La basilique de Saint-Paul est fort laide au dehors et fort terne au dedans. La chapelle Torlonia, à Saint-Jean de Latran, est décorée comme un café. La colonne qu'on vient d'élever sur la place d'Espagne ressemble à un chandelier d'église ou au tuyau d'un poêle de salle à manger. Si quelqu'un se souvient encore de l'architecture romaine, c'est l'ingénieur qui a jeté un pont sur la vallée de l'Ariccia; mais vous n'avez pas le temps de venir si loin. »

---

L'Américain ne m'écoutait pas, il achetait des mosaïques. J'entrepris de lui démontrer que si la mosaïque est admirable lorsqu'elle décore l'hémicycle des vieilles basiliques ou qu'elle copie les tableaux des maîtres, en les agrandissant, pour les chapelles de Saint-Pierre, elle est purement ridicule en épingles de cravate et en boutons de gilet. Il emplit ses poches de petites plaques mouchetées où l'on reconnaissait, à force d'attention, des bouquets de fleurs, des figures d'animaux et des monuments antiques. Il fit ensuite une provision de camées, de cachets gravés, de coraux ciselés et de malachites tournées en boule. Ainsi fait tout étranger qui connaît ses devoirs.

Quand sa provision fut faite, je lui dis : « Avez-vous encore mille écus à jeter par la fenêtre ? »

Il me répondit par le sourire radieux des millionnaires.

« Alors suivez-moi chez le plus grand artiste que j'aie découvert ici. »

Je le menai auprès de la poste française, chez l'homme qui a ressuscité la bijouterie romaine. L'escalier, tapissé d'inscriptions et de bas-reliefs antiques, lui fit croire que nous entrions dans un musée. Il ne se trompait pas de beaucoup. Un jeune marchand aussi érudit que les archéologues lui fit voir une collection de bijoux anciens de toutes les époques, depuis les origines de l'Étrurie jusqu'au siècle de Constantin. C'est la source où Castellani puise les éléments d'un art nouveau qui détrônera avant dix ans la pacotille du Palais-Royal. Nos petits bijoux d'or frisé sont d'une mesquinerie honteuse auprès de ces ornements simples, larges, naïfs, et toujours empreints du goût impeccable de l'antiquité. Mon Américain, friand de gros morceaux, jeta son dévolu sur un coffret qui renfermait la toilette d'un dame romaine : collier de bulles d'or, bracelet de scarabées, épingles à piquer dans le sein des esclaves, peignes d'ivoire couronnés d'or, agrafes marquées d'une inscription de bon augure, anneaux assortis pour tous les jours de la semaine, mille coquetteries, mille richesses dont le détail remplirait un chapitre, si je me laissais entraîner à vous les montrer. Il jeta sur la table la rançon de dix esclaves, et il s'enfuit, comme le voleur de Plaute, avec son trésor sous son bras.

---

« Excellence, lui dit le domestique de place, puisque les grosses dépenses ne vous font pas peur, c'est peut-être vous qui achèterez le plat d'Apelles. Il vaut cinquante millions. »

Je ne croyais pas que les Grecs eussent jamais peint sur faïence; cependant le chiffre de cinquante millions piqua ma curiosité. Notre homme nous conduisit dans une petite boutique de bric-à-brac, ou plutôt dans une échoppe. Le maître de ce taudis était accoutré de telle façon qu'on lui aurait fait l'aumône dans la rue. Il nous examina d'un air qui voulait dire : Si vous n'avez pas la Toison d'or dans vos poches, ma marchandise n'est pas pour vous. Cependant il daigna ouvrir une boîte de bois précieux, et je vis entre deux coussins de satin blanc un plat de Faenza, peint par Raphaël, et qui vaudrait peut-être 4000 fr. à Paris. « Voilà, dit-il. Prix : cinquante millions. Je n'ai pas besoin de vous dire que c'est l'unique chef-d'œuvre d'Apelles.

— Mon brave homme, lui demandai-je, savez-vous bien au juste ce que c'est que cinquante millions?

— Oui, monsieur; c'est un peu moins de dix millions d'écus romains : vous y gagnez. Dix millions d'écus romains feraient cinquante-trois millions cinq cent mille francs au taux légal.

— Ne vous a-t-on jamais dit que votre plat, qui est fort beau, pourrait bien être tout simplement de Raphaël?

— De Raphaël! En voilà, des plats de Raphaël. » Il nous fit voir une douzaine de bergeries du siècle dernier. « Raphaël n'était pas un maladroit, et il y a bien des choses à dire à sa louange; mais Apelles seul, entre tous les hommes, a pu faire un chef-d'œuvre comme celui-ci.

— En supposant qu'il fût d'Apelles, je ne serais pas bien convaincu qu'il valût cinquante millions.

— Cependant, monsieur, je ne le donnerai jamais à moins.

— Tenez, soyez raisonnable. Monsieur est un des hommes les plus riches de l'Amérique; mais je ne crois pas qu'il puisse mettre plus de trente millions à une fantaisie. » Il haussa dédaigneusement les épaules: « J'ai fait mon prix, dit-il, et je mourrai sans en rabattre un écu. »

En effet, il mourra riche et pauvre, heureux et misérable, abîmé comme un fakir dans l'espérance de l'*incertain*.

# IX

## LA NOBLESSE ROMAINE.

« Au milieu du dix-septième siècle, dit Ranke, on comptait à Rome environ cinquante familles nobles qui avaient trois cents ans d'existence, trente cinq qui en avaient deux cents, et seize qui dataient de cent ans. On ne voulait pas reconnaître celles qui remontaient au delà, et on leur attribuait une extraction basse. » Total, cent une familles patriciennes.

Aujourd'hui, l'almanach romain compte cent onze familles patriciennes, dont vingt princières et onze ducales. L'effectif de la noblesse n'a donc pas changé sensiblement depuis deux siècles.

---

On peut diviser la noblesse romaine en trois catégories, à n'envisager que ses origines.

La première est d'origine féodale.

La seconde d'origine népotique.

La troisième d'origine financière.

A tout seigneur, tout honneur. Nous commencerons, s'il vous plaît, par la noblesse féodale.

———

Les premiers successeurs de saint Pierre, qui n'exeraient aucun pouvoir temporel, ne comptaient ni nobles ni vilains dans leur diocèse.

C'est au moyen âge que l'évêque de Rome s'est fait accepter comme souverain d'un petit empire. Il a dû se conformer aux usages du temps et reconnaître des faits politiques qui n'étaient conformes ni à la lettre, ni à l'esprit des livres saints.

En bonne logique, il convenait que tous les sujets du pape fussent égaux devant le souverain, comme tous les hommes le sont devant Dieu. Le blason n'est pas une science évangélique, et si les apôtres ont converti une partie du monde ancien, ce n'est pas en prêchant le principe de l'inégalité des castes.

Mais le pouvoir temporel, dès son origine, a dû compter avec l'élément féodal. Il y avait des seigneurs à Rome et aux environs, comme dans toute l'Europe. Les uns ont appuyé les prétentions monarchiques du saint-siége; les autres y ont résisté par tous les moyens et même par les armes, comme les Colonna. C'est après des luttes interminables que les papes ont dompté la dernière résistance et imposé leur suzeraineté à la noblesse indigène.

———

Non-seulement la paix se fit, mais l'aristocratie locale finit par rendre la papauté solidaire de ses prétentions et de ses priviléges.

L'avénement successif de presque toutes les grandes familles au souverain pontificat mit sur le trône les idées aristocratiques et forma des liens étroits entre la noblesse et la papauté. Les Savelli, les Conti, les Orsini, les Colonna, les Caetani ont porté la tiare et régné sur les Romains avant la clôture du moyen âge. Les Piccolomini, les Borgia, les Médicis, les La Rovère, les Farnèse, les Boncompagni, les Aldobrandini ont inauguré l'histoire moderne.

---

Parmi les vieilles familles féodales qui ont plus donné à la papauté qu'elles n'en ont reçu, quelques-unes se piquent de remonter aux premiers temps de l'histoire romaine. Les Muti descendent de Mucius Scævola, les Santa Croce de Valerius Publicola, les Massimo de Fabius Maximus, du moins à ce qu'ils disent. Dans tous les cas, leur noblesse est fort ancienne.

Napoléon interpella un Massimo avec cette brusquerie qui intimidait tant de gens : « Est-il vrai, lui dit-il, que vous descendiez de Fabius Maximus ?

— Je ne saurais le prouver, répondit le noble romain, mais c'est un bruit qui court depuis plus de mille ans dans notre famille. »

Les armes des Massimo représentent des traces de pas croisées en tous sens. C'est une allusion aux marches et contremarches du temporisateur. La devise de la maison est : *Cunctando restituit.*

---

Les Caetani, moins anciens, descendent d'un tribun romain appelé Anatole, qui fut créé comte de Gaëte en 730 par le pape Grégoire II.

---

On parle d'un Pierre Colonna, dépouillé de tous ses biens en 1100 par le pape Pascal II. Il fallait que la famille fût déjà passablement ancienne, car les grandes fortunes ne s'élèvent pas en un jour.

---

Les Orsini, dont il ne reste plus que la branche Orsini-Gravina, descendent d'un sénateur de l'an 1200.

---

La famille Corsini, originaire de Florence, existait avant l'an 1300. Mais la fortune, l'éclat et le titre de prince lui viennent de Clément XII.

Les Doria romains sont un rameau détaché de la grande famille génoise. Les Lante de La Rovère étaient consuls à Pise en 1190. Un Altieri fut majordome d'Othon II vers la fin du dixième siècle.

———

On lit dans l'inimitable *Voyage du conseiller de Brosses :*
« Il y a quatre grandes maisons à Rome : Orsini, Colonna, Conti, Savelli. Mais les Crescenzi, Altieri, Giustiniani et autres, qui ne pensent pas être moins que ces quatre, n'admettraient pas volontiers cette distinction. »
J'ai eu la curiosité de rechercher ce qui restait de ces grandes maisons, un siècle après le passage de notre charmant touriste. Il n'y a plus ni Conti, ni Savelli. Les Orsini ont 100 000 livres de rente, les Colonna 200 000, les Altieri 30 000. Les Crescenzi et les Giustiniani sont éteints comme les Savelli et les Conti qui avaient donné tant de papes à l'Église. Il y en a au moins dix du nom de Conti.

———

Au dix-septième siècle, les Savelli exerçaient encore une juridiction féodale. Leur tribunal, aussi régulièrement constitué que pas un, s'appelait *Corte Savella.* Ils avaient le droit d'arracher tous les ans un criminel à la peine de mort : droit de grâce, droit régalien reconnu par la monarchie absolue des papes. Les femmes de cette illustre famille ne sortaient point de leur palais, sinon dans un carrosse bien fermé. « Les Orsini et les Colonna se vantaient que, pendant des siècles, aucun traité de paix n'avait été conclu entre les princes chrétiens, dans lequel ils n'eussent été nominativement compris. » Ranke, *Histoire de la Papauté*, défigurée par l'ultramontain Saint-Cheron.

---

Mais déjà Rome voyait prospérer et grandir une noblesse nouvelle, issue du népotisme.

Tous les papes, de si bas qu'ils fussent partis, se faisaient comme un devoir de fonder une famille. Non contents de créer un cardinal neveu qui exploitait à son profit toutes les prérogatives du saint-siége, ils affublaient un autre neveu du titre de prince, le dotaient richement aux frais de l'Italie et de l'univers catholique, le mariaient à quelque héritière de souche féodale, et construisaient pour lui quelques-uns de ces palais dont nous admirons encore la splendeur insolente.

Cet usage était si bien établi, que le casuiste Oliva, jésuite, déclara qu'Alexandre VII commettait un péché en laissant ses neveux à Sienne au lieu de les appeler à sa cour. On sait avec quelle docilité l'honnête Chigi se soumit à l'obligation de pousser sa famille.

---

Ce gaspillage du bien public au profit de quelques particuliers s'appuyait non-seulement sur les conseils de quelques courtisans, mais sur les exemples les plus augustes. Sans parler d'Alexandre VI qui ne négligea rien pour enrichir et pour accroître sa famille, on avait vu l'ancien pâtre Sixte-Quint donner à l'un de ses neveux un revenu ecclésiastique de cinq cent mille francs, assurer à l'autre une principauté, et fonder sur des bases solides la maison des Peretti. Clément VIII n'avait pas moins fait pour les siens : Jean-François Aldobrandini s'enrichit assez rapidement pour donner deux millions en dot à sa fille. La fortune des Borghèse avait grandi plus vite encore sous le règne de Paul V. Ils reçurent cinq millions de francs, acquirent les plus belles propriétés de l'État Romain et obtinrent des priviléges seigneuriaux d'une valeur incalculable. Grégoire XV avait permis à son neveu Ludovisi de toucher tous les ans un million, rien qu'en revenus ecclésiastiques. Ce pape, qui régna deux ans et cinq mois, donna à sa famille quatre millions de francs en *luoghi di monte* qui valaient de l'argent comptant. Urbain VIII avait fait plus encore pour les Barberini : ses trois frères acquirent tant de bénéfices et de propriétés qu'on évalua leur revenu annuel à 2 500 000 francs. S'il est impossible de supposer que les Barberini aient amassé 525 millions sous le pontificat de leur oncle, c'est déjà beaucoup que les écrivains du temps aient pu avancer un chiffre si monstrueux.

C'est après de tels exemples que le frère de dona Olympia, Innocent X, fut, pour ainsi dire, contraint de fonder la maison Pamphili. Les casuistes et les jurisconsultes levèrent ses scrupules, car il en avait. Ils lui prouvèrent que le pape était en droit d'économiser sur les revenus du saint-siége pour assurer l'avenir de sa famille. Ils fixèrent, avec une modération qui nous fait dresser les cheveux sur la tête, le chiffre des libéralités permises à chaque pape. Suivant eux, le souverain pontife pouvait, sans abuser, établir un majorat de quatre cent mille francs de rente nette, fonder une seconde géniture en faveur de quelque parent moins avantagé, et donner neuf cent mille francs de dot à chacune de ses nièces. Le général des jésuites, R. P. Vitelleschi, approuva cette décision. Là-dessus, Innocent X se mit à fonder la maison Pamphili, à construire le palais Pamphili, à créer la villa Pamphili, et à pamphiliser, tant qu'il put, les finances de l'Église et de l'État.

Clément IX, qui distribua trois millions dans les premiers mois de son règne, fut accusé de négliger sa famille : cependant il fonda la fortune des Rospigliosi.

Clément X ne fut pas inutile à la grandeur des Altieri. L'austère Innocent XI n'empêcha pas les progrès de la famille Odescalchi; Clément XII aida les Corsini à faire cette fortune qui est aujourd'hui l'une des plus imposantes de Rome, et le népotisme ne disparut des mœurs pontificales qu'après le règne de Pie VI et des Braschi.

Les papes de la période népotique ne négligeaient rien pour allier leurs neveux aux familles plus anciennes. C'est pourquoi nous voyons une maison Doria-Pamphili, une maison Borghèse-Aldobrandini, une maison Barberini-Colonna, une maison Pallavicini-Rospigliosi, une maison Boncompagni-Ludovisi, et une maison Boncompagni-Ludovisi-Ottoboni.

Le fondateur d'une nouvelle famille avait soin d'instituer un majorat, c'est-à-dire un capital inaliénable, transmissible de mâle en mâle et destiné à perpétuer indéfiniment la splendeur de son nom.

Il suit de là qu'on voit telle maison, riche en terres, palais, villas et galeries, mais endettée outre mesure, porter lourdement un grand nom sans fortune et un énorme capital sans revenus. Pour qu'elle liquide sa position et satisfasse ses créanciers par la vente de quelques tableaux ou de quelques immeubles, il faut un acte spécial de la volonté du pape, qui peut tout.

———

C'est aussi le bon plaisir des souverains pontifes qui a fait entrer quelques riches parvenus dans l'aristocratie romaine.

Un boulanger du nom de Grazioli fait une grande fortune, et le pape ordonne qu'il soit inscrit sur la liste du patriciat romain. Il achète une baronnie et le pape le fait baron. Il achète un duché, et le voilà duc Grazioli. Son fils épouse une Lante de La Rovère.

———

Un ancien domestique de place, devenu spéculateur et banquier, achète un marquisat, puis une principauté. Il crée un majorat pour son fils aîné et une seconde géniture en faveur de l'autre. L'un épouse une Sforza Cesarini et marie ses deux fils à une Chigi et une Ruspoli; l'autre obtient pour femme une Colonna-Doria. C'est ainsi que la famille Torlonia, par la puissance de l'argent et la faveur du saint-père s'est élevée presque subitement à la hauteur des plus grandes maisons népotiques et féodales.

———

Un employé des tabacs fait fortune et devient marquis Ferraiuoli. Un directeur du mont-de-piété fait fortune et devient marquis Campana. Un marchand de campagne fait fortune et devient marquis Calabrini. Les Macchi de Viterbe étaient meuniers avant d'être gentilshommes. Le père de tous les comtes Antonelli fut paysan, intendant, comptable et accapareur avant d'obtenir des lettres de noblesse.

———

Les parents d'un pape sont tous nobles de plein droit. Les cardinaux et les simples prélats s'efforcent aussi d'élever leurs parents à la noblesse.

Benoît XIV et Pie IX ont pris soin de consolider les barrières qui séparent la caste noble du *mezzo ceto*. « Considérant, disent-ils, que la distinction des classes est le plus bel ornement des États.... »

Soixante familles nobles sont inscrites au Capitole. Une congrégation héraldique, instituée par Pie IX, est commise au soin de vérifier les titres.

———

Si le gouvernement pontifical était plus solidement assis en Italie, je donnerais un bon conseil à tous nos parvenus du commerce et de la Bourse.

Au lieu d'usurper des titres ou des particules que les tribunaux français ont quelquefois l'impertinence de leur ôter, ils n'auraient qu'à se transporter dans les États du pape. Il y a, dans ce petit pays, bon nombre de châteaux à vendre, sans compter les domaines plus importants. L'emplette d'une bicoque en ruines peut élever un vilain au titre de prince, si le saint-père ne dit pas non.

---

On lit dans l'almanach romain :

« La famille Montholon de Sémonville est une des plus illustres de France. Le prince D. Louis-Désiré, rejeton de cette maison, en achetant le château du Precetto, dans l'Ombrie, est devenu prince romain. »

J'entends dire autour de moi que, pour obtenir le même honneur on n'aurait pas besoin de descendre d'une des plus illustres familles de France. Il suffirait d'arriver à Rome avec quelques millions.

---

La noblesse du pays, après avoir été extraordinairement riche, est tombée dans une sorte de médiocrité grandiose. On a des terres immenses, un palais magnifique à Rome, une villa splendide dans la banlieue, quelques châteaux dans les provinces, une ou deux galeries qui font l'admiration des étrangers, mais toute cette fortune compose un majorat inaliénable. On est forcé de la conserver et même d'en prendre soin. Les revenus, qui suffiraient à tout, sont grevés de mille et une hypothèques. Non-seulement on doit aux créanciers, mais on doit aux ancêtres. Celui-ci a fondé un chapitre de chanoines, cet autre a doté un collége, décoré une chapelle : la chapelle, le collége, le chapitre, sont autant de charges accablantes qui pèsent sur le pauvre héritier. Il suit de là que le revenu disponible des plus illustres familles n'est pas en proportion avec les besoins de leur rang.

---

Les Corsini ont 500 000 francs de revenu net.
Les Borghèse, 450 000.
Les Ludovisi, 350 000.
Les Grazioli, 350 000.
Les Doria, 325 000.
Les Rospigliosi, 250 000.
Les Colonna, 200 000.
Les Odescalchi, 200 000.
Les Massimo, 200 000.
Les Patrizi, 150 000.
Les Orsini, 100 000.
Les Strozzi, 100 000.

---

Il n'y a que deux familles dont le revenu soit pour ainsi dire illimité : c'est la famille Torlonia et la famille Antonelli. Les Antonelli sont les plus riches, si l'on croit le prince Torlonia, mais ils ne veulent pas en convenir, ils s'en défendent comme d'un crime; je n'ai jamais pu savoir pourquoi.

———

Riche ou pauvre, un prince romain est forcé de tenir son rang. Paraître est le premier de ses devoirs. Il faut que la façade du palais soit réparée, que les appartements de réception aient grand air, que la galerie n'excite point par son délabrement la compassion des étrangers. Il faut que les laquais soient nombreux, que les livrées ne manquent pas de galon, que les carrosses soient peints à neuf et les chevaux bien nourris, le maître dût-il retrancher un plat de son dîner. Il faut que les clients de la maison soient assistés en cas de besoin et que les mendiants bénissent la générosité du seigneur. Il faut que la toilette de monsieur et de madame soit non-seulement élégante, mais riche : car enfin la noblesse ne doit pas être confondue avec le mezzo ceto. Il faut enfin donner tous les ans une grande fête ennuyeuse et splendide qui consumera en bougies un quart du revenu de l'année. Si l'on manquait à quelqu'une de ces obligations, on tomberait au rang des seigneurs déchus, *caduti*, qui se cachent et se font oublier.

———

Par quels miracles d'économie secrète ces pauvres riches parviennent-ils à balancer leur budget dans un juste équilibre? C'est toute une histoire compliquée et mélancolique. On se condamne tous les ans à sept ou huit mois de villégiature; on vit avec une sobriété italienne, même à Rome, dans ce grand palais qui a ces énormes cuisines. On fait mieux : le maître de la maison, l'héritier d'un baron féodal ou d'un neveu des papes, se fait chef de bureau dans sa propre maison. Il s'enferme six heures par jour avec des commis; il revoit lui-même le compte des recettes et des dépenses, il épluche les baux, il relit les titres, il se noircit les doigts dans la poussière des parchemins. Pour éviter le coulage inévitable qui épuise les plus grandes fortunes, il use sa vie à vérifier des additions. Cependant tout le monde le vole et ses commis eux-mêmes finissent par s'enrichir à ses dépens, car il n'est le plus souvent ni instruit ni capable.

---

Comment aurait-il appris à défendre son bien ou à le faire valoir? On l'a placé tout petit chez les RR. PP. Jésuites, si toutefois on n'a pas trouvé plus noble de le garder à la maison sous la férule d'un abbé. Son précepteur ou ses professeurs lui ont enseigné le latin, les belles-lettres, l'histoire sainte, le blason, le respect des puissances, la soumission aux volontés de l'Église, la pratique des vertus chrétiennes, la haine des révolutions, la gloire de ses ancêtres et les priviléges dont il doit hériter par la grâce de Dieu. Il regarde les libertés et les sciences de notre siècle comme des inventions du démon. Au demeurant il est bon, doux, simple de cœur, plus malléable que la cire et plus blanc que la neige.

Lorsqu'on l'a vu grandelet, on lui a donné un cheval, une montre de Genève pendue à une chaîne de Mortimer ou de Castellani, un habit neuf taillé dans le dernier goût chez Alfred de Paris ou chez Poole de Londres. Il a pris l'habitude de faire des visites, de promener sa personne au Cours et au Pincio à l'heure où le beau monde s'y étale, de fréquenter les théâtres et les églises à la mode. Il s'est affilié à deux ou trois confréries religieuses dont il suit les réunions avec assiduité. Il n'a pas voyagé, il n'a rien lu, il a échappé aux passions, aux doutes et aux tumultes intérieurs de la jeunesse. Entre sa vingt-deuxième et sa vingt-cinquième année, la volonté respectable de son père l'a marié sans amour à une jeune fille de bonne maison qui sortait du couvent, aussi simple et aussi ignorante que lui. Il a des enfants, beaucoup d'enfants. Il les élève comme ses parents l'ont élevé lui-même. Il enseigne à l'aîné que ses frères lui doivent l'obéissance; il apprend aux cadets qu'ils sont les très-humbles serviteurs de leur aîné. Il met ses filles dans le même couvent où leur mère a appris l'ignorance, il dit le chapelet en famille, tous les jours que Dieu fasse, et il demande au ciel la continuation d'un ordre de choses si heureux, si noble et si parfait.

Malgré tous les travers que l'éducation lui a donnés, il ne manque ni de bonté ni de grandeur. Il donne autant et même plus que ses ressources ne le permettent; toutes les misères, réelles ou fausses, attendrissent son cœur et dénouent les cordons de sa bourse. Il ne connaît pas les tableaux de sa galerie, mais il livre sa galerie au public. Il ne sait point tirer parti d'un parc et d'une villa qui le ruinent, mais son parc et sa villa sont ouverts aux Romains et aux étrangers. Qu'il s'agisse de représenter dans un congrès ou de fêter une restauration des pouvoirs légitimes, il donnera 100 000 francs à son ambassadeur, comme le prince de Piombino, ou il offrira au peuple de Rome un banquet de 1 200 000 francs comme le prince Borghèse.

---

J'avoue que la noblesse est un élément un peu caduc dans la population romaine. Ses qualités les plus remarquables sont des qualités négatives, telles que la soumission et la politesse. Je ne crois pas qu'elle manque de courage, mais son courage n'a pas eu depuis longtemps une occasion de se signaler. Toutefois elle n'est ni méprisable ni haïssable. La révolution italienne aurait tort de faire aucun fonds sur une caste fatiguée et sans ressort, mais elle serait impardonnable de lui faire ou de lui vouloir aucun mal. Un 93 romain qui confisquerait ces palais ouverts et hospitaliers mériterait le blâme de tous les honnêtes gens de l'Europe. Un Marat qui livrerait au bourreau ces belles têtes souriantes et vides serait le plus absurde des criminels.

---

Et les femmes de la noblesse? Il y a peu de chose à dire pour et contre leur vertu. Le sigisbéisme est passé de mode avec le népotisme. Le dévergondage effronté qui florissait dans les premières années du dix-neuvième siècles a fait place à des mœurs discrètes.

Ici comme partout les femmes valent mieux que leurs maris. Ce n'est pas qu'elles lisent davantage ni qu'elles aient été élevées différemment. Toute leur supériorité vient de la nature qui a mieux doué le sexe aimable que le sexe fort.

---

Je fais presque tous les jours une promenade en voiture qui commence à la villa Borghèse, se continue au Pincio et se termine sur le Cours, après le coucher du soleil. Mon compagnon inséparable est un ingénieur français, homme d'esprit et d'observation, qui habite Rome depuis assez longtemps et connaît incognito presque tous les personnages de la noblesse. Il n'a pas eu besoin de me faire remarquer cet air de nullité oisive et satisfaite qui distingue toute une moitié de l'aristocratie. Mais quand notre attention se reporte sur les femmes, nous changeons de note. Non-seulement elles sont belles et élégantes, mais leurs yeux, leurs attitudes, leurs gestes, tout en elles indique je ne sais quoi d'indompté et une secrète révolte contre le néant. Pauvres femmes! Élevées dans l'ombre épaisse d'un couvent, mariées sans amour à quelque beau reproducteur qui les accable de famille, elles sont condamnées, pour comble de misère, à une vie de représentation glaciale, pleine de visites, de révérences et de banalités. Tout est devoir pour elles, jusqu'à la promenade quotidienne. Le métier de femme du monde, tel qu'il leur est imposé, ne laisse aucune place à l'amour ni même à l'amitié.

---

Je voudrais résumer ici en quelques mots l'esprit des trois classes qui vivent à Rome sous la domination du clergé.

Cette population n'est ni plus mal née, ni plus mal douée, ni moins digne de recouvrer son indépendance que le reste de la nation italienne. Mais on a pris soin de l'élever autrement et d'arracher comme d'un champ bien sarclé toutes les idées libérales et tous les sentiments vigoureux qui pouvaient croître dans les âmes. Cette mauvaise herbe a toujours repoussé, grâce à Dieu, mais plus faible et plus chétive qu'il ne faudrait. La noblesse romaine est plus nulle, la plèbe romaine est plus pauvre et plus ignorante, la classe moyenne elle-même offre moins de ressources à Rome que dans aucune autre ville d'Italie. Et cependant la classe moyenne est ici le seul élément sur lequel on puisse compter.

Il faut dire d'ailleurs que la population de Rome, prise en bloc, n'est pas positivement contraire au pouvoir temporel. Aujourd'hui, comme toujours, elle a pour les papes une amitié inégale, quinteuse, entrecoupée de mécontentements et de colères. Les avantages réels qu'elle tire de la présence du saint-père, des dépenses de la cour et de l'affluence des étrangers contre-balancent souvent à ses yeux le désagrément de la servitude. Il se peut qu'entraînée par le mouvement italien, elle recommence à ses risques et périls la révolution de 1849 ; mais je ne serais pas étonné qu'elle regrettât ses maîtres après les avoir chassés. Car Rome n'est pas seulement la victime, elle est aussi l'associée du pouvoir temporel, bien différente en cela d'Ancône, de Bologne et de tant d'autres villes qui ont payé les frais du despotisme sans en partager les profits. Je pense donc que la délivrance de Rome, quoiqu'elle soit peut-être désirée de quelques citoyens de la ville, est plus nécessaire à la réorganisation de l'Italie que conforme aux vœux des Romains.

---

Le suffrage universel en sait plus long que moi sur cette question délicate. C'est lui que je voudrais consulter.

# X

## L'ARMÉE.

Je ne dis pas que nous soyons tous des héros, dans notre cher pays de France; mais je crois que nous sommes tous un peu soldats.

On a beau raisonner et faire le philosophe, dire que l'homme n'est pas né pour tuer des hommes, exécrer les instruments de destruction à mesure qu'ils deviennent plus parfaits et applaudir aux excellentes idées de M. Cobden; on s'aperçoit un beau matin qu'on était né avec un petit pantalon rouge, et que tous les autres habits qu'on a portés n'étaient que des déguisements.

Au mois de juillet de l'année 1853, je me croyais parfaitement imbu des idées que prêche le congrès de la paix. J'arrivai à Rome; un bataillon français défilait, musique en tête, sur la place du Quirinal. L'uniforme, la musique, le drapeau, tout cet appareil de la guerre qui ne m'avait jamais sensiblement ému, me remua je ne sais quoi dans les plus secrètes profondeurs de l'âme. Il y avait deux ans que j'avais quitté la France : l'image de la patrie m'apparut toute vive. Mes yeux se troublèrent. Je regardai

le drapeau; il était plus éblouissant que le labarum de
Constantin. J'abaissai le regard sur mon pantalon; il était
rouge, tout rouge, et d'un si beau rouge que je me mis à
pleurer en le voyant.

Il y a, si je ne me trompe, un drapeau pontifical, avec
les clefs de saint Pierre au beau milieu. C'est un drapeau
bien conservé, en bon état; les balles et les boulets n'y
ont pas laissé de trous; mais si l'on m'apprenait qu'un
Romain a pleuré en le regardant, je serais fort étonné.

Vous rappelez-vous ce figuier qui était dans le jardin
du misanthrope Timon? Tous les Athéniens voulaient s'y
pendre, parce que bon nombre d'hommes jeunes et bien
portants s'y étaient déjà pendus. Le drapeau du pape est
un figuier auquel personne ne songe à se pendre, parce
que personne ne s'y est encore pendu.

C'est pourquoi la conscription, qui est dans nos mœurs
aussi bien que dans nos lois, ne sera pas de longtemps
une coutume romaine. La France peut dire aux garçons
de vingt ans : Venez ici, et tirez au sort. Ceux qui obtiendront un petit numéro, garderont leur pantalon rouge;
les autres seront autorisés à prendre le pantalon noir.

Les enfants de notre pays ne sont jamais si heureux
que lorsqu'ils jouent au soldat; les enfants romains jouent
au curé. Ils disent de petites messes et organisent de
petites processions. On les habille en abbés, lorsqu'ils ont
été bien sages. Les nôtres attendent le jour de l'an pour
avoir un fusil, un sabre, ou tout au moins un tambour.

Est-ce à dire que les Français soient plus braves que
les Romains? Non certes. La race italienne qui a conquis
le monde autrefois, est encore aujourd'hui une des plus
mâles et des plus énergiques de l'Europe. Les Romains

sont des Italiens aussi bien nés que les autres, mais élevés différemment.

---

Le prince qui règne à Rome ne devrait pas avoir besoin de soldats. Au spirituel, il gouverne pacifiquement les esprits de 139 millions d'hommes, ce qui est fort joli. Au temporel, il administre un domaine qui suffit amplement à tous ses besoins. S'il cherchait à s'étendre ou à s'arrondir par voie de conquête, il commettrait un péché mortel et se mettrait dans la nécessité de se damner lui-même. La question des frontières naturelles ne lui fournirait pas une excuse suffisante, car enfin son royaume est une donation de quelques personnes pieuses. Et à cheval donné, l'on ne regarde pas la bride.

Le pape n'a besoin de soldats ni pour la conquête, ni même pour la défense, car ses voisins sont des princes catholiques, qui se feraient un cas de conscience d'armer contre un vieillard inoffensif.

Pourquoi donc le pape a-t-il une armée? Pour réprimer le mécontentement de ses propres sujets. Mais il est évident que les Romains ne seraient pas mécontents et que le pape n'aurait pas besoin d'armée, si le pape gouvernait ses États de manière à contenter les Romains.

Si le pape se croit forcé de lever une armée, c'est sans doute parce que les Romains sont mécontents. Si les Romains sont mécontents, c'est, selon toute vraisemblance, parce que le gouvernement du pape ne fait pas ce qu'il faut pour les contenter.

Je suppose que les Romains sont bien difficiles à contenter ou que le pape n'a pas le temps de les satisfaire, puisqu'il trouve plus court et plus économique de lever une armée qui fasse peur à ses sujets.

---

Mais ici s'élève une nouvelle difficulté. Les Romains ne sont pas disposés à revêtir le pantalon rouge et à prendre un fusil pour le service du pape. Pourquoi? demanderez-vous. Mais précisément pour la raison que je vous ai dite : parce qu'ils sont mécontents.

Le pape, qui est souverain absolu pourrait décréter la conscription. Mais cette nouveauté redoublerait le mécontement, et le but serait manqué.

D'ailleurs la conscription fait peur au gouvernement pontifical. Une armée recrutée par ce moyen appartiendrait moins au pape qu'à la nation : ce qu'il importe d'éviter.

---

Soixante francs de récompense à tous les Romains de bonne volonté qui consentiront à mettre un pantalon rouge pour le service du pape !

Soixante francs, c'est bien modeste. A ce prix, on n'achète pas des hommes d'élite. Si vous étiez garçon de charrue, ou porteur de mortier sous les ordres d'un maçon, ne préféreriez-vous pas cette liberté relative à la servitude de l'état militaire? Et suffirait-il de soixante francs pour faire pencher la balance?

Les Français s'engagent gratis. On voit des jeunes gens de bonne famille, au sortir du collége, glisser leur diplôme de bachelier dans une giberne de soldat et s'en aller gaillardement où la patrie les envoie. Si on leur offrait soixante francs, à ces engagés volontaires, ils répondraient que c'est trop et trop peu. Mais nous sommes un peuple militaire. Les garçons de notre pays aiment la patrie comme une maîtresse; ils ne craignent pas de se faire tuer pour ses beaux yeux.

La patrie, pour un Romain bien né, c'est l'Italie. Le pape n'est pas une patrie; le pape n'est pas l'Italie. Tel qui mettrait bien un pantalon rouge pour la défense de l'Italie, ne veut pas se déguiser en soldat pour la défense du pape. On dit même, dans certains cercles, que le pape et l'Italie ne sont pas les meilleurs amis du monde, et qu'entrer au service de l'un serait rendre un mauvais service à l'autre. C'est une erreur, d'accord. Une absurdité; je le veux bien. Mais on le croit, dans les États du saint-père, et l'on répond aux officiers de recrutement : je ne vends pas ma patrie pour douze écus!

---

Il est sérieusement question d'élever à vingt écus la prime d'engagement. Demi-mesure, mauvais moyen. Un homme de cent francs ne vaudra pas beaucoup plus cher qu'un homme de soixante.

Si vous voulez créer une armée, recrutez-la parmi les honnêtes gens. En France, un soldat doit avant tout être un homme de bien. La confiance la plus absolue règne dans les casernes. Le moindre larcin y est puni avec une rigueur sagement exagérée. Un individu qui a subi la plus légère condamnation n'est pas admis à s'engager comme soldat.

Le gouvernement pontifical est très-coulant sur la vertu des engagés volontaires. On leur demande bien un certificat de bonne conduite signé du curé de leur paroisse; mais les curés ne se font pas scrupule de garantir la moralité des plus mauvais sujets dès qu'il s'agit de les expédier à l'armée. On s'en débarrasse au prix d'un petit mensonge, et tout est dit. Les tribunaux eux-mêmes, s'ils sont à la poursuite du drôle, ne vont pas le chercher sous les drapeaux. Il suit de là que des hommes perdus, et même des repris de justice, déshonorent l'uniforme.

La gendarmerie se recrute, partie dans le militaire, partie dans le civil. Dans le civil, elle n'est pas mieux servie que les autres armes. Dans le militaire, c'est bien pis. On invite les chefs de corps à désigner les soldats qui méritent de passer gendarmes. Ils recommandent leurs plus mauvais sujets, afin de s'en débarrasser.

Il n'est pas rare d'apprendre qu'un vol a été commis par un soldat, et même par un gendarme. Pourquoi des hommes de probité mal assise deviendraient-ils honnêtes au service? Ni la bonne conduite, ni le temps passé sous les drapeaux, ni les actions méritoires, ni l'instruction personnelle ne servent à l'avancement. Il est fait par des prélats, sur la recommandation d'autres prélats.

On m'assure qu'en 1849 il y avait plus de discipline et de probité dans la troupe révolutionnaire de Garibaldi que dans l'armée régulière du pape. Le vol d'un collier de corail, d'un jambon, d'un rien, était immédiatement puni de mort.

---

J'ai rencontré beaucoup de gendarmes qui ne savaient pas lire.

Lorsqu'on a retiré de la circulation les pièces de cinq sous en cuivre, on a dirigé tout ce billon sur la ville de Rome. Un détachement de gendarmerie escortait chaque convoi. Les gendarmes éventraient quelques sacs et allégeaient la charge des voitures. C'est un gendarme qui me l'a conté.

---

Il se peut qu'une mauvaise cause recrute de bons soldats. Ainsi, le roi de Naples s'est fait une armée très-présentable. Le devoir n'est pas le seul mobile de l'homme. Nous en avons de moins nobles et d'aussi puissants, comme l'orgueil, par exemple, et l'ambition. Partout où l'avancement se donne au mérite, le soldat cherche à mériter l'avancement.

Dans l'État pontifical, le soldat n'est rien; il est moins que rien. Deux exemples entre mille. Un cocher qui conduit son maître au théâtre enfreint la consigne. La sentinelle réclame. Le cocher fouette ses chevaux et passe outre en disant : « Faites votre métier de soldat, et laissez-moi faire le serviteur! » La livrée est plus noble que l'uniforme.

Un petit bourgeois de Rome donne une soirée. Un

étranger se présente : c'est le fils de la maison. Il s'est engagé dans l'armée des finances, il est douanier. Le frère aîné va le recevoir dans l'antichambre et le prie de repasser le lendemain. On a invité des Français; il y a du monde; la famille ne veut pas se compromettre en présentant un soldat! Le lendemain, ce frère aîné rencontre sur la place d'Espagne un forçat employé aux travaux de la Colonne Immaculée : il lui serre la main publiquement. L'amitié d'un galérien est beaucoup moins compromettante que la parenté d'un soldat.

―――――

Et les officiers? Ils sont sur le même pied que les autres fonctionnaires civils. Ils font partie de la classe moyenne; le monde ne les reçoit pas et les considère médiocrement. Un moine, quoi qu'on fasse, sera toujours le supérieur d'un colonel.

Le grade de colonel est encore aujourd'hui le plus élevé de l'armée. Les fonctions de général sont remplies par des colonels : on économise le titre, ou plutôt on le réserve pour les chefs des divers ordres religieux.

Il faudra que le saint-père ait bien besoin de son armée pour qu'il accorde à de simples laïques ce beau nom de général, qu'un dominicain, un chartreux, un capucin, portent si fièrement.

Les dédains de l'aristocratie et du clergé pèsent sur l'armée et étouffent cet esprit militaire qui ne fleurit que dans une atmosphère de gloire. Officiers et soldats végètent dans la *mal'aria* de l'honneur.

Sous Grégoire XVI, un officier se permit d'exécuter sa consigne en arrêtant la voiture d'un cardinal. Il fut puni, et pourtant le cardinal avait passé outre.

A Naples, dans une pareille occasion, un simple soldat arrêta d'un coup de sabre le cocher d'un évêque. Le roi Ferdinand II mit le soldat à l'ordre du jour. Ferdinand II n'était pourtant pas un voltairien. Mais il voulait avoir une armée, et le gouvernement pontifical ne sait pas encore ce qu'il veut.

---

Le ministre des armes est un prélat. Il obéit au cardinal secrétaire d'État, qui obéit au pape. Trois ecclésiastiques à la tête de l'armée!

Aujourd'hui (juin 1858) le ministère des armes est peuplé de gens hors d'âge, ou d'hommes mal vus, déconsidérés, notoirement coupables des plus graves indélicatesses. On avoue la nécessité d'une épuration, mais on ne fait rien.

---

Un très-honorable intendant de l'armée française, M. Testa, travaille depuis longtemps à réorganiser l'armée romaine. M. le général de Goyon, M. le général de Noüe et tous les officiers généraux que nous avons envoyés à Rome se sont appliqués loyalement à mettre le pape en état de se défendre sans nous. Ils n'ont réussi à rien, malgré tous leurs efforts. Je les ai entendus eux-mêmes avouer leur impuissance. Le principe du gouvernement, l'ombre des monastères, l'air de Rome, tout s'oppose à la création d'une armée pontificale. Nos conseils, nos exemples, le travail de nos instructeurs, tout est tombé dans l'eau.

Cependant, je dois rendre justice à quelques officiers romains, qui font des efforts très-honorables. Ils étudient; ils rivalisent noblement avec les officiers français. Mais à quoi bon? Tout l'avancement est au choix, c'est-à-dire à la faveur, au-dessus du grade de capitaine.

Les armes spéciales comptent des hommes distingués qui tiendraient leur rang partout. Les officiers du génie sont excellents théoriciens; ils ne manquent que de pratique. La pratique même ne manque pas aux officiers d'artillerie. Mais le bon vouloir et le talent de quelques individus sont des forces perdues dans une armée sans avenir, sans esprit de corps, sans orgueil, sans dévouement, sans confiance, où l'on ne peut compter ni sur le voisin, ni sur le chef, ni sur le drapeau.

---

L'École des cadets est destinée à former des officiers. Ce n'est pas une institution aristocratique comme son nom pourrait le faire croire. L'aristocratie romaine ne songe pas plus à mettre ses fils dans l'armée que le faubourg Saint-Germain ne pense à jeter ses enfants dans les droits-réunis. Les cadets sont pour la plupart des fils de petits marchands ou des enfants d'officiers.

Ils sont reçus sans examen, sur la simple recommandation de quelque personnage. On les instruit tout doucement, à la romaine. Le chapelain de l'armée a la haute main sur l'établissement.

En 1858, M. le général de Goyon a bien voulu inspecter lui-même l'École des cadets. Il a constaté que certains élèves n'étaient pas en état de faire une division. Le cours de langue française n'existait que dans les programmes. Le professeur d'histoire, après sept mois de cours, pataugeait encore dans la quatrième ou cinquième journée de la création du monde. Le programme ne faisait aucune mention de l'histoire moderne. La maison était mal tenue et dans un assez grand désordre. Les bénitiers placés au chevet de chaque élève manquaient d'eau bénite. M. le comte de Goyon se tourna vers un des employés et lui dit fort plaisamment : « Quoi! monsieur! pas même d'eau bénite? » Le pauvre homme répondit naïvement : « Excellence, on en fait de la fraîche. »

---

Les soldats romains portent le même uniforme que les nôtres. Il n'y a qu'une petite différence dans le collet, et une assez grande dans la tenue.

Il s'élève quelquefois des altercations entre les individus des deux armées. Nos généraux punissent sévèrement ces querelles de cabaret.

Je me rappelle qu'un artilleur français fut attaqué par quatre soldats de l'infanterie romaine. Les aggresseurs trouvèrent ingénieux de lui lancer leurs sabres, pour l'atteindre de loin. Il ramassa une arme sur le pavé, courut à l'ennemi, et coupa un bout de nez ou d'oreille.

Le général, par un acte d'impartialité peut-être excessive, lui infligea un mois de prison comme au blessé.

---

L'armée pontificale coûte dix millions par an et se compose d'environ quinze mille hommes. Quinze mille hommes en France coûtent bien près de quinze millions, mais nous en avons pour notre argent.

---

Je n'ai pas encore parlé des deux régiments d'infanterie étrangère qui font partie de l'armée romaine. Ils sont recrutés un peu partout, mais principalement en Allemagne. Ces mercenaires arrivent tout nus et désertent volontiers lorsque le pape s'est donné la peine de les équiper. On les mène durement; ils sont soumis à la bastonnade.

Quiconque arrive à Rome avec quarante recrues est officier de plein droit dans l'infanterie étrangère.

Un jeune Français de bonne famille était caporal dans l'armée française. Il se conduisit de telle façon et fit tant de folies que ses chefs songeaient sérieusement à le casser. Que fit-il? Il se procura quarante Allemands, et entra comme officier au service du pape.

---

## XI

LE GOUVERNEMENT.

Si vous êtes curieux de savoir ce que je pense du gouvernement pontifical, mon cher lecteur, la chose est bien facile. Faites un petit voyage en Suisse ou en Belgique, entrez chez le premier libraire qui se présentera et demandez un volume intitulé : *La Question romaine*. Vous y verrez mon opinion tout entière, dans le costume classique de la Vérité.

Ce que j'imprimais au mois d'avril 1859 était vrai et l'est encore. Je n'en rétracte pas un seul mot, mais la prudence me défend de me répéter. Si je me laissais aller au plaisir de vous donner ici la deuxième édition d'un pamphlet condamné et damné, les magistrats de notre beau pays saisiraient *Rome contemporaine* pour la lire tout à leur aise. Peut-être même m'enverraient-ils en prison, tout en partageant ma manière de voir.

C'est pourquoi j'imiterai la sage réserve des chats échaudés, qui se défient même de l'eau froide. Voici la copie exacte et sans commentaire des renseignements statistiques qui m'ont été fournis en 1858 par un champion dévoué du pouvoir temporel.

───────

« Notre saint-père le pape Pie IX, heureusement régnant, est le deux cent cinquante-huitième successeur du prince des apôtres. Il est né à Sinigaglia, le 13 mai 1792, de la noble famille des comtes Mastai Ferretti. Son exaltation au pontificat date du 16 juin 1846, son couronnement du 21 juin, sa possession du 8 novembre de la même année.

« De temps immémorial, le saint-père est non-seulement le chef spirituel de l'Église catholique, comprenant environ 139 millions d'âmes, mais aussi le souverain temporel d'un État italien dont la superficie s'élève à 4 129 476 hectares, et la population à 3 124 668 hommes. Il réunit entre ses mains les pouvoirs de pontife, d'évêque et de souverain.

« Ses États, qui sont la garantie de son indépendance morale, lui appartiennent en propre et ne relèvent que de lui. Il est le père de ses sujets, et il a sur eux les droits d'un père sur ses enfants. Il peut faire des lois, les changer et les enfreindre. La seule limite de son pouvoir est celle qu'il daigne s'imposer lui-même. Son autorité absolue n'est tempérée que par la justice et la bonté de son cœur.

« Pour l'administration des affaires générales de l'Église, le saint-père s'adjoint naturellement le sacré collége des cardinaux. Les cardinaux forment autour de lui diverses congrégations dont chacune exerce une fonction spéciale. Nous avons : la Sainte Inquisition romaine et universelle, la Congrégation consistoriale, la Visite apostolique, la Congrégation des Évêques et Réguliers, du Concile de Trente, de la Révision des conciles provinciaux, de la Résidence des évêques, de l'État des réguliers, de l'Immunité ecclésiastique, de la Propagande, de l'Index, des Rites sacrés, du Cérémonial, de la Discipline régulière, des Indulgences et saintes Reliques, de l'Examen des évêques, de la Correction des livres de l'Église d'Orient, de la vénérable Fabrique de Saint-Pierre, de Lorette, des Affaires ecclésiastiques extraordinaires, des Études, de la Reconstruction de la basilique de Saint-Paul, de la *Penitenzeria*, de la Chancellerie et de la Daterie apostoliques.

« Pour le gouvernement des choses temporelles, le saint-père se réserve le droit de promulguer ses volontés sous forme de constitution, de *motu proprio*, de *chirografo sovrano*, de rescrits, et tout ce qu'il juge bon de décider a force de loi dans le présent et l'avenir. Mais il a coutume de se décharger du soin des affaires courantes au profit d'un cardinal secrétaire d'État. Ce premier ministre, ami et confident du saint-père, représente le souverain auprès des étrangers et des sujets pontificaux. Il nomme et dirige le personnel diplomatique, composé de cardinaux ou de prélats ; il publie dans l'État des édits auxquels on doit une aussi stricte obéissance qu'aux lois émanées directement du saint-père. Il confie à qui bon lui semble les portefeuilles subalternes de l'intérieur, des travaux publics, des finances et des armes. Les ministres ne sont pas ses collègues, mais ses employés, car il est cardinal et ils ne sont que prélats. C'est lui qui nomme les prélats chargés d'administrer les provinces comme les préfets de vos départements.

« En votre qualité de Français, vous connaissez probablement l'organisation de l'Église gallicane, mais elle diffère tellement de la nôtre que mes paroles seraient pour vous lettre close si je ne plaçais ici quelques mots d'explication.

« Dans votre malheureux pays, bouleversé par une longue suite de révolutions, le clergé dépouillé de ses biens et de ses priviléges a dû se renfermer dans le domaine spirituel. Un séminariste français, après avoir reçu le sacrement de l'ordre, s'en va comme desservant dans un misérable village où il paît quelques ouailles en sabots. Le gouvernement sceptique, qui traite sur un pied d'égalité parfaite les ministres de toutes les religions, inscrit au budget ce prêtre du vrai Dieu, entre le maître d'école et le garde champêtre. En échange d'un malheureux salaire de neuf cents francs, vous exigez que le prêtre obéisse en esclave à des lois athées et se prosterne bien bas devant des autorités laïques. S'il fait preuve de talent et de zèle, vous le nommez archiprêtre ou curé de canton. Dans ce nouvel emploi, il est inamovible et il prend sur le budget une somme de douze ou quinze cents francs, suivant le chiffre de la population, mais il n'exerce aucune autorité légale hors du saint temple; il est soumis comme le premier venu à la juridiction des tribunaux laïques; il n'a pas même le droit de faire mettre un homme en prison! S'il mérite par ses vertus d'être élevé à l'épiscopat, il ne peut obtenir l'institution du saint-père qu'après avoir été nommé par le chef laïque de votre gouvernement. Ainsi l'exige le concordat signé en 1801 par le pape Pie VII et le consul Napoléon Bonaparte. Je frémis quand je pense que Mgr Sibour, archevêque de Paris, qui mourut en martyr au pied des saints autels, avait été nommé par le général Cavaignac ! Aucun fait ne saurait montrer avec une évidence plus navrante combien le spirituel est chez vous esclave du temporel.

« Les choses vont d'un tout autre train dans les États soumis au saint-père. Une logique irréprochable maintient dans le domaine temporel l'ordre et la hiérarchie ecclésiastiques. Le saint-père est maître absolu des biens et des personnes de ses sujets, parce que tout cela a été donné sans condition au chef suprême de l'Église. Après lui, la principale autorité et les plus hauts emplois appartiennent aux cardinaux. Rien de plus juste et de plus naturel, puisque les cardinaux sont les principaux chefs de l'Église et que chacun d'eux, le Saint-Esprit aidant, peut un jour devenir pape. Après les cardinaux, princes de l'État comme de l'Église, se place la haute et respectable noblesse des prélats, qui tous sont en passe d'être nommés cardinaux. Le reste suit dans le même ordre, et les trente huit mille trois cent vingt personnes qui composent le clergé séculier et régulier exercent dans l'État une influence proportionnée au rang qu'elles occupent dans l'Église. La dernière de ces trente huit mille trois cent vingt personnes est immédiatement supérieure au premier des laïques. Cette hiérarchie est aussi constante aux yeux du gouvernement qu'aux yeux de Dieu lui-même.

« En 1797, avant les spoliations dont nous avons été victimes, le clergé romain, tant régulier que séculier, possédait 214 millions de francs en biens fonds. Aujourd'hui, sa fortune territoriale est portée au cadastre pour 535 millions. Vous voyez qu'il a réparé ses pertes. Les cardinaux romains ne touchent que 20 000 francs par an sur la cassette du pape, mais il faut ajouter à cette modeste somme le revenu de quelque évêché, de quelque bénéfice, ou d'un haut emploi, choisi parmi les plus lucratifs. Cette combinaison leur permet de paraître pauvres et d'être riches. Lorsqu'on attaquera devant vous le faste de la cour de Rome, vous pourrez toujours répondre avec M. de Rayneval, que les cardinaux ne touchent que 4000 écus par an. Mais vous avez assez de bon sens pour comprendre que leur écurie seule dévore souvent plus de 4000 écus.

« Le sacré collége des cardinaux, dont le nombre varie entre soixante et soixante-dix, se recrute dans la prélature. En France, vous ne désignez sous le nom de prélats que les évêques et les archevêques, mais il en est autrement chez nous. La prélature est une institution toute romaine et qui n'a point d'analogue dans les autres États de l'Europe. C'est une sorte d'aristocratie spirituelle et temporelle recrutée par le saint-père qui lui signe ses lettres de noblesse. C'est une école où l'on s'élève par degrés jusqu'à la dignité de cardinal; c'est une carrière politique où quelques-uns entrent par ambition, en se réservant la faculté d'en sortir par découragement. Les cadets de bonne maison, au sortir du collége, peuvent obtenir et même acheter certaines charges domestiques ou judiciaires qui leur ouvrent la prélature. Dès ce moment, ils sont comme vos bacheliers de France qui ont le droit d'aspirer à tout. Ils portent les bas violets et s'avancent, ainsi chaussés, dans le chemin des honneurs. L'administration, la diplomatie, les hautes cours de justice sont le domaine, ou si vous l'aimez mieux, le champ de course des prélats. Les plus habiles et les mieux pensants arrivent avant les autres, mais il faut du travail, des protections, de la conduite et surtout de la tenue. Lorsqu'un prélat arrive à se faire nommer auditeur de rote, ou clerc de chambre, ou secrétaire d'une grande congrégation, il peut espérer sans trop de présomption qu'il mourra dans la pourpre. Celui qui parvient à l'un des quatre grands emplois de la prélature est sûr de son affaire : il passera cardinal. Ces emplois, qu'on nomme cardinalesques, sont ceux de gouverneur de Rome, de trésorier général, d'auditeur de la chambre, et de majordome du pape. Leurs titulaires jouissent par anticipation de quelques-unes des prérogatives réservées au sacré collége : ils font peindre leurs carrosses en rouge, et ils attachent des houppes de soie rouge sur la tête de leurs chevaux.

« Il n'est jamais trop tard pour entrer dans la prélature, et l'on est toujours libre d'en sortir. Je suppose qu'un homme bien pensant, comme vous, s'éveille avec la vocation ou l'ambition de parvenir au sacré collége. Le saint-père peut vous nommer prélat aujourd'hui même, et vous porterez des bas violets. Vous appartiendrez, *ipso facto*, à l'aristocratie de l'Église romaine, à l'état-major de la papauté, et cela sans contracter aucun engagement religieux. Vous passerez cardinal et vous prendrez les bas rouges le jour où le saint-père le trouvera bon, dans vingt-quatre ans, ou dans vingt-quatre heures. Il faudra qu'au dernier moment vous vous fassiez ordonner diacre, car on ne saurait devenir cardinal sans cette formalité. Si le chapeau se fait trop attendre, si la patience vous échappe, si vous trouvez sur votre chemin l'occasion d'un mariage avantageux, rien ne vous empêche de quitter la prélature. Vous mettez des bas blancs, et tout est dit. Le comte Spada, qui était prélat et ministre des armes, est sorti de la prélature pour se marier. Il n'est et ne sera plus rien dans l'État puisqu'il a quitté les bas violets, mais on n'a exercé aucune contrainte pour le retenir.

« Le saint-père, les cardinaux et les prélats gouvernent avec une douceur paternelle la nation qui leur appartient. Ils ont des égards tout particuliers pour les princes et les nobles, non-seulement parce que la noblesse romaine est surtout d'origine pontificale, mais aussi parce que la distinction des castes est le fondement des États policés. Ils réservent à un prince romain la charge honorifique de sénateur ou maire de Rome. Un autre grand seigneur, par privilége spécial, dirige, sans mettre des bas violets, l'administration des postes. Quatre nobles romains, princes, ducs ou marquis, accompagnent Sa Sainteté dans les cérémonies religieuses, sous le titre de camériers de cape et d'épée. Les cadets de quelques bonnes maisons composent la garde noble, en habit bleu de ciel ; et l'on peut dire en général que les fils de famille font un chemin plus rapide que les roturiers dans la carrière ecclésiastique.

« Le petit peuple est traité doucement. On le plaint, on l'assiste, on l'amuse ; on ne lui demande rien que de vivre chrétiennement et d'éviter le scandale. On le voudrait plus parfait et surtout moins violent, mais comme il est soumis à ses dogmes et à ses maîtres, on jette un voile indulgent sur ses péchés et l'on évite autant que possible de répandre son sang.

« La classe intermédiaire aurait aussi mauvaise grâce si elle osait se plaindre. On lui permet de cultiver la terre et de se livrer au commerce et à l'industrie. Personne ne la chicane sur ses opinions religieuses et politiques, pourvu qu'elle ait soin de les renfermer en elle-même. On ne lui demande rien que l'obéissance aux lois et 70 millions d'impôt, dont on lui rend quelque chose. Car les prélats lui abandonnent généreusement une multitude incroyable de petits emplois où un homme content de peu gagne aisément de quoi vivre. Tout bourgeois bien pensant et bien recommandé trouve à se placer dans une administration, un tribunal, un débit de tabac ou un bureau de loterie. Le tout est de choisir un protecteur, de lui obéir en toute chose, de se ranger à l'humilité d'une condition modeste et de pratiquer ostensiblement les vertus chrétiennes.

« On peut dire en résumé que les États pontificaux ont toujours été gouvernés à l'amiable, par des hommes doux et polis que leur éducation, leur habit et leur foi prédisposent à l'indulgence. Les princes de l'Église, humblement soumis au sceptre vénérable du saint-père, se partagent sans combat et sans secousse une autorité secondaire. Ils font une large part aux princes romains leurs alliés et aux prélats leurs futurs collègues. Un échange de bons offices, de recommandations et de concessions réciproques unit étroitement tous les hommes qui sont quelque chose dans l'État. Une tradition de patronage et de clientèle, aussi ancienne que Rome elle-même (car elle date de Romulus), leur soumet le petit peuple et la classe intermédiaire.

« Tout serait donc pour le mieux si l'esprit révolutionnaire, échappé des profondeurs de l'abîme, ne s'était répandu comme un fléau sur l'Europe et sur l'Italie elle-même. Depuis deux cents ans et plus, quelques novateurs ennemis de la foi religieuse et de la tradition monarchique, s'efforcent d'accréditer dans les esprits le soi-disant principe de l'infaillibilité humaine. Après avoir sapé les fondements de l'autorité cléricale en revendiquant au profit de l'individu le discernement du vrai et du faux, du bien et du mal, qui n'appartient qu'à l'Église, ils en sont venus, par une conséquence logique de leur système, à nier la légitimité de tout pouvoir temporel et à mettre les sujets au-dessus des rois. On a vu des millions d'hommes, entraînés par le torrent d'une commune erreur, affirmer qu'un royaume leur appartient par cela seul qu'ils y sont nés, et abolir ou limiter le pouvoir de leurs princes.

« Cette contagion ne s'est pas arrêtée aux frontières de notre État, et depuis plusieurs années le souverain pontife et le sacré collége sont obligés de lutter contre les exigences les plus intolérables de l'orgueil humain. Sans la présence de l'armée française qui nous défend, le peuple de ce pays proclamerait la république ou se jetterait dans les bras d'un prince étranger. Contraint de reconnaître l'autorité de ses maîtres légitimes, il demande insolemment à la partager avec nous. Il n'est ni ville ni village qui ne réclame le droit de s'administrer par soi-même et d'élire un corps municipal. Les laïques prétendent usurper les hauts emplois réservés à la prélature et servir le pape malgré lui. Les avocats veulent se réunir en assemblée et fabriquer des lois, comme si la loi, dans l'État du pape, pouvait être autre chose que la volonté du pape! Enfin les contribuables qui doivent payer à César ce qui est à César, et à Dieu ce qui est à Dieu, ne craignent pas de nous demander des comptes.

« On dédaignerait de répondre à des prétentions si nouvelles et si monstrueuses, si elles n'étaient en quelque sorte appuyées par nos protecteurs eux-mêmes. Qui le croirait ? L'ambassadeur d'un prince catholique qualifie du nom d'abus les institutions fondamentales de notre monarchie. Votre empereur lui-même, dans une lettre que nul de nous n'a pu prendre au sérieux, nous conseille de séculariser l'administration et d'adopter le Code Bonaparte !

« La prudence nous commandait d'obtempérer, au moins pour la forme, à des conseils venus de si haut. Nous avons promis ce qu'on nous demandait, et tracé sur le papier le plan détaillé de notre ruine. Mais l'invasion des laïques dans les emplois du gouvernement, l'adoption d'un Code révolutionnaire, l'émancipation de nos communes, la discussion publique de nos budgets auraient fait du saint-père un roi constitutionnel. Son autorité religieuse n'aurait pas survécu longtemps, dans l'esprit des hommes, à son infaillibilité politique ; le pape n'aurait plus été le pape ! Or nous professons une religion qui nous interdit le suicide. »

---

A ce tableau flatté, mais pourtant assez exact, à ce raisonnement inattaquable dans ses déductions, mais fondé sur des axiomes douteux, je n'ajouterai que peu de mots.

Le gouvernement du pape, pour donner satisfaction aux désirs de ses protecteurs et de ses sujets, a institué une sorte de régime représentatif. Le saint-père nomme des électeurs communaux chargés de nommer dans chaque ville un conseil municipal. Mais pour leur épargner les embarras du choix, il se charge lui-même de composer le conseil.

Les conseils municipaux, ainsi formés, présentent au saint-père une liste sur laquelle il choisit lui-même les membres des conseils provinciaux.

Les conseils provinciaux, à leur tour, présentent au souverain une liste sur laquelle Sa Sainteté choisit les membres de la Consulte des finances. Le pape ajoute à ce conseil formé par lui-même quelques prélats de son choix.

La Consulte des finances est destinée à donner son avis sur toutes les questions qui intéressent le trésor. On l'institue en septembre 1849, elle entre en fonctions en décembre 1853. Elle donne son avis et l'on n'en tient aucun compte.

---

Le maire porte le nom de sénateur à Rome et à Bologne, de gonfalonier dans les villes de moindre importance, et de prior dans les villages. Mais sénateur, gonfalonier ou prior, il n'est qu'un instrument passif entre les mains de l'autorité ecclésiastique.

---

Le saint-père peut suspendre indéfiniment, par son *chirografo sovrano*, l'exécution d'un jugement régulier, même en matière civile. Je ne crois pas qu'aucun autre souverain de l'Europe domine la loi de si haut.

On peut dire, sans crainte d'être démenti, que le pape règne et gouverne.

---

Le secrétaire d'État, chargé de défendre au dehors et d'exercer au dedans l'autorité absolue du saint-père, est, depuis tantôt douze ans, le cardinal Jacques Antonelli.

## XII

MŒURS ROMAINES.

Si ce chapitre fourmille de contradictions énormes, je prie le lecteur indulgent de ne point s'en étonner. Tout est contradiction dans la ville de Rome : un peuple bien né et mal élevé; un gouvernement plein de grandeur et de petitesses; des lois très-douces et très-despotiques; des impôts fort modiques et cependant fort lourds; un grand fonds de sincérité naturelle, beaucoup d'hypocrisie acquise; vie économe et dépenses folles; prudence méticuleuse et colères aveugles; habitude de se cacher et fureur de paraître; sentiment très-vif de l'égalité, profond respect pour les inégalités sociales; constitution assez despotique pour réunir tous les pouvoirs aux mains d'un seul homme, et assez démocratiques pour mettre une couronne de roi sur une tête de capucin.

Toutes les statues qu'on voit à Rome, soit sur les places publiques, soit même dans les galeries particulières, sont affublées d'une feuille de vigne. On a vêtu d'une draperie de fer-blanc les figures allégoriques qui décoraient quelques tombeaux des vieux papes. L'artiste les avait faites toutes nues, considérant qu'on ne doit aux morts que la vérité. L'hypocrisie moderne les a habillées, drapées, étoffées, étouffées, comme si une belle statue pouvait être un objet de scandale. En revanche, on permet à des hommes vraiment nus de se baigner dans le Tibre, ou même dans le bassin de la fontaine Pauline. Personne n'est choqué de cette liberté, ni la police, ni le public, ni les femmes romaines, qui vont et viennent et lavent leur linge autour de ces statues vivantes, sans songer à mal.

---

Je sors de l'hôpital du Saint-Esprit. C'est un immense établissement, plus riche et mieux doté que tous les nôtres. Un jeune interne m'a reçu à la porte et promené fort poliment sans me connaître. Il est docteur, du moins il a subi les examens du doctorat théorique. Dans deux ans, il passera le doctorat pratique et s'en ira exercer la médecine dans quelque village. En attendant il étudie, mais non tout ce qu'il veut. Il m'avoue en confidence qu'il n'a jamais vu le corps d'une femme vivante. « Et les accouchements? —Nous accouchons des poupées enceintes d'un petit mannequin. Mais quand j'aurai passé mon dernier examen, j'aurai le droit d'accoucher des femmes. — Je plains la première qui vous passera par les mains.— Moi aussi. »

Les salles de l'hôpital sont énormes en longueur et en largeur. Quatre rangées de lits, bout à bout, sans rideaux ! Les pieds d'une malade touchent la tête de l'autre. On a sacrifié l'intérêt de ces malheureux à l'aspect grandiose du bâtiment.

Une pancarte placée auprès de chaque lit indique le régime prescrit au malade : « Portion entière, demi-portion, potage et œuf, *viatique*. » Ce dernier mot m'a fait dresser les cheveux sur la tête. Pauvres gens, à qui l'on dit vingt-quatre heures à l'avance qu'ils sont condamnés à mourir !

On appelle mon guide pour lui montrer le numéro deux cent et tant qui vient de passer. Je le suis et je vois un corps tordu en tous les sens par les convulsions de l'agonie. C'était un paysan atteint d'une gastrite aiguë pour s'être mal nourri. Un valet d'hôpital redresse ses membres, enlève la chemise, étend un drap, allume une lampe. Je remarque alors cinq ou six lampes allumées dans la salle : autant de cadavres. Mon cicerone me fait remarquer qu'on a eu l'heureuse idée d'adapter à chaque lit une sorte d'anneau pour la lampe funèbre.

Un capucin gros et gras circule dans la salle, distribuant l'absolution à ceux qui la demandent. Du reste, il y a deux grands confessionnaux devant la porte d'entrée.

On me montre un paysan rouge comme une tomate et suant dans son lit à grosses gouttes. Il a été piqué de la tarentule ; cependant, rien dans son extérieur n'indique la passion de la danse. Mon jeune docteur m'affirme que la piqûre des tarentules entraîne un mouvement de fièvre assez violent. Cependant, il a cru remarquer que la peur était pour beaucoup dans cette maladie. Il suffit quelquefois d'un verre d'eau claire ou d'une pilule de mie de pain pour la guérir radicalement.

Une salle spéciale est consacrée aux soldats malades. On les soigne paternellement, même pour leurs maladies irréligieuses. Mais dans ce cas particulier le prix des médicaments est retenu sur leur solde. Il suit de là qu'un soldat malade par sa faute évite l'hôpital et reste malade aussi longtemps qu'il plaît à Dieu.

J'ai visité l'amphithéâtre, le cabinet d'anatomie et toutes les collections scientifiques qui appartiennent à l'hôpital. Le morceau le plus remarquable est un écorché vêtu d'une feuille de vigne pour l'édification des jeunes médecins. *Et nunc erudimini!*

L'hôpital du Saint-Esprit, comme toutes les propriétés ecclésiastiques, est un lieu d'asile. Un voleur, un assassin, un parricide peut y guérir ou y mourir à l'abri des lois. Quelques malades, profitant d'une si douce impunité, ont pu croire qu'il leur était permis de voler et de tuer dans cette enceinte inviolable. Mais l'autorité pontificale, considérant qu'il ne faut pas abuser des abus, a décidé que les crimes et délits commis dans l'hôpital n'auraient pas droit à l'impunité. Cette loi, gravée sur une plaque de marbre, est mise sous les yeux des malades, qui d'ailleurs ne savent pas lire.

―――

L'hospice des Enfants-Trouvés, annexé à Saint-Esprit, a vu le prologue d'un petit drame qui paraîtrait invraisemblable, si les tribunaux n'avaient mis tous leurs soins à le vérifier.

En 1807, la duchesse X., qui avait déjà un fils et une fille, accoucha clandestinement d'un troisième enfant dans le palais de son époux. Pourquoi fit-elle porter le nouveau venu à l'hospice du Saint-Esprit au lieu de le présenter au duc X.? Peut-être parce que le duc faisait lit à part depuis plusieurs années. Le petit Lorenzo X. entra dans le monde par la porte des enfants trouvés, sans autre capital que la moitié d'une pièce de cinq sous, pendus au bout d'un fil.

Quelque temps après, la duchesse, qui avait des entrailles, prouva que la pièce de cinq sous et l'enfant lui appartenaient. Elle reprit Lorenzo, le mit en nourrice et lui fit une pension de vingt-cinq francs par mois, qui fut payée scrupuleusement jusqu'à la majorité. Grâce aux libéralités de sa mère, Lorenzo ne mourut pas de faim et apprit à peindre la miniature.

La mort de son père et de son aîné détourna le cours de sa vocation. Il voyait une jolie fortune, 75 000 francs de rente environ, s'en aller chez la princesse T., sa sœur, qui n'en avait pas précisément besoin. La princesse T. est quarante ou cinquante fois millionnaire! La faim, l'occasion, la faveur publique et certains ennemis de la famille T. poussèrent Lorenzo à réclamer le nom et les biens des X.

Si je pouvais transcrire ici les pièces du procès, qui ont été réunies en un volume, vous y verriez quelques faits curieux. Les avocats du prétendant reprochaient à la duchesse d'avoir laissé son fils dans la misère, tandis qu'elle faisait des folies pour un droguiste de Frascati. La princesse T.... disait, par l'organe de son défenseur : « Ce garçon est le fils de ma mère, soit; mais à coup sûr mon père n'y est pour rien. Maman était variée à l'infini dans ses affections. Si Lorenzo est le fils de quelqu'un, c'est probablement d'un Russe appelé M.

Mais le plus merveilleux sans contredit, c'est la déposition de la duchesse. Au moment de comparaître devant Dieu, cette auguste personne ne dédaigna point de déclarer, dans l'intérêt de sa fille, que son fils était bâtard et inhabile à succéder.

Malgré un témoignage si respectable, le jeune Lorenzo gagna son procès : *Is pater est quem justæ nuptiæ demonstrant*. D'ailleurs, les avocats avaient prouvé que le feu duc s'était compromis avec toutes les femmes, la duchesse avec tous les hommes, et que par conséquent le duc et la duchesse avaient dû se rencontrer en partie fine au moins une fois.

Lorenzo, élève de l'adversité, est un des hommes les plus actifs, les plus intelligents et les plus libéraux de l'aristocratie romaine. Vous le trouverez à la tête de toutes les entreprises qui peuvent avancer le progrès de l'Italie. Ses fils sont élevés en Piémont. Il ne leur permet pas de venir à Rome, même en vacances, comme si l'air de la ville sainte pouvait leur empoisonner l'esprit.

Son seul défaut est une maladresse déplorable dans le maniement des armes à feu.

---

Autre roman. La duchesse A. était restée veuve en 1850. Sa fortune, comme son palais, était encore assez imposante, quoique passablement délabrée.

Le ciel permit qu'un régiment de dragons français fût caserné dans le voisinage du palais A. Tous les matins, la duchesse n'avait qu'à se mettre à la fenêtre, pour contempler la toilette des chevaux. Elle remarqua un jeune maréchal des logis qui avait assez grand air, quoiqu'il surveillât une opération prosaïque. A force de le voir, elle se prit à l'aimer, et comme elle n'était point faite pour déplaire, elle lui plut. Renseignements pris, elle sut que M. H. appartenait à une très-honorable famille de cultivateurs normands. Lui-même était estimé de ses chefs et de ses camarades ; l'épaulette ne pouvait lui manquer longtemps. La duchesse attendit qu'il fût officier, persuadée, non sans raison, que tout officier français vaut un gentilhomme.

M. H. a quitté le service ; il cultive les terres de sa femme et relève une fortune que l'incurie romaine avait laissée déchoir. Sa femme n'est plus duchesse, mais elle sera riche et elle est heureuse.

Le difficile sera de persuader aux laquais de Rome qu'ils doivent annoncer l'ancienne duchesse A. sous le nom de Mme H. Quant aux paysans de ses terres, ils m'ont dit très-naïvement : « notre nouveau maître s'appelle le duc A., puisqu'il a épousé la duchesse. »

---

Lorsque l'amour s'établit dans une âme romaine, il y est roi. Tout cède : les intérêts, les devoirs, et même les préjugés. Voici un ci-devant jeune homme qui court vers la place d'Espagne. C'est le prince C. Il va baiser la main d'une jeune épicière dont il est épris au point de vouloir l'épouser. Une telle folie n'étonnerait personne. Il est vrai que la femme tient peu de place dans la famille, et qu'on peut la choisir n'importe où, sans déroger.

Ce n'est pas que les femmes de Rome soient des créatures sans conséquence. Il y en a de fort spirituelles, comme cette petite princesse C. de S.

Le prince C. de S., qui mourut de vieillesse en 1849, avait épousé en 1848 une personne infiniment plus jeune que lui. Le jour même où le barbon fut mis en terre, sa veuve déclara qu'elle était grosse, et elle n'en eut pas le démenti. Elle accoucha d'un fils à la limite du délai légal, et sa présence d'esprit lui valut une fortune. « Cet enfant est né montre en main, » disaient les jurisconsultes.

---

L'éducation a beau faire : on trouve des Romaines très-fières et très-nobles, même dans la noblesse.

Cette pauvre petite Tolla ou Vittoria Savorelli, dont j'ai publié l'histoire il y a quelques années, n'était certes pas une âme vulgaire.

J'ai rencontré dernièrement son séducteur. C'est un gros homme insignifiant. Ses remords, s'il en a, ne l'ont pas maigri.

M. Savorelli père s'est jeté dans l'industrie. Il fabrique des bougies de stéarine et relève ainsi tout doucement la fortune de sa maison. Il a chez lui un beau buste de sa fille, sculpté par un frère de Tolla.

---

On m'a montré une jeune personne de très-bonne famille qui a eu le courage d'apprendre un état, la peinture, pour épouser un jeune homme pauvre qu'elle aimait. Après dix-huit mois d'études, elle devint capable, l'amour aidant, de peindre des copies aussi présentables que tout ce qui se vend aux étrangers, mais son amant ne l'aimait plus ; il en courtisait une autre.

Cette héroïque enfant n'est pas morte comme Tolla. Elle s'est éprise d'un étranger qui ne l'épousera pas, qui le lui a dit, qu'elle aime en dépit du sens commun. Elle a refusé la main d'un vieux diplomate puissamment riche pour rester fidèle à ce Français qui n'est pas même son amant.

———

Le prince T., l'homme le plus riche de Rome, en est peut-être le plus malheureux. Sa famille a perdu en peu de temps un beau duché, un héritage important et une entreprise prodigieusement lucrative. Sa femme est folle, ses héritiers sont des filles, son frère est nul, un de ses neveux est idiot et l'autre, qui mériterait de vivre, ne vivra pas. *Sic transit gloria mundi.* Toute la ville plaint sincèrement le prince T. Il vend son argent un peu cher, mais il a fait le bien, encouragé les arts, et donné de belles fêtes.

Ses deux neveux ont épousé des filles de grande maison, fort belles l'une et l'autre. La femme de l'aîné est un caractère ouvert, loyal, passionné. Elle résiste énergiquement aux empiétements de sa belle-sœur qui dépense plus de politique que Richelieu et Mazarin pour confisquer la primogéniture au profit de son mari.

Ces jours derniers, le cardinal Antonelli avait invité les

dames de la noblesse romaine à une promenade aux flambeaux dans les caveaux de Saint-Pierre. Au souper qui suivit, son Éminence s'approcha de la jeune princesse T., femme de l'aîné, et s'excusa de n'avoir point invité sa belle-sœur. — Vous avez bien fait, répondit la fière Romaine. Il faut bien maintenir la distance entre les aînés et les cadets. »

---

Une Romaine, une princesse élevée dans un couvent, a commis quelques imprudences ; la femme de chambre sait tout et fait sentir à sa maîtresse qu'elle pourrait tout dire. En pareille occasion, quelle est la Française qui n'aurait pas transigé? Ma Romaine soufflette l'impertinente créature, la renverse, la foule aux pieds, et la chasse sur l'heure. Si notre pauvre Stendhal était vivant, il aimerait ce trait de courage. Notez, s'il vous plaît, que la princesse n'est pas une virago, mais une petite femme mignonne et délicate. La servante est partie, et elle n'a jamais parlé. C'est l'héroïne qui a conté l'aventure à son *ami*.

---

De tous les nobles Romains, le plus Français est le prince de S., descendant de Valerius Publicola. Il a fait le siége de Rome avec nos officiers, et mérité le ruban de la Légion d'honneur. J'ai vu chez lui un mobilier riche et même de bon goût, ce qui est plus rare. Sa conversation est amusante et variée, surtout avant le dîner. C'est ce qu'on appelle à Paris un bon enfant, mais trop enfant. Hier, il était à Rignano, pour l'investiture solennelle du jeune duc. La municipalité avait préparé un feu d'artifice. Le prince de S. ne s'est-il pas avisé d'y mettre son cigare et d'allumer les fusées en plein midi?

J'ai quelquefois rencontré au Pincio un autre prince de S., tout aussi prince que son cousin, et réduit à vivre d'une pension de quelques écus par mois. Celui-ci aurait fait un beau soldat, en pays laïque. Il se console de son inaction forcée en chassant le chevreuil et le sanglier. C'est un Nemrod résigné. Sur le Pincio, il promène philosophiquement ses chiens à l'heure où le duc Grazioli et tant d'autres boulangers parvenus promènent pompeusement leurs chevaux.

---

Chevaux, carrosses, laquais, livrées, armoiries, la ville de Rome en est pleine. Le plus mince curé se donne le luxe d'un blason. Personne, excepté les cochers de fiacres, n'attelle un seul cheval à la voiture. Les voitures sont hautes, larges, pompeuses; on y monte par une échelle comme au paradis. Je me suis toujours demandé pourquoi les cardinaux et les autres grands seigneurs traînaient trois laquais, debout sur la même planche, derrière leur carrosse. Il suffirait d'un seul. Je comprends à la rigueur que les Turcs mettent quelquefois deux factionnaires dans une guérite: la faction est longue, le temps lourd; la deuxième sentinelle peut servir à réveiller la première. Mais, trois valets de pied ballottés au petit trot derrière un cardinal! Y a-t-il là-dessous quelque intention charitable? Le second et le troisième sont-ils là pour empêcher que le premier ne tombe? alors n'en ayez qu'un, et le faites asseoir.

---

A Rome, le plus mince bourgeois se fait un point d'honneur de ne rien porter lui-même. Les bambins qui vont en classe enveloppent leurs livres dans un foulard et les balancent négligemment. Montrer qu'ils portent leurs livres à l'école serait avouer qu'ils n'ont pas de domestique !

---

Un notaire de Paris qui avait étudié ce gouvernement, disait en rentrant chez lui : « Il n'y a qu'un moyen de résoudre la question Romaine. Mettez tous les laïques à la porte et ne laissez que les prêtres. »

C'est une mesure un peu violente, et j'imagine qu'on pourrait atteindre le même but par un autre chemin. Donnons l'Italie aux Italiens et Rome au pape. La ville éternelle ne sera peuplée que de gens tranquilles et résignés d'avance à une douce servitude : cardinaux, prélats, prêtres, moines, princes, clients, fournisseurs, laquais. Total, cinquante ou soixante mille individus, qui ont tous érigé l'obéissance à la hauteur d'un principe. Ajoutez une population flottante de vingt mille étrangers qui viendront voir les ruines enfermées dans cette ruine.

---

Les cardinaux romains ne sortent guère à pied dans la ville ; leur grandeur les attache au carrosse. Ceux qui éprouvent le besoin de faire un peu d'exercice vont à la villa Borghèse, ou plutôt dans un jardin désert qui s'étend derrière le Colysée. Je ne me souviens pas d'en avoir vu marcher un seul au Pincio, mais on y rencontre plus d'un prélat de bonne mine qui se promène le jarret tendu, le bas bien tiré, suivi de ses laquais.

---

On m'assure que les cardinaux ne peuvent mettre le pied dans une église sans un certain cérémonial. Il suit de là que si un cardinal était tenté d'ouvrir la porte et d'aller faire sa prière comme un simple fidèle, l'étiquette lui barrerait le chemin.

---

La valetaille de Rome, pleine de respect pour les cardinaux, est un peu blasée sur la dignité épiscopale ; c'est qu'il y a une multitude d'évêques dans la ville. On raconte que, dans une de ces cérémonies qui attirent la foule, un suisse de paroisse repoussait les gens à coups de hallebarde. « Prends garde ! lui cria un laquais ; tu vas assommer Son Éminence !

— Pardonnez-moi, dit le suisse en se prosternant devant le cardinal ; je croyais que c'était un évêque ! »

---

Lorsqu'un cardinal passe en carrosse devant un poste militaire, le poste sort et lui présente les armes. Le cardinal salue sans toucher à son chapeau, en soulevant légèrement la glace de sa voiture. Les simples prélats saluent de la même façon.

Un pensionnaire de l'Académie de Rome, que je pourrais nommer, va visiter la manufacture de mosaïques. Dans un des ateliers de l'établissement, il voit un prélat qui se promène le chapeau sur la tête. Il en conclut qu'on peut rester couvert, et il se couvre. Le prélat vient à lui et d'un revers de main lui fait tomber son chapeau. Cette anecdote est de 1858.

---

On ne fait plus de miracles à Rome, ni dans l'État pontifical. Quelques zélés essayent de temps à autre, mais le saint-office les arrête court.

Une jeune fille morte à l'hôpital Saint-Jean conserve quelque temps la figure vermeille. Mgr Tizani crie au miracle. L'inquisition lui commande de se taire.

A Sezza, il y a quatre ou cinq ans, une jeune sainte dirigée par deux prêtres se mit à prédire l'avenir. Le peuple rit de ces prophéties; le gouvernement emprisonne la pythonisse et ses deux directeurs.

Il y a trois ans une jeune fille extatique attira la foule à un mille de Rimini. Deux ecclésiastiques disaient la messe dans sa chambre; elle prophétisait assez couramment. Mais trois dominicains accoururent de Rome. On fit cesser le miracle; on instruisit l'affaire, et à la suite d'un procès qui dura trois ans, la jeune fille et ses magnétiseurs prirent le chemin des galères.

Peut-être faut-il se féliciter que le miracle si lucratif de la Salette se soit produit en France. Le saint-office de Rome est plus sévère que le clergé de Grenoble, ou plus prudent. Il a peur du scandale et s'en tient aux vieux miracles.

---

La loi, ou du moins l'usage de Rome, permet au pauvre de voler un pain dans la corbeille du boulanger, s'il a faim.

J'ai vu de malheureux affamés qui n'usaient pas de ce privilége. Un paysan d'une cinquantaine d'années se promène le long du Cours, regardant à droite et à gauche, d'un air indifférent. Au coin d'une rue adjacente, il avise un énorme trognon de chou au milieu d'un tas d'ordures; il y court, le prend et le mange avec une avidité terrible à voir.

Attendez! Lorsqu'il fut rassasié, ou dégoûté, il jeta son reste. Un jeune gars de vingt ans qui le suivait depuis quelques minutes, ramassa ce reste et le dévora.

Voilà des observations que le touriste ne saurait faire. Il faut le temps, l'occasion et un certain genre de curiosité.

---

Les femmes Turques dorment toutes coiffées et les Grecques tout habillées. Les Romaines, leurs maris, leurs enfants, dorment tout nus. A Paris, il est malpropre de coucher avec des bas; à Rome, il est malpropre de garder la chemise.

Une dame française m'avait chargé d'un petit cadeau pour sa sœur de lait, mariée à un serrurier du Borgho. J'y vais le dimanche matin vers sept heures. Je frappe : « *chi è?* » répond une voix d'homme. J'expose mon affaire. « Excusez-moi, répondit-il; je ne suis pas habillé. — Qu'est-ce que cela me fait? — Entrez alors. »

J'entre. Il était nu comme un ver, et faisait de grandes révérences. Il me conduisit ainsi jusqu'à sa femme qui était au lit dans le même ajustement. Je lui remis la montre d'argent que j'avais pour elle. Elle poussa des cris de joie.

A ce bruit, quatre oiseaux sans plumes se levèrent à mi corps au-dessus d'un lit voisin. C'était les enfants de la maison; deux garçons et deux filles.

---

Récit d'un artiste de mes amis, garçon de bonne foi et incapable de mentir.

« Quand je courais la montagne pour étudier le costume, j'avais mon quartier général au village de.... Le plus souvent j'étais guidé dans mes promenades par un bonhomme d'ermite qui quêtait le long du chemin. C'était un digne homme, et assez utile à ses concitoyens, car il savait arracher les dents. Un soir, nous arrivons ensemble au hameau de.... Pas d'auberge; nous entrons chez un paysan. Hospitalité foudroyante! J'entends deux cris : *mê* et *couic!*

*Mê*, c'est un chevreau qu'on égorge ; *couic*, c'est un poulet à qui on serre le cou dans un tiroir. Après souper, le paysan me fait un lit dans la chambre. « Toi, dit-il à l'er-« mite, tu coucheras bien avec nous. » Il était marié. Je me couche, il en fait autant, après avoir éteint la lampe : la femme sur le devant, le mari au milieu, l'ermite au fond ; tous les trois dans le costume national. Le matin, avant le jour, j'entends un peu de bruit : c'est le paysan qui se lève pour aller à ses travaux. Il rentre sur les huit heures pour apprêter le déjeuner.

« Nous partons ; je veux payer. Le paysan se défend tout de bon. J'insiste, il se désole. Enfin il dit à l'ermite : « Puisque ce monsieur ne veut pas que je vous aie donné « l'hospitalité pour rien, prends tes outils et arrache-moi « une dent. J'en ai une ici qui se gâte. Elle ne me fait pas « mal, mais il faudrait l'ôter un jour ou l'autre. »

---

Le peuple des villes et des campagnes et généralement tout le petit monde de ce pays aime les fleurs. Il y a bien peu de paysans qui n'entretiennent autour de leur vigne une haie de roses. Les femmes du commun mêlent des fleurs à leurs cheveux ; le cultivateur qui revient du travail attache un bouquet à son chapeau. Les amoureux persécutés correspondent entre eux par quelques fleurs semées sur le chemin : c'est une écriture en règle où chaque rameau dit quelque chose. Dans un village voisin de Rome, les processions sont exercées à dessiner, tout en marchant, un riche tapis de fleurs.

Il n'y a pas plus de vingt ans que la noblesse romaine se distinguait du vulgaire par un dégoût aristocratique pour la puanteur des fleurs, *la puzza de' fiori.* Ce qui m'étonne, c'est que dans un pays où toutes les odeurs naturelles, même les plus désagréables, sont supportées patiemment, on ait fait une exception contre les roses, les violettes, les héliotropes.

Depuis quelques années le beau monde se convertit à des goûts plus naturels. J'ai vu à la villa Borghèse une exposition d'horticulture qui dénote un progrès évident. Mais si vous parcourez les jardins du siècle dernier, vous verrez que les fleurs étaient exclues du plan primitif. On n'y voulait que des gazons, des buis, des lauriers, des chênes verts, des cyprès, des pins parasols et beaucoup de pierres de taille.

---

Il n'y pas à Rome un établissement de bains un peu confortable. Les étrangers se baignent à l'hôtel et les grands seigneurs dans leur palais. Une grande partie de la population se prive de ce petit plaisir, qui d'ailleurs coûte fort cher.

On lave les morts à l'eau chaude. Que de Romains n'ont eu que ce bain-là !

« Pour qui me prenez-vous ? répondait une jeune Romaine ; je suis honnête fille, je ne trempe pas mon corps dans l'eau. »

Un bain public un peu propre et mis à la portée de tout le monde exciterait le même étonnement que l'éclairage au gaz, la pose du télégraphe électrique, la première locomotive de Frascati, ou les premières poupées tournantes qui ont attiré la ville entière devant un perruquier du Cours.

---

Chacun sait que dans l'État pontifical un homme marié ne peut arriver à rien. Il n'y a d'avenir que pour les célibataires. Cependant la nature a tant de force que les Romains de toute condition se marient jeunes. Ce peuple vit simplement. Ses maîtres lui permettent peu d'ambition, peu de plaisirs et peu d'idées : il s'adonne à la reproduction et Dieu bénit ses efforts. De là cette fourmilière d'enfants qui couvre le pavé de Rome.

Le souverain, c'est-à-dire le clergé, ne tolère pas ces unions libres qui abondent malheureusement chez nous. Lorsqu'une fille et un garçon vivent en communauté, la police les guette, les surprend, amène un prêtre et leur inflige la bénédiction nuptiale.

De telles surprises vous paraîtront invraisemblables; elles seraient impossibles dans un pays régi par des lois; mais souvenez-vous qu'il n'y a pas de lois à Rome. Le mariage n'y est pas un *acte*, mais un sacrement. Les registres de l'état civil sont tenus, et assez mal tenus, par les curés. En matière de naissance, de mariage et de mort, le certificat du curé est la seule pièce qui fasse foi.

---

Si le clergé marie les gens malgré eux, les époux, par un autre genre d'abus, peuvent extorquer la bénédiction nuptiale et forcer la main du curé. Que deux jeunes gens aient résolu de s'unir sans le consentement de leur famille, ils se rendent chez un prêtre, le surprennent au saut du lit. L'un dit à voix haute et intelligible : « Voici ma femme, » l'autre : « Voilà mon mari ; » Et si le prêtre a entendu les deux phrases, il est obligé de bénir les deux époux. Le tour est fait, le mariage demeure aussi indissoluble que si les maires des vingt arrondissements de Paris y avaient passé. L'autorité pourra sévir contre les délinquants, mettre le garçon sous clef pendant quinze jours, emprisonner la fille dans un couvent pour un mois ; mais lorsqu'ils auront payé leur dette à la justice, rien ne les empêchera plus de consommer le mariage.

Un bonhomme de curé, dans une paroisse de la banlieue de Rome, s'était laissé prendre au piége et avait marié deux enfants malgré lui. Son évêque le soupçonna de s'être laissé corrompre et le punit d'un mois de retraite. L'année suivante, ses paroissiens lui tendirent le même piége ; mais il ne s'y laissa plus attraper. On l'éveille la nuit pour porter le sacrement à un malade *in extremis*. Il s'habille à la hâte, allume sa lanterne et court à une maison isolée : c'était là que les amoureux l'attendaient. Mais il fut bientôt sur ses gardes, et lorsqu'il vit à quelle sorte de malades il avait affaire, il se boucha les oreilles, chanta, dansa, tourna sur lui-même, gagna la porte et prit la clef des champs, sans avoir entendu les deux phrases sacramentelles.

Il y a dans ce moment à Rome une jeune paysanne du royaume de Naples que tous les artistes connaissent sous le nom de Stella. Le public de Paris, sans l'avoir jamais vue, connaît bien sa figure et son costume, car elle a posé pour plus d'un peintre français. Stella est très-jolie et très-sage ; elle circule impunément dans tous les ateliers sans autre chaperon que sa petite sœur Gaetana. Ces deux enfants (l'aînée a dix-huit ans, la cadette neuf ou dix) gagnent ensemble une douzaine de francs par jour à faire le métier de modèle. Elles *posent* la tête et le costume. C'est un travail très-pénible, surtout dans les premiers temps. L'immobilité absolue du corps dans une attitude commandée devient accablante au bout d'une demi-heure, et j'ai vu des modèles inexpérimentés tomber comme une masse inerte au milieu de la séance.

Stella, je vous l'ai dit, est d'une sagesse irréprochable. Cette jeune fille, qui ne sait pas lire, qui n'a reçu aucune éducation morale, qui vit tout le jour au milieu des garçons et qui entend les conversations les plus variées, n'a jamais donné prise à la critique. Elle fait son métier en conscience, amassant écu sur écu, jusqu'au jour où elle sera assez riche pour acheter dans son village une maison et un mari. Ces montagnards du midi sont les Auvergnats de l'Italie.

Malheureusement le village de Stella est en puissance de curé. Le curé a peur que Stella ne se perde à Rome ; il en écrit à l'évêque de la province, qui écrit au prélat chargé de la police pontificale. Ordre à Stella de déguerpir ou de se marier. Les peintres poussent les hauts cris, on fait agir de hautes influences; on obtient un mois de répit. Mais le curé, l'évêque et la police reviennent à la charge. On trouve un mari pour Stella. C'est un butor des mêmes montagnes, laid, stupide et fainéant. Il se croise les jambes chez un tailleur, mais il se croisera les bras dès qu'il sera le maître d'une femme qui gagne de l'argent. L'affaire en est là. Stella pleure. La petite Gaetana promet de tuer l'homme.

———

Vous me demanderez pourquoi ces honnêtes ecclésiastiques se font un devoir de marier une pauvre fille qui ne gêne personne? Est-ce amour de la vertu? Non, c'est l'horreur du scandale. La vertu n'est pas plus commune à Rome que dans les autres capitales de l'Europe ; mais le scandale y est mieux étouffé. La police ne permet pas qu'une fille ait un amant, il y aurait scandale; mais une femme mariée peut faire commerce de sa personne : le pavillon couvrira la marchandise.

———

Et les maris, que disent-ils? C'est selon. Je rencontre chez un peintre de mes amis une jeune femme qui n'était pas là pour se faire peindre. Nous causons. Elle m'apprend qu'elle est mariée à un cordonnier de la rue F...; elle se loue de son mari, de sa belle-mère, de ses enfants. « Mais, lui dis-je, que penserait votre mari s'il savait ce que je viens d'apprendre? — Lui ? il ne trouve pas mauvais que j'aille gagner un peu d'argent chez des personnes de qualité (*persone di garbo*). Ah ! si je me laissais aller avec quelqu'un de notre monde, il me tuerait. » Comprenez-vous? D'un côté, la misère; de l'autre, la vanité. Le sens moral? absent.

Voici un trait plus original. Un jeune homme de Lyon, chargé de représenter une maison de commerce, s'arrête à Rome et prend un logement dans le voisinage de la poste. Il reçoit la visite d'un entremetteur. Ces messieurs pullulent dans la ville, et lorsqu'on leur donne cinq francs, ils vous baisent la main. Mon Lyonnais, l'entremetteur aidant, prend une maîtresse. Elle était mariée à un postillon fort honnête homme, et beaucoup plus jaloux que le cordonnier de la rue F.... Si elle donnait quelques coups de canif dans le contrat, c'était à l'insu du mari. Le Lyonnais fut prudent par nécessité. Il n'allait jamais chez sa maîtresse que lorsqu'il avait vu le mari sortir à cheval de la cour des postes. Il savait alors que la longueur du relais et la nécessité du service lui assuraient cinq ou six heures de parfaite sécurité. Un jour pourtant il fut pris. Le mari s'était bien mis en route en faisant claquer son fouet; mais à moitié chemin il s'était senti indisposé. Un camarade qui revenait à Rome avait changé de chevaux avec lui. Bref, il rentra au logis sans être attendu, et son premier mouvement fut de tirer le couteau. Le Lyonnais s'expliqua, pria, raisonna, fit valoir sa qualité de Français, offrit en indemnité les cinq ou six écus qu'il avait sur lui. On finit par accepter ses raisons et son argent. « Habillez-vous, dit l'homme, mais si jamais vous racontez ce qui s'est passé aujourd'hui, si vous m'exposez aux railleries des personnes de ma classe, je jure de vous tuer, fussiez-vous en France et au pied des autels. Bon voyage!... ou plutôt non; attendez-moi. Je vais avec vous. » Il serra son couteau dans sa poche, enferma sa femme à double tour et sortit avec le Français plus mort que vif. Le pauvre garçon recommandait son âme à Dieu, bien convaincu qu'il n'avait pas dix minutes à vivre. Toutes les fois qu'il entrait dans une rue mal éclairée, il se disait : « C'est ici. » Il arriva pourtant sans encombre à sa porte, et son terrible guide prit poliment congé de lui. « Ah çà ! dit le jeune homme étonné de vivre, pourquoi avez-vous pris la peine de me ramener à domicile? » Le Romain répondit avec une bonhomie sublime : « La ville n'est pas sûre, et je craignais qu'il ne vous arrivât malheur. »

Le héros de cette aventure (c'est le Français que je veux dire) est aujourd'hui marié, père de famille et chef d'une des premières maisons de Lyon. Il n'a plus rien à craindre du couteau des postillons romains, et pourtant lorsqu'il raconte son histoire, il baisse la voix d'un ton et regarde machinalement si la porte est close.

---

J'ai connu un officier français, fort beau garçon, ma foi ! qui s'était logé en garni chez une belle femme de Rome. Le mari, domestique chez un cardinal, gagnait une cinquantaine de francs par mois ; la femme faisait le reste. Chose singulière ! cette créature avait conçu une véritable passion pour son amant. Elle lui faisait parfois des scènes de jalousie, et l'arrivée du mari ne lui fermait pas la bouche. « Pour Dieu ! disait le pauvre homme, laissez-moi donc souper en paix ! Si vous ne pouvez vivre sans vous quereller, n'avez-vous pas toute la journée à vous ? »

La même femme avait un fils, un petit garçon de dix ans. Elle ne songeait pas à se cacher de lui. Du reste, l'enfant lui baisait la main tous les soirs, et elle lui donnait sa bénédiction.

---

Le peuple de Rome a des délicatesses de langage inouïes et des brutalités incroyables. Il ne dira pas un cochon, mais un *animal noir*, par euphémisme. En revanche, il traite hardiment de cochon tout homme qui lui déplaît. Un maçon qui entre au cabaret appelle le marchand de vins *monsieur le patron*, sa femme, *madame l'épouse*, son garçon, *monsieur le premier*, *monsieur le principal*. Mais si vous agacez une petite fille de quatre ans, elle vous dira des injures qui saliraient la bouche d'un équarrisseur.

---

Je me suis trouvé dans une voiture avec un bourgeois de cinquante ans et une fort jolie personne qui était sa fille. Au premier relais, le père dit à la demoiselle : « Veux-tu descendre? — Non, papa. — Si tu avais quelque petit besoin à satisfaire, tu aurais bien tort de te gêner. Ces messieurs te le diront comme moi; tu aurais tort. — Merci, papa. J'ai pris mes précautions avant de partir. » O nature! J'ai adouci les mots en traduisant.

---

Ce même bourgeois, s'il écrivait à son compère, ne manquerait pas de mettre sur l'adresse : au très-illustre, au très-estimé seigneur Bartolo.

---

Dans la banlieue de Rome, les vignerons nous appellent Excellence, et nous tutoient.

---

M. de Lévis fut violemment scandalisé lorsque, en montant l'escalier du Vatican, il rencontra un domestique qui tendait sa tabatière à un cardinal, et le cardinal qui y prenait une prise. Ces familiarités se voient tous les jours, dans une ville où les conditions sociales sont séparées par des abîmes. En visitant les fouilles de la Voie-Latine, j'ai vu le cardinal Barberini entouré de prélats, de prêtres, de domestiques en livrée : les domestiques se mêlaient à la conversation. Un laquais, beau parleur, disserta assez longuement, et le cercle se fit autour de lui. Le cardinal, qui est tout petit, tournait autour du groupe et ne voyait que le dos de ses domestiques.

Monseigneur Muti, prélat romain, descend en droite ligne de Mucius Scœvola. Quelqu'un lui demandait : « Que faites-vous le soir ? on ne vous rencontre jamais dans le monde. — Je vis chez moi. — Vous devez vous ennuyer ? — Non, nous jouons une petite partie. Je fais monter le cuisinier, et je lui rattrape deux ou trois écus. »

Cette anecdote m'a été racontée à Frascati par l'ambassadeur d'une grande puissance. M. de Martino, ministre de Naples à Rome, et les trois quarts du corps diplomatique l'ont entendue comme moi.

Dans un petit voyage que j'ai fait autour de Rome avec notre excellent M. Schnetz, j'ai remarqué que les aubergistes mettaient régulièrement quatre couverts pour notre dîner. Nous n'étions que deux; mais M. Schnetz avait son cocher et son valet de chambre, et l'on trouvait tout naturel qu'il les fît asseoir avec nous.

# XIII

## LA MORT.

Les Romains d'aujourd'hui, comme ceux d'autrefois, savent mourir. C'est une justice à leur rendre. Ils acceptent avec une indifférence philosophique toutes les nécessités de la vie, y compris la dernière. Ils meurent comme ils mangent, comme ils boivent, comme ils dorment, comme ils aiment : naturellement, simplement, familièrement.

On est frappé d'admiration lorsqu'on lit dans Tacite comme les grands citoyens de l'empire faisaient peu de façons en présence de la mort. La résignation des anciens s'expliquait par l'espérance logique et raisonnée d'un sommeil éternel; peut-être aussi par le spectacle quotidien des égorgements du cirque. La résignation des modernes s'explique par l'espoir d'une vie heureuse dans un monde idéal, et par les avertissements réitérés d'une religion qui dit : « Il faut mourir. »

Tous les sermons que j'ai entendus pendant cinq mois contenaient au moins un développement sur l'imminence de la mort. Toutes les églises devant lesquelles j'ai passé étaient placardées de ces affiches sinistres où l'on voit d'un côté les armoiries de quelque défunt, de l'autre un squelette hideux avec cette devise : *Hodie mihi, cras tibi.* Ton tour viendra !

« J'ouvre les portes du ciel et de l'enfer;
« Pour le juste je suis la vie, pour le pécheur je suis la mort. »

---

J'ai vu même à Velletri, devant l'atelier d'un maréchal, le squelette d'un cheval représenté sur l'enseigne, comme pour apprendre aux animaux qu'ils ont à mourir.

Pourquoi pas ? Les animaux eux-mêmes ont un devoir religieux à remplir, dans ce singulier royaume. Ils vont tous les ans prendre l'eau bénite, le jour de la Saint-Antoine.

---

Je reviens à l'espèce humaine. Le lendemain de la Toussaint, dans toutes les églises, on représente quelques scènes de l'Écriture, comme la mort de Jacob ou les funérailles de David. Les personnages sont en cire depuis quelques années; il n'y a pas bien longtemps qu'on employait de vrais cadavres, choisis dans les hôpitaux. A cette occasion, les religieuses envoient dans tous les palais des bombons appelés *os de morts*, où la moëlle est simulée par des confitures. Étrange expédient pour nourrir les Romains de la pensée de la mort !

Qui n'a pas vu, sur la place du palais Barberini, cet

appartement des Capucins où tout est mort, même le mobilier? C'est un rez-de-chaussée de huit ou dix pièces sur la cour. Je me suis arrêté à regarder l'intérieur, un jour que toutes les fenêtres étaient ouvertes pour aérer le local. Le meuble est uniforme et les locataires sont uniformément vêtus. La boiserie est un lacis d'ossements. Sur les lits de repos ménagés dans le mur, reposent des squelettes de capucins, dans leur froc; l'un a conservé la peau, l'autre la barbe. Des guirlandes de vertèbres égayent la nudité des murs. L'imagination capricieuse des moines s'est livrée à mille fantaisies funèbres : cubitus entrelacés, faisceaux de radius, corbeilles d'omoplates, bassins suspendus en forme de lustres avec des bobèches découpées dans la calotte des crânes. Le sol de chaque pièce couvre une quinzaine de capucins, couchés sur deux rangs en bon ordre. La terre qui les revêt directement, sans cercueil, est une terre miraculeuse, rapportée des croisades, dit-on. En réalité, c'est une sorte de pouzzolane mélangée d'arsenic, qui a la vertu de dévorer les chairs en quelques jours. De cette pouzzolane au bûcher antique, il n'y a pas loin.

Nous avons une caserne dans le même couvent. Nos soldats fument tranquillement leur pipe dans la cour, devant ces fenêtres ouvertes.

L'église de la *Bonne-Mort* a son caveau, décoré dans le style funèbre comme le couvent des Capucins. On y conserve aussi élégamment que possible les os des noyés, asphyxiés et autres victimes des accidents. La confrérie de la *Bonne-Mort* va chercher les cadavres; un sacristain assez adroit les dessèche et les dispose en ornements. J'ai causé quelque temps avec cet artiste : « Monsieur, me di-

sait-il, je ne suis heureux qu'ici, au milieu de mon œuvre. Ce n'est pas pour les quelques écus que je gagne tous les jours en montrant la chapelle aux étrangers; non; mais ce monument que j'entretiens, que j'embellis, que j'égaye par mon talent est devenu l'orgueil et la joie de ma vie. »
Il me montra ses matériaux, c'est-à-dire quelques poignées d'ossements jetés en tas dans un coin, fit l'éloge de la pouzzolane et témoigna de son mépris pour la chaux. « La chaux brûle les os, me dit-il, elle les fait tomber en poussière. On ne peut rien faire de bon avec les os qui ont été dans la chaux. C'est de la drogue (*robbaccia*). »

---

Les enterrements sont à Rome de véritables spectacles. Le soleil couché, à l'heure de la promenade, vous trouvez le Cours envahi par une armée de capucins. Deux ou trois confréries s'avancent en longues files vers un palais ouvert; entrez hardiment avec la foule. La civière, entourée de quelques torches, attend le corps. Le suisse du palais se carre à la porte en grand costume. Voici le mort, descendu à bras. On l'installe sur un brancard; on le couvre de drap d'or ou d'argent; quatre portefaix déguisés en membres de la confrérie le prennent sur les épaules, et en avant! La procession des capucins se met en marche en allumant ses cierges qui éclairent toute la rue; les confréries viennent ensuite, puis les prêtres, puis le corps, puis deux caisses pleines de cierges, puis les voitures du défunt, toutes vides. Que cherchez-vous des yeux? Les parents? Les amis? Ils n'y sont point. Les parents ont fait les frais du spectacle ; les amis en jouissent comme vous. Ils sont là, dans la foule, le cigare à la bouche ; ils regardent le défilé des capucins.

Le long du cortége, galopent cinquante ou soixante gamins, armés de cornets de papier. Ils recueillent la cire qui tombe des cierges, et ils ne se font pas faute d'en casser un morceau à l'occasion. Arrivés devant l'église, ils roulent la cire en boulettes, et jouent entre eux ce butin de leur soirée. Tandis qu'ils se querellent et s'arrachent les cheveux, le corps est mis dans un coin, sans beaucoup de cérémonie, et chacun retourne chez soi.

On s'arrange toujours pour faire passer les beaux enterrements par le Cours, le mort fût-il logé à l'autre bout de la ville. La fureur de paraître !

Si quelque famille a la douleur de perdre une fille jolie et pas trop décomposée, on sollicite et l'on achète la permission de l'enterrer à visage découvert. On la farde, on la montre, on fait parler d'elle et de soi durant vingt-quatre heures. C'est un joli succès.

Les nobles portent le deuil ; un deuil d'apparat, qui les distingue du peuple. Le monde moyen et les petites gens ne changent rien à leurs habits. Un bourgeois se mit en noir à la mort de sa mère, et j'entendis à ce propos la réflexion suivante : « Autrefois le deuil n'était que pour les princes ; voici maintenant les vassaux qui s'en mêlent. Où allons-nous ? » Remarquez le mot de vassaux.

Dans l'aristocratie, un cadet est tenu de porter le deuil de son aîné. L'aîné porte le deuil du cadet, si tel est son bon plaisir.

Les *lettres de part* sont un usage nouveau, qui aura de la peine à s'établir. Pourquoi? Parce que le lendemain des funérailles le mort est oublié. Il est en paradis, Dieu a reçu son âme; on n'en parle plus. Les visites de condoléance sont de mauvais goût. Il est malséant de rappeler aux gens la perte qu'ils ont faite.

Un Français a dansé quelquefois dans une maison de Rome. Il apprend la mort du père et croit devoir une visite à la fille. On lui parle de la pluie et du beau temps; il aborde d'assaut le triste sujet qui l'amène. « Madame, dit-il, j'ai pris une grande part à la douleur que vous avez ressentie. Vous savez si j'aimais ce pauvre comte!

— Enfin! dit l'orpheline avec un léger soupir. Il était bien vieux.

— Oui, madame, mais comme il avait conservé dans ce grand âge l'exercice de ses facultés! Quel esprit jeune, quel caractère entier!

— Oui, si entier qu'il nous rendait quelquefois la vie bien dure!

— Ah! c'est ainsi! reprit le Français sur un tout nouveau ton. Je ne le disais que par politesse et pour vous faire plaisir. Mais je m'en moque au fond du cœur. Je ne vois pas pourquoi la mort de votre père me ferait plus de peine qu'à vous. Il est parti; bon voyage! »

---

Les morts de qualité sont enterrés dans les églises. C'est un usage malsain; Voltaire l'a tant dit et tant crié que la loi française a fini par y mettre ordre. La loi romaine ne veut pas non plus qu'on entretienne sous chaque église un foyer de pestilence. Mais ici les abus ont plus d'autorité que les lois. Il est défendu d'enterrer les gens moins de vingt-quatre heures après leur mort : j'ai vu de mes yeux porter en terre deux personnes qui avaient rendu l'âme dans la journée. Il est défendu d'enterrer dans les églises : je puis certifier que dans la petite ville de Forli, entre 1830 et 1858, cette loi a été violée mille quatre cent trente-cinq fois. J'ai relevé le chiffre moi-même sur les registres officiels.

Le clergé romain est intéressé à faire un charnier de tous les temples : il fait payer une surtaxe pour violation de la loi.

———

Forli est une petite ville de 17 000 âmes ; Rome en compte plus de 170 000. Calculez la quantité de chair humaine qui doit s'entasser sous les églises de Rome !

Cependant nous avons construit pour les Romains le cimetière de Saint-Laurent hors les murs. C'est un travail de 1811. Nous l'avons fait à la romaine, car il fallait bien se conformer aux habitudes du pays.

Figurez-vous une enceinte carrée, pavée et enclose de murs. Quatre cents larges dalles, disposées en quinconce, ferment quatre cents caveaux ou silos de quatre mètres cubes chacun. Tous les soirs on lève une dalle, un omnibus apporte les morts de la journée, et on les enfourne là-dedans l'un après l'autre. La chaux et les rats dévorent tout en moins d'un an, et ainsi l'on ne manque jamais de place.

———

M. de Tournon nous raconte que, de son temps les Romains enterraient les morts dans un simple linceul. On économisait ainsi : quatre planches de sapin.

Cette coutume s'est elle conservée à Rome; je ne sais. Quelques personnes m'assurent que non, mais il m'est difficile de les croire. Les silos de Saint-Laurent et l'emploi de la chaux vive s'accorderaient mal avec l'usage du cercueil.

Ce que je puis affirmer, c'est qu'à Bologne les pauvres sont enterrés sans bière, dans un fossé que le jardinier ouvre avec la bêche, comme pour planter des pommes de terre. C'est le jardinier, ou fossoyeur de cet admirable *campo santo* qui me l'a dit.

---

On voit à Rome, aux environs de la pyramide de Cestius et à deux pas de la poudrière, un champ de repos ombragé de quelques arbres et orné de quelques fleurs. C'est le cimetière des *acatholiques*. Les Romains appellent ainsi, par un effort de tolérance, les étrangers hérétiques ou schismatiques que l'Église damne, mais que le gouvernement n'ose pas mettre à la porte. Les Russes, les Anglais, les Allemands de l'Allemagne pensante reposent côte à côte dans cette douce et mélancolique retraite. Il y a là bien des artistes qui étaient venus chercher à Rome le talent et la gloire et qui n'y ont trouvé que la fièvre. Presque toutes les inscriptions répètent cette formule pleine de tristesse : *Ici repose loin de sa patrie....* Presque tous ceux qui dorment là ont pu dire en mourant, comme le Siegfried de Niebelungen : « Ma mère et mes frères vont m'attendre longtemps ! »

Une fantaisie du hasard a réuni dans un même coin le fils de Gœthe et le fils de Charlotte, Auguste Kestner, ministre de Hanovre, né en 1778, mort le 5 mars 1853.

Vous y trouverez les cendres de Percy Bysshe Shelly, l'ami de Byron, cœur des cœurs, *cor cordium*, dit l'inscription ; et Keath, ce jeune poëte désespéré qui a fait graver sur son tombeau cette épitaphe déchirante :

<pre>
            THIS GRAVE
       CONTAINS ALL THAT WAS MORTAL
                OF A
          YOUNG ENGLISH POET
                WHO
            ON HIS DEATH BED
       IN THE BITTERNESS OF HIS HEART
    AT THE MALICIOUS POWER OF HIS ENEMIES
              DESIRED
  THESE WORDS TO BE ENGRAVED ON HIS TOMB STONE
            HERE LIES ONE
     WHOSE NAME WAS WRITTEN IN WATER.
                THE
            FEB. 24, 1821.
</pre>

Toute l'amertume d'un orgueil blessé n'est-elle pas concentrée dans ces derniers mots : Ci gît un homme qui a écrit son nom sur l'onde !

A l'entrée de ce cimetière on trouve un petit pavillon très-propre où brille la régularité méticuleuse de l'Angleterre. J'y ai lu :

1° Le tarif des frais de sépulture ;

2° Le catalogue des objets précieux confiés à la garde du concierge ;

3° Les noms des morts, encadrés comme ceux des locataires à la porte d'un hôtel meublé.

———

Le médecin communal d'un village de trois mille âmes (province de Frosinone) m'a donné les détails suivants que je ne prends pas sous ma responsabilité :

« L'autorité pontificale veut que nous prescrivions les sacrements au malade dès la seconde visite que nous faisons chez lui. Mais je connais trop bien les sauvages de ces montagnes pour me conformer à la loi. Dès qu'un des leurs a reçu les sacrements, ils ne songent plus qu'à l'enterrer au plus tôt. Ils cessent tout traitement, renferment les potions dans l'armoire, arrachent les cataplasmes et les vésicatoires. Si le patient demandait un verre d'eau, ils seraient gens à lui répondre : Tu boiras en paradis.

« En revanche, ils vont acheter les cierges pour les funérailles et demandent au malade s'il trouve qu'on fait bien les choses. Ils lui apportent les planches de la bière, pour lui prouver que le sapin est de choix ; ils lui prennent mesure de la chemise funèbre qu'il doit emporter dans l'autre monde ; ils mettent l'eau sur le feu pour le laver dès qu'il sera mort. Ces préparatifs ne vont pas sans beaucoup de compliments de condoléance et d'exclamations attendrissantes : « Mon pauvre père ! mon malheureux « frère ! mon infortuné cousin ! » Dès que l'agonie commence, le village entier accourt dans la chambre et reste jusqu'à la mort. Ainsi l'ordonne la politesse. De minute en minute, on jette de l'eau bénite sur la tête du patient pour chasser les esprits. A chaque convulsion, les parents se précipitent sur le corps en poussant de grands cris ; il ne faudrait rien de plus pour tuer un homme sain. Les moins délicats profitent de ces occasions pour détacher une bague ou une boucle d'oreille. Le jeune homme que vous voyez là-bas sur le seuil de sa boutique, est venu au lit de mort de son père avec certaine fausse clef dans la poche. Le vieillard expiré, ce fils a témoigné une douleur si violente que personne n'a pu l'arracher de la maison. Il est resté seul, et il a pillé la cassette du mort au détriment des autres héritiers.

« J'ai vu les derniers sacrements produire un effet bien curieux sur un de mes malades. Il avait eu la veille une crise un peu forte, qui devait décider sa guérison. Mais la famille, le voyant plus mal qu'à l'ordinaire, l'avait fait administrer dès le matin. Je trouve mon homme sur le dos, un crucifix dans une main, une madone dans l'autre. Il pressait les saintes images sur son cœur et montrait le blanc de ses yeux.

« Hé bien ? lui dis-je.

« — Hélas ! cher docteur, vous voyez : c'est fini.

« — Pourquoi ? Te sens-tu plus mal ?

« — Je ne sais pas ; mais c'est fini.

« — Donne-moi la main, que je te tâte le pouls ! Par-
« bleu ! tu n'as plus de fièvre !

« — C'est égal, allez ; tout est fini.

« — Montre-moi ta langue : elle est magnifique !

« — J'en suis bien aise pour vous, mon bon docteur ; « mais pour moi, c'est bien fini. »

« Cette consultation *in extremis*, donnée à un homme qui se portait bien, fut interrompue à vingt reprises par les beuglements de la famille et des amis. Il me fallut employer la force pour mettre les braillards à la porte et le malade sur son séant : il était à moitié guéri. Deux jours après, il mangeait une livre de viande ; le dimanche suivant, il se promenait dans la chambre en répétant : « Vous « avez beau faire, docteur, quand un homme a reçu les « sacrements, on peut dire que tout est fini. » Au bout de huit ou dix jours, il retourna tout dolent à ses oliviers et à sa vigne. L'appétit et la force lui étaient revenus. Il mangeait la pitance d'un tigre et faisait la besogne d'un bœuf. Mais il n'était pas encore bien convaincu de sa résurrection, et j'avais besoin de lui faire sentir quelques coups de poing dans les omoplates pour lui prouver que tout n'était pas fini.

« Si le malade meurt, toutes les personnes présentes crient et pleurent à la fois : c'est un devoir de bienséance. Après quoi l'on va chercher la confrérie des Ames du Purgatoire. L'usage veut qu'on joue une petite comédie à l'arrivée de la civière. Une femme de la maison s'oppose à l'enlèvement du corps. On la raisonne, on la persuade, et elle laisse faire. Quelquefois le corps est encore chaud, car la prescription des vingt-quatre heures n'existe que dans la loi. Les parents et les amis accompagnent le corps à l'église, où on le laisse en dépôt jusqu'à la nuit. Point de service funèbre ; pas plus qu'à Rome, et c'est tout dire.

Le plus proche parent du défunt emmène tous les assistants avec lui et les console de son mieux. J'ai vu des orphelins si parfaitement consolés qu'ils rentraient chez eux sur la tête. »

Si l'auteur de cette relation a exagéré les travers de ses concitoyens, je le mets sur sa conscience. Mais ce que j'ai vu dans le pays me porte à croire qu'il disait vrai.

---

Romains, mes chers amis, je vous aime sincèrement, parce que vous êtes opprimés. Mais je pense que toutes les vérités sont bonnes à dire, et je raconte sans périphrase tout ce que j'ai vu et entendu en traversant votre admirable pays. S'il m'arrive de citer quelque trait d'ignorance ou de barbarie, gardez-vous de supposer que je vous traite d'ignorants et de barbares, ni que j'écris ce livre contre vous. Je n'en veux qu'aux précepteurs du peuple, qui l'élèvent mal et que nous changerons un jour, s'il plaît aux dieux.

# XIV

## LES BÊTES.

La campagne de Rome est une vaste prairie rompue en quelques endroits par la charrue. C'est la plus belle plaine de l'Europe ; c'est aussi la plus fertile, la plus inculte et la plus malsaine.

Les six dixièmes de ces précieux terrains sont propriétés de mainmorte. Trois dixièmes appartiennent à des princes. Le dixième restant se partage entre divers particuliers.

Les terres des établissements religieux et celles des princes sont affermées en grand à de riches industriels qu'on appelle marchands de campagne. Le propriétaire leur confie un sol nu ; les baux sont généralement à courte échéance ; le fermier n'a aucun intérêt à construire des bâtiments, ni à planter des arbres, ni à procurer l'amélioration du sol.

Quelques-uns font du blé et obtiennent de beaux résultats. Mais le gouvernement prélève un droit fixe qui s'élève à 22 pour 100 sur la récolte. D'ailleurs les communautés religieuses ne se font pas faute d'interdire la culture des bonnes terres par une clause expresse du bail. Elles craignent que le sol ne s'appauvrisse et que le revenu des années suivantes ne soit diminué. Un autre obstacle à la culture, c'est le régime vexatoire qui autorise ou défend arbitrairement les exportations. Supposez qu'un accapareur de grains soit le maître absolu de la France et qu'il puisse à son gré fermer toutes nos frontières à la sortie du blé : aucun laboureur ne s'exposerait à produire du grain au delà des besoins du pays.

La culture du blé entraîne des dépenses énormes ; elle exige beaucoup de bras, un matériel important et un bétail considérable ; le tout en prévision d'un résultat incertain. L'élève des bestiaux occupe peu de monde et entraîne peu de dépenses. Il donne des résultats médiocres, mais à peu près sûrs. C'est l'industrie la plus compatible avec l'insalubrité de l'air, le dépeuplement du pays et le découragement des fermiers.

Une terre de 100 rubbia (184 hectares), si on la cultive en blé, emploiera 13 550 journées d'hommes et coûtera 8000 écus romains de 5 fr. 35. Elle rendra, année moyenne, 1300 mesures de froment, qui, au prix moyen de 10 écus, valent 13 000 écus : bénéfice net, 5000 écus ou 26 750 francs. La même étendue livrée au pâturage ne donne que 4000 ou 4600 francs de revenu net.

Mais c'est le pâturage qui prévaut. Parlons du pâturage.

Les chevaux romains naissent et vivent en plein air. Il n'y a point d'écuries dans ces vastes solitudes. La nuit, le jour, l'hiver, l'été, qu'il pleuve ou qu'il vente, les animaux sont à l'herbage, sous la surveillance d'un cavalier pasteur. Un étalon vit en liberté avec vingt ou vingt-cinq juments ; les poulains s'élèvent sous le ciel et ne s'en portent pas plus mal. Ils ne connaissent guère qu'une maladie, le *barbone*, qui leur vient comme la rougeole aux enfants, entre le huitième et le vingtième mois. C'est une éruption de glandes sous le cou ; pour la guérir, il suffit de quelques vésicatoires.

A l'âge d'un an, les poulains sont pris au lazzo et marqués au chiffre de leur propriétaire. A trois ans on les dompte, on les vend, on les emploie.

La race est belle et bonne. Des éleveurs distingués m'ont dit qu'elle était peu susceptible d'amélioration et que les croisements essayés jusqu'à ce jour avaient donné des résultats médiocres. Tel que la nature l'a fait, le cheval romain est de taille moyenne et de constitution robuste ; vif, rarement méchant, plein de feu, avec beaucoup de fond. On voit des animaux qui n'ont jamais mangé que de l'herbe et du foin et ne connaissent pas le goût de l'avoine, faire les mêmes miracles que le cheval le mieux entraîné.

Aussi le Piémont, la Lombardie, la Toscane, le royaume de Naples achètent leurs chevaux dans la campagne de Rome. Les Romains n'ont guère que le rebut.

Un étalon se vend de 300 à 350 écus romains; une jument de trois ans vaut de 70 à 100 écus; une belle paire de chevaux de carrosse se paye de 300 à 500 écus; un joli cheval de selle, de 80 à 150 ; un cheval de remonte, de 80 à 90. Les animaux de moindre valeur, qu'on réserve pour l'agriculture, ne coûtent que 35 ou 40 écus.

On a vu des chevaux romains de vingt-cinq ans et plus, rendre encore de bons services.

Chaque éleveur a sa race. Silvestrelli élève des chevaux bais ; Serafini est le propriétaire de la race cardinalesque ;

le prince Borghèse a obtenu par des croisements une race fort jolie, mais trop fine et de trop petite taille.

Les races les plus estimées appartiennent aux princes Chigi et Piombino, au duc Cesarini, aux marchands de campagne Silvestrelli, Titoni, Piacentini, Serafini, Senni.

---

Les cultivateurs romains ne se servent pas du cheval pour les charrois, encore moins pour le labour. Les transports sont trop difficiles et les chemins trop mauvais. Le labour exige des coups de collier formidables, puisqu'il s'agit toujours de rompre une prairie. Il n'y a que le bœuf et le buffle pour ces rudes travaux.

Mais c'est le cheval qui remplit les fonctions de batteur en grange.

La moisson terminée, on enferme dans un enclos tous les chevaux disponibles. A cent pas plus loin, sur une aire battue, on dispose les gerbes debout, l'épi en l'air. Six chevaux rangés de front s'élancent au galop et tournent en piétinant jusqu'à ce que la paille soit détachée du grain. C'est une rude besogne, sous le soleil ardent de juillet.

On vanne le blé séance tenante, on l'entasse, on le met en sacs, on l'envoie à Rome. La paille s'emporte ou se brûle sur place, selon l'état des chemins ou la proximité des villes. Le champ reste nu jusqu'à ce que les premières pluies de l'hiver y fassent pousser l'herbe. Il redevient prairie et se repose ainsi au moins sept ans.

---

J'ai demandé aux marchands de campagne pourquoi ils n'employaient point la machine à battre. Ils m'ont répondu que le plus important pour eux était de hâter l'enlèvement du grain. Ils n'ont ni granges ni abris dans la campagne; le pays est malsain; on n'a pas un instant à perdre; chaque heure de retard peut coûter la vie d'un homme. Les chevaux galopent, le grain tombe, le fermier ramasse sa récolte et s'enfuit.

---

Les Romains du siècle de Caton ne connaissaient pas ces beaux grands bœufs de couleur grise qui décorent aujourd'hui la campagne de Rome. La race indigène était petite et rousse; elle avait la corne courte. On en trouve encore des échantillons dans la montagne. C'est l'invasion des barbares qui a amené les troupeaux aux longues cornes.

Ils sont assez connus, grâce à la peinture, et je n'ai pas besoin de les décrire. Leur admirable charpente, leur ossature énorme en fait des instruments merveilleux pour le travail des champs. Un éleveur normand dirait avec raison que les Durham sont mieux faits pour la boucherie. C'est qu'en Normandie le bœuf est avant tout un instrument destiné à transformer le foin en viande.

---

Au demeurant, le bœuf et le veau qu'on mange à Rome sont d'une excellente qualité.

Le duc de Northumberland vient d'acheter à M. Titoni, marchand de campagne, quatre génisses d'un an et deux veaux du même âge, pour les transporter en Angleterre.

M. Titoni a pris à ferme 2450 rubbia de prairies (plus de 4400 hectares) pour y élever des bêtes à cornes. En bon terrain, deux vaches se nourrissent fort bien sur un rubbio.

Les belles races sont celles de MM. Rospigliosi, Graziosi, Titoni, Silvestrelli, Dantoni, Senni, Grazioli, Floridi, Serafini, Piacentini, Franceschetti, Rocchi.

---

Je ne suis pas assez connaisseur pour rendre justice aux mérites qui distinguent les diverses races romaines. Elles se ressemblent toutes au premier coup d'œil, et je crois qu'on a fait peu de chose pour les améliorer.

Cependant il vient de se fonder une société d'agriculture, et j'ai assisté à la première exposition. Le gouvernement pontifical a d'abord interdit, puis toléré cette nouveauté, qui se dissimule modestement derrière une société d'horticulture.

---

Les bœufs romains sont d'excellents ouvriers. Ils travaillent sans repos depuis le lever du jour jusqu'à midi. On prolonge leur journée jusqu'à deux heures et demie dans la saison d'hiver. Ils ne connaissent pas d'autre nourriture que le foin et l'herbe. Leur santé est robuste.

On les coupe à trois ans. On châtre aussi les taureaux de huit ans pour les engraisser et les vendre à la boucherie.

Un bœuf de trois ans, tout dompté, vaut 50 ou 60 écus. Un bœuf de onze ans s'engraisse en trois mois et se vend de 60 à 75 écus (de 300 à 400 francs.) Une belle vache de boucherie vaut jusqu'à 250 francs.

J'ai vu quatre-vingts charrues attelées de quatre bœufs labourer une même pièce de terre. J'ai vu, quelques mois plus tard, onze cents ouvriers occupés à moissonner un champ. C'est une grande industrie que la culture romaine, et il y faut des capitaux énormes.

---

La plus frappante image de la brutalité, c'est le buffle. Ses formes lourdes et comme ébauchées, son long cou, sa tête écrasée, son muffle large, ses cornes noueuses, son dos pelé, son mugissement farouche, tout nous dit que ce monstrueux habitant des marécages de l'Inde est un échappé du dernier déluge, un débris d'une création plus ancienne que la nôtre, un modèle archaïque oublié dans la refonte, un fossile vivant.

Les Italiens l'ont acclimaté chez eux depuis une douzaine de siècles. C'est un allié demi-sauvage, mais content de peu. Il s'ébat avec volupté dans les marécages les plus fétides; il se régale de joncs et de roseaux. Son plus grand bonheur est de s'enfoncer jusqu'au cou dans la vase et d'y dormir.

Il porte un anneau dans le nez, comme les caciques. C'est par là qu'on le gouverne, si toutefois il est permis de dire qu'il se laisse gouverner. Son maître l'emprunte à la nature lorsqu'il faut donner un de ces coups de collier qui épouvantent les hommes, les chevaux et les bœufs. On l'attelle à un rocher, à un arbre, à une montagne, à une forêt tout entière. Il se rue, tête baissée, allongeant son cou de serpent, roidissant ses muscles énormes. Tout cède, tout suit; il va comme une force déchaînée et renverse tout sur son passage. Arrivé, on le détèle, il retourne à sa bauge et s'y vautre.

Cette brute est douée de mémoire. Le buffle vient à l'appel de son nom. On le baptise deux fois, d'abord à sa naissance, puis à l'âge de treize mois. Son deuxième nom lui reste jusqu'à l'âge de onze ans. C'est alors qu'on le mène à l'abattoir.

Souvent il s'élève une querelle entre le buffle et son pasteur. L'animal furieux se jette sur l'homme et le tue, non à coups de cornes, mais à coups de tête. Si le gardien est dressé à ce genre d'escrime, il se couche à plat ventre en ouvrant son couteau de poche. Quand le buffle, qui n'est pas adroit, vient chercher sa victime à tâtons, l'homme lui plante six pouces de lame dans les naseaux et le monstre s'enfuit. C'est la seule raison qu'il entende. Les bâtons se brisent sur son dos comme des allumettes; un coup de fusil chargé à gros plomb lui chatouille agréablement l'épiderme.

Dans les marais pontins, c'est un troupeau de buffles qui est chargé du curage des canaux. On les pousse dans l'eau à grands coups de perche. Ils nagent, ils pataugent, ils arrachent les herbes aquatiques en dégradant les berges, et ils s'échappent enfin, chargés de limon et couronnés d'une verdure gluante.

Rospigliosi a 1400 buffles, Cesarini, 800, et Caserta, 1000. Un buffle mâle, à trois ans, vaut 35 écus ; une femelle en vaut 18 ou 20 ; un castrat se vend jusqu'à 30.

La chair de buffle est très-médiocre, mais les Napolitains s'en contentent et les juifs du Ghetto s'en régalent. A Terracine, sur la frontière des États du pape, on tue un buffle par semaine, en septembre, octobre et novembre. Les indigènes se persuadent que la chair est plus délicate quand l'animal est fatigué. On attache un long câble aux cornes de cette hideuse victime, et vingt gaillards robustes se pendent à l'autre bout. Ainsi accompagné, on lance le buffle à travers les rues, et lorsqu'il a pris un grand élan, on l'arrête court. On lui rend son essor et on l'arrête de nouveau, tant qu'il a des forces. Il ne reçoit le dernier coup qu'après avoir brisé quelques arbres, enfoncé quelques murs et estropié quelques passants.

Souvent encore on le lâche sur une place, et l'on ferme solidement toutes les issues. Les jeunes gens les plus braves sortent de chez eux pour l'agacer, et rentrent au plus vite. Certain jour, un buffle, las de se donner en spectacle, enfonça une porte cochère et monta jusqu'au deuxième étage. Rien n'était plus étrange à voir que ce comédien devenu spectateur. Le boucher seul put l'arracher de sa loge.

―――

Ces jeux cruels sont dans le goût du petit peuple. Je m'étonne qu'un gouvernement ecclésiastique n'ait jamais rien fait pour adoucir les mœurs. Sur les ponts de Rome, on voit les enfants pêcher aux hirondelles. J'ai rencontré des gamins qui lançaient des moineaux sur un olivier, comme on lance des pierres, et d'autres qui se battaient à coups de petits chats. Les oiseleurs de la Rotonde vendent au passant des chardonnerets, des verdiers et des pinsons auxquels ils ont crevé les yeux. La loi Grammont est une de celles qu'on devrait introduire ici. Mais dans combien de siècles y aura-t-il des lois à Rome?

Baste! il ne faut désespérer de rien.

---

Dans ce pays inculte qui s'étend autour de la ville, on élève de grands troupeaux de brebis. Les races sont belles. Outre l'espagnole et la bâtarde, on estime beaucoup la sopra-vissana, de Visso, près de Spolète. C'est une brebis rustique et de sang vigoureux, qui résiste admirablement aux intempéries de l'air.

La laine du pays s'exporte en France, en Suisse et en Piémont. Les fabriques du pays, autrefois nombreuses et célèbres, ne produisent plus que des draps grossiers.

Les trois premières qualités de laine se vendent de 21 à 31 sous la livre, suivant la demande. La quatrième et la cinquième, de 18 à 24 sous. La noire de 14 à 18 sous.

La livre romaine n'est que de 339 grammes.

Comme les bœufs et les chevaux, les brebis vivent constamment en plein air. Elles paissent neuf mois dans la plaine. En juillet, août et septembre, on les conduit à la montagne.

*L'animal noir* (c'est le cochon, sauf le respect que je dois à mes lecteurs) est abandonné aux petits propriétaires du haut pays. Les montagnards l'élèvent avec tendresse, car il ne coûte rien à nourrir. Il vit dans l'intimité de la famille; on fait peu de promenades sans lui. Toutes les fois qu'on va aux champs, on lui permet d'éventrer un coin de lande; on le cantonne au fond de quelque fossé. Les jeunes filles lui nouent une corde autour du corps et le promènent en laisse. J'ai vu même plus d'une fois, dans les chemins ardus qui conduisent aux villages, un bambin suspendu à la queue de son cochon, comme un navire à la poupe du remorqueur. Les notables de la paroisse vont en visite avec leur cochon, comme je sors avec mon lévrier.

Cet ami de la maison s'égorge au mois de décembre.

---

L'élève du bétail aurait droit, sinon à la protection, du moins à la tolérance du gouvernement, car il est une des sources les plus fécondes de la richesse nationale.

On m'assure que les éleveurs sont soumis à des taxes vexatoires, et qu'un bœuf avant de mourir peut payer à l'État 20 ou 30 pour 100 de sa valeur.

Les chevaux qui grandissent dans l'*Agro romano* sont soumis à une taxe de 5 pour 100 chaque fois qu'ils changent de maître. En sorte que si l'un d'eux était vendu vingt fois, le fisc et l'éleveur en partageraient le prix par moitié.

Un Romain me répondra peut-être que dans le joyeux pays de France, grâce à l'énormité des droits de mutation, le fisc peut encaisser en quatre ou cinq ans la valeur intégrale d'un immeuble. Je ne contesterai point le fait, car il est vrai.

---

Presque tous les chiffres énoncés dans ce chapitre m'ont été fournis à Rome, par un agriculteur très-honorable et très-compétent.

Le pauvre garçon, qui était très-riche, se désolait de ne pouvoir voyager. Il était honteux de ne connaître que Rome et la banlieue, et il aurait donné beaucoup d'argent pour un simple passe-port.

Ne croyez pas pourtant qu'on lui refusât ce chiffon de papier! La police sait trop bien vivre. Mgr Mateucci, vice-camerlingue de la sainte Église, directeur général de la police, l'avait renvoyé fort poliment au chef du bureau des passe-ports, mais cet honorable fonctionnaire n'y était jamais pour lui. Ce jeu dura plusieurs années.

J'apprends aujourd'hui par les journaux que mon pauvre ami a reçu son passe-port sans l'avoir demandé, comme le fils du grand orfévre Castellani et tant d'autres Romains, l'honneur de Rome. Ils ne sont pas exilés, non; mais on leur a conseillé paternellement de ne jamais revenir.

---

Ils reviendront peut-être.

# XV

## PROMENADE AU MIDI.

Je m'étais bien promis de ne pas quitter les États du pape sans avoir fait une promenade à Sonnino. On m'avait tant parlé de cette petite ville, son nom revient si souvent dans l'histoire du brigandage, les peintres ont représenté tant de fois les costumes et les exploits de ses habitants, que je voulais voir par mes yeux le pays et les hommes, et chercher s'il ne restait pas sur le sol ou dans les esprits quelques vestiges du passé. L'entreprise était difficile, non-seulement parce que Sonnino est à trois journées du Vatican et loin des routes fréquentées, mais surtout parce que j'étais étranger, et qu'un étranger en voyage ne cause guère qu'avec les aubergistes. Un excellent et respectable ami que j'avais à Rome s'offrit à me tirer d'embarras. Il promit de me conduire à Sonnino dans sa voiture, de m'y loger chez des personnes de sa connaissance, et de m'introduire dans la vie intime des habitants. Lui-même avait visité le pays vers l'an 1830 ; il était sûr d'y trouver une vieille femme, veuve d'un ou deux brigands, qu'il avait employée autrefois comme modèle, et qu'il aidait à vivre en lui servant une petite pension. J'acceptai de grand cœur une invitation si gracieuse, et nous nous mîmes en route le 10 juin 1858.

---

Albano, l'Ariccia, Genzano et presque tous les villages de cette banlieue se présentent avec un air de grandeur. Les palais et les couvents y abondent. Les maisons des marchands de campagne, sans viser au grandiose, sont larges et hautes; elles ont un cachet de bourgeoisie rustique et ne sentent point le parvenu.

---

Dans les communes voisines de la capitale, les professions de boucher, de boulanger, d'épicier, etc., sont exercées en vertu d'un privilége, comme des fonctions publiques. On sollicite un comptoir d'épicier comme un bureau de loterie ou un débit de sel et de tabac.

Le privilége est partout dans les États pontificaux. Compagnie d'assurances, verrerie, raffinerie, fabrique de stéarine; toute industrie un peu importante est fondée sur un privilége. Les paniers mêmes où l'on vend des fruits sur la place Navone sont loués aux marchands par un entrepreneur privilégié.

D'Albano à Velletri, nous traversons un certain nombre de ponts construits par les papes; plusieurs inscriptions prennent soin de nous l'apprendre. Je ne connais pas de pays où le luxe épigraphique soit poussé si loin. On ne jette pas un pont sur un ruisseau, on ne bâtit pas un poste pour quatre gendarmes, sans graver sur une plaque de marbre le nom du pontife qui s'est illustré par un tel bienfait.

Il y a tout près de la ville éternelle une fontaine d'eau minérale où les petits-fils de Romulus vont se purger en partie de plaisir. Inscriptions sur inscriptions! Tel pontife a amené l'eau, tel autre a réparé les conduits, tel autre les a soudés à neuf.

Cette prodigalité de paroles pompeuses semblera, au premier coup d'œil, un peu mesquine et ridicule; mais c'est un usage romain. *Uso romano!* deux mots qui expliquent et même excusent tout. Il est vrai de dire que si les anciens avaient été plus sobres d'inscriptions, nous ignorerions bien des choses que le marbre et la pierre nous ont apprises. L'épigraphie est une des sources les plus claires où l'historien ait jamais puisé.

Elle ment quelquefois. Témoin cette inscription qui attribue à Pie VII les admirables travaux dont l'administration française a embelli le Pincio. Les papes ont effacé partout les traces de notre passage; ils n'ont gardé que nos bienfaits. Les conseillers de Pie VII, après la Restauration, auraient voulu supprimer tout ce qui rappelait la France. Il fut même question d'ôter les réverbères que le général Miollis et M. de Tournon avaient introduits à Rome.

Je n'ai trouvé qu'un seul monument qui eût conservé

le nom de cet illustre et courageux Miollis. C'est une petite plaque de marbre cachée dans les grottes de Tivoli.

---

Pendant la révolution de 1849, quand Mazzini régnait à Rome et le saint-père à Portici, le beau viaduc qui relie Albano à l'Ariccia resta forcément interrompu. Un simple fermier du voisinage ouvrit sa caisse et continua les travaux à ses risques et périls. Aucune inscription ne rappelle ce beau trait.

---

Velletri est un village de seize mille âmes et la capitale d'une province. On y trouve un évêque et un préfet, comme à Versailles. On y trouve aussi des brigands, car Velletri est dans la montagne, entouré de bois et de maquis, et à l'entrée de ce célèbre *Campo-Morto* qui appartient au chapitre de Saint-Pierre. J'ai déjà dit pourquoi la plaine morte, ou *Campo-Morto*, était un lieu mal fréquenté. Le droit d'asile rassemble une multitude de voleurs et d'assassins sur ce territoire insalubre. Le voisinage procure à Velletri une sorte d'insalubrité morale qui s'est manifestée tout récemment par le crime de Vendetta.

Voici le fait tel qu'il circule de bouche en bouche dans la ville et aux environs.

Au bas de Velletri, vers la porte qui conduit à Naples, on trouve un couvent de jésuites. Les révérends pères tiennent école; je viens d'entendre un murmure de voix enfantines, et j'ai lu au-dessus d'une porte : Classis elementaris. Leur chapelle est une église assez ancienne; j'y ai admiré un fort joli portail de la Renaissance, un plafond très-riche, quoique de goût douteux, et une bonne fresque de l'école du Pérugin. Mais le plus précieux de tous leurs biens est une madone miraculeuse peinte par saint Luc.

L'histoire ne dit pas que l'évangéliste saint Luc ait été peintre ni sculpteur. On sait même qu'il ne fut converti par saint-Paul qu'après la mort de Jésus. Cependant la naïveté publique se plaît à signer de son nom toutes les images archaïques qui représentent la Vierge et l'Enfant, soit en peinture soit en sculpture. C'est ainsi que dans l'antiquité grecque la foi populaire attribuait à Hercule tous les coups de massue un peu mémorables.

Quoi qu'il en soit, l'image miraculeuse de Velletri est gardée soigneusement dans une niche fermée de volets, au fond d'une chapelle défendue par une grille. Les populations des villages voisins professent un culte superstitieux pour cette peinture et lui apportent tous les ans de notables offrandes.

Un hôte du Campo-Morto appelé Vendetta conçut le projet d'une spéculation hardie. Depuis longtemps, il rançonnait les gens de Velletri et des environs. Il demandait à celui-ci deux écus, à celui-là dix ou douze. Quiconque avait une récolte sur pied, des arbres chargés de fruits, un frère en voyage, payait sans marchander ce singulier impôt. Cependant Vendetta finit par prendre en dégoût un métier si lucratif. Il rêva de rentrer dans la vie normale avec un revenu modeste et un honnête emploi. Pour atteindre ce but, il ne trouva rien de plus ingénieux que de voler la madone de Velletri et de la déposer en lieu sûr.

On approchait d'une fête carillonnée où la madone devait paraître aux yeux du peuple avec tous ses diamants. Le sacristain ouvrit la niche et constata avec des cris de douleur que la madone n'y était plus. Grande rumeur dans Velletri. On cherche de tous côtés et l'on ne trouve rien. Le peuple s'émeut; une certaine effervescence se manifeste dans les villages voisins. Le clergé du pays accuse les jésuites de s'être volés eux-mêmes; les jésuites récriminent contre les prêtres de Velletri. Le couvent est envahi, fouillé, bouleversé par un public idolâtre. Enfin le dimanche, à la grand'messe, Vendetta, armé d'un poignard, monte en chaire et se dénonce lui-même. Il prie le peuple d'agréer ses excuses et promet de rendre la madone dès qu'il aura réglé ses comptes avec l'autorité. L'autorité traite avec lui de puissance à puissance. Vendetta demande sa grâce et celle de son frère, une rente de tant d'écus et un emploi du gouvernement. On promet tout, mais Rome désavoue ses agents et ne veut rien ratifier. Cependant la population des montagnes se met en marche et un flot de paysans menace d'inonder Velletri. Le brigand cède au nombre, révèle la cachette où il a celé la madone, et se rend lui-même à discrétion. Il aura la tête coupée; personne n'en doute à Velletri.

La madone est réintégrée. Une grande affluence de dévotes m'a permis de reconnaître la chapelle où elle fait ses miracles; mais un rideau bleu, brodé au chiffre de Marie, ne m'a pas permis de contempler le chef-d'œuvre de saint Luc.

Vendetta est un brigand de la décadence. Il a eu son petit quart d'heure d'audace, et ce sermon prononcé en pleine église n'est pas une action vulgaire. Mais que nous sommes loin du Passatore ! Voilà un vrai grand homme de grand chemin !

Le Passatore a pris une ville de cinq mille âmes, Forlimpopoli. Tous les notables étaient rassemblés au théâtre ; le rideau se lève : on voit paraître un chœur d'hommes armés qui tiennent le public en joue. Arrive le ténor, je veux dire le Passatore, une feuille de papier à la main. « Messieurs, dit-il, les issues du théâtre sont gardées, la ville est à notre discrétion, mais nous n'abuserons de rien. Nous avons frappé Forlimpopoli d'une contribution de tant d'écus, répartie comme il suit. Chacun de vous sortira à l'appel de son nom, et ira, sous bonne escorte, chercher la somme qu'il nous doit. Je commence. »

Il commença et finit sans encombre. La contribution fut payée rubis sur l'ongle, et le capitaine se retira paisiblement avec une recette comme le théâtre n'en avait jamais fait.

---

Ce Passatore avait des qualités, outre l'audace et la grandeur. Il se serait fait scrupule de dévaliser un malheureux ; plus d'une fois il vida sa bourse dans une poche qu'il avait trouvée vide.

Un jour il est blessé grièvement ; les soins d'un homme de l'art sont nécessaires. Mais comment supposer qu'un médecin viendra sans y être forcé se mettre dans la gueule du loup ? Il fit enlever le plus célèbre docteur de tout le voisinage et le garda aussi longtemps qu'il en eut besoin. Lorsqu'il se sentit tout à fait bien, il dit à son trésorier de renvoyer le bonhomme après l'avoir payé : ce qui fut fait.

« Combien lui a-t-on donné ? demanda le Passafore.

— Dix écus.

— Dix écus, à l'homme qui a sauvé l'illustre Passatore ! Es-tu fou ? Cours après lui, donne-lui cent écus et n'oublie pas de lui dire que ce n'est point payé ! »

Jugez de l'effroi du médecin lorsqu'il se vit rejoint sur la route par un cavalier au galop !

Six mois plus tard, il traversait la montagne au petit pas de sa mule. Le hasard le remit face à face avec son ancien malade. Pour cette fois, le pauvre docteur se repentit de l'avoir sauvé. Mais le Passatore lui fit mille amitiés, et finit par lui demander quelle heure il était à la ville. Lorsqu'il vit une montre d'argent sortir du gousset de son sauveur, il s'écria : « Est-il possible ? le médecin du Passatore n'a qu'une montre d'argent ! Donne-moi ta montre ! » Il la jeta contre un rocher, où elle s'écrasa comme un œuf. Quelques jours après le docteur trouva sur sa table un chronomètre excellent, fabriqué à Londres et importé en Italie par un touriste anglais qui le regrette peut-être encore.

---

Ce héros fut tué dans une mêlée. Les pontificaux avaient son corps, mais sa renommée courait encore les montagnes, et la bande cherchait à faire croire qu'il avait échappé. Pour constater l'identité du cadavre, on ne trouva rien de plus ingénieux que de le montrer à la mère du brigand. Cette vieille décrépite puisa dans la haine et la vengeance autant de courage qu'il en fallait pour nier. On la tint une heure et demie en présence de ce corps, et elle répéta obstinément qu'elle ne le reconnaissait point. L'épreuve parut concluante et l'on permit à la vieille de sortir. Mais à ce dernier moment, quand le plus fort était fait, la nature rentra violemment dans ses droits ; la mère se rejeta en arrière, embrassa le cadavre de son fils, le baigna de ses larmes et se répandit en imprécations contre les soldats qui l'avaient tué.

---

Ceux qui n'ont pas vu les marais pontins se représentent une vaste étendue de marécages stériles et nauséabonds, aussi désagréable aux yeux que répugnante à l'odorat. Rien n'est plus loin de la vérité. Les marais pontins sont un des plus beaux pays de l'Europe, un des plus riches, un des plus charmants, durant les trois quarts de l'année.

Figurez-vous une longue plaine bordée d'un côté par la mer, de l'autre par un rang de montagnes pittoresques. Les montagnes sont cultivées avec soin et plantées sur tous leurs versants : c'est un grand jardin couvert d'oliviers dont le feuillage bleuâtre semble en toute saison baigné d'une vapeur matinale. Les premiers versants protégent des bois de vieux orangers bien portants. La plaine se partage en forêts, en prairies et en cultures. Les forêts, hautes et vigoureuses, attestent l'incroyable fécondité d'un sol vierge. Elles nourrissent les plus beaux arbres de l'Europe et les lianes les plus puissantes. La vigne sauvage et l'églantier grimpant colorent et parfument le feuillage toujours vert des liéges.

Les prairies sont peuplées de troupeaux innombrables : on n'en trouverait d'aussi beaux que dans l'Amérique ou dans l'Ukraine. Des bandes de chevaux demi-sauvages galopent en liberté dans des enclos immenses; les vaches et les buffles ruminent en paix l'herbe haute et touffue. Les gardiens de ce bétail, cloués sur la selle de leurs chevaux, le manteau en croupe, le fusil en bandoulière, la lance au poing, vêtus de velours solide et guêtrés jusqu'au genou d'un cuir épais et brillant, galopent autour de leurs élèves. Les jeunes poulains, haut perchés sur leurs pattes grêles, découpent à l'horizon leurs silhouettes fantastiques.

Si les touristes viennent en Italie pour admirer des villes anciennes et magnifiques, des chefs-d'œuvre de peinture et de sculpture, des ruines pittoresques, des cérémonies religieuses d'une magnificence unique, des fêtes populaires dont l'originalité n'est pas encore effacée, des champs d'une fertilité miraculeuse, de belles forêts épaisses et sombres, qui donnent la plus haute idée de la richesse du sol, un peuple fort, bronzé, vêtu de costumes qui font ressortir l'élégance naturelle de son corps, ils satisferont tous leurs désirs sans sortir des États de l'Église.

Les marais pontins valent déjà le voyage.

Les cultures y sont rares, mais gigantesques. Au printemps on voit jusqu'à cent paires de bœufs occupés à labourer le même champ. A la fin de juin, il n'est pas rare de rencontrer une pièce de blé qui dore une lieue de terrain. Les blés sont beaux, les maïs sont si grands qu'un homme à cheval y est aussi invisible qu'une perdrix dans nos sillons. Les foins, partout où l'eau ne fait pas foisonner le jonc et le carex, sont bien longs, bien sains et bien parfumés. La culture maraîchère trouve même une place dans cette fécondité de toutes choses. C'est dans les marais pontins qu'on cultive, par pièces de plusieurs hectares, ces artichauts demi-sauvages dont le peuple de Rome se nourrit en été.

Un drainage à ciel ouvert, simple et peu coûteux, suffit à produire toutes ces bonnes choses. Presque tous les papes, mais surtout Sixte-Quint et Pie VI, ont travaillé aux grands canaux collecteurs. L'intérêt privé a suivi le branle; chaque propriétaire a creusé des rigoles dans son champ.

Les marais pontins sont soumis aux mêmes causes de stérilité insalubre que nos landes. Le vent d'ouest, qui amasse les dunes sur nos rivages de la Gascogne et de la Gironde, ensable également la côte occidentale de l'Italie et arrête l'écoulement des eaux. La seule différence entre ces landes et les nôtres, c'est qu'ici la terre végétale est mille fois plus abondante, et qu'il n'y a pas d'*alios*. La chaleur du soleil y est aussi plus ardente et plus féconde.

Cependant tout n'est pas fait pour les marais pontins, puisqu'ils ne sont point habitables. La population qui les cultive descend des montagnes, laboure, fauche ou moissonne et s'enfuit aussitôt, sous peine de mort.

C'est d'abord que les eaux ne s'écoulent pas assez vite. Il faudrait quelques canaux de plus.

C'est aussi que les détritus de matières végétales qui composent ce sol fécond, subissent dans les grandes chaleurs une fermentation terrible. Il s'en dégage des poisons subtils; insaisissables à l'odorat, mais funestes à la santé. La décomposition des produits animaux est fétide, mais inoffensive et presque salubre. Il n'y a nul danger à habiter Montfaucon; tandis que ces prairies embaumées engendrent la peste. Quand le soleil de juillet a mis en liberté les gaz délétères qui couvaient sous l'herbe de ces campagnes, le vent les emporte où bon lui semble, et l'on voit à dix lieues de distance, dans la montagne, en pays naturellement sain, les hommes mourir empoisonnés.

Ce fléau qui décime régulièrement les États du saint-père, et qui fait des progrès chaque année, n'est pourtant pas sans remède. Il suffirait de quelques bons labours pour expulser tous les poisons de la terre. En aérant le sol et en livrant un passage aux gaz délétères, on assainirait tout le pays. Il faudrait rompre bravement toutes les prairies et semer du blé. Je ne désespère pas de voir opérer cette révolution qui enrichirait les propriétaires et peuplerait la plaine en moins d'un quart de siècle. Quelques charrues à vapeur suffiraient au miracle. Nul pays n'est plus propre à ce genre de culture, puisque le sol est plat et sans aucun accident de terrain. Il faudrait que les vrais amis du peuple romain se missent à prêcher la vapeur, comme les apôtres ont prêché l'Évangile. Mais les esprits sont mal préparés à accueillir un tel bienfait.

―――

Rien de plus curieux qu'une ferme dans les marais pontins. Vous entrez dans un village à demi abandonné pour trois ou quatre mois. Presque tous les bâtiments appartiennent au seigneur; son écusson ducal surmonte la porte des chaumières. Les greniers qu'il a construits les puits qu'il a creusés, sont autant de monuments qu célèbrent la gloire de son nom. Une inscription pompeuse vous prie fièrement de ne jamais l'oublier.

Son palais vaste, carré, monumental, surmonté d'une tour qui sonne les heures, est le centre du village et de l'exploitation agricole. Cet édifice n'a jamais vu ni le propriétaire actuel, ni son père, ni son grand-père; tout au plus si le bisaïeul s'y est arrêté une fois en passant. Le marchand de campagne a établi ses bureaux dans ce monument. On voit entrer et sortir, comme dans les mairies de province, un jeune employé, le cigare à la bouche, la plume oubliée derrière l'oreille. Vers le soir, les gardiens du bétail, les inspecteurs des travaux, les surveillants assermentés, ornés d'une plaque d'argent aux armes ducales, arrivent sur leurs chevaux qui trottent l'amble Chacun fait son rapport et demande des ordres. Quelques charrettes amènent des denrées au magasin, ou des bestiaux couchés sur le flanc, les pattes enchaînées, le museau lié par une corde de foin. On enregistre les produits, on les expédie à Rome, après avoir prélevé ce que chacun croit pouvoir prendre sans danger. Cependant la terre est si féconde, les animaux poursuivent si vigoureusement leur œuvre de reproduction, que le marchand de campagne mettra quelque dix mille écus de côté à la fin de la saison. Quant au propriétaire, au maître de la plaine et du château, au duc de Carabas, il n'entendra jamais parler de toute cette richesse. Il a touché quelques années d'avance pour donner une fête ou pour bâtir un jardin. On dit même qu'il est mal dans ses affaires e qu'il va louer son palais de Rome pour voyager à bon marché, soit en France, soit en Allemagne.

---

Nous avons quitté la nouvelle route de Rome à Naples, qui traverse les marais pontins en droite ligne. Nos chevaux gravissent péniblement la route ancienne, abandonnée par l'administration des postes, et partant fort négligée. Nous voici à Piperno ; c'est un village de cinq mille âmes, chef-lieu de gouvernement dans la province de Froisinone. Notre auberge, la seule de Piperno, est une masure. Il faut traverser la remise pour monter aux chambres du premier étage. Et quelles chambres !

En revanche, la place du village est très-pittoresque. Le marché s'y tient à l'ombre de dix beaux orangers. Les notables du pays s'y réunissent tous les jours devant la boutique du pharmacien. Je fais connaissance avec le médecin, le chirurgien, le phlébotomiste, le notaire et quelques conseillers. Voici le curé qui arrive. Il s'arrête à dix pas de nous pour faire mettre deux ou trois livres de cerises dans son mouchoir de poche. Le limonadier voisin suspend des pelures de citron à sa devanture pour annoncer qu'il a préparé des glaces. Je cause avec les notables ; ils m'assurent que les gens du pays ne sont pas malheureux ; la propriété est raisonnablement divisée ; on récolte beaucoup d'olives, l'huile se vend bien ; il n'y a ni nobles ni mendiants dans la commune.

A deux heures et demie, toutes les maisons se ferment sans excepter la boutique hospitalière du pharmacien.

C'est le moment de la sieste. Le village s'endort jusqu'à cinq heures. Je fais le tour de la ville en suivant le chemin de ronde. Les anciens remparts sont couverts de jardins assez frais ; les orangers fleurissent partout. Une inscription me commande de m'arrêter, je fais halte et je lis :

ARRÊTE UN INSTANT, VOYAGEUR,
QUELLE QUE SOIT LA HÂTE QUI T'ENTRAÎNE !
PRIVERNE, ANTIQUE VILLE DU LATIUM,
CAPITALE DES VOLSQUES,
MUNICIPE ROMAIN,
VICTIME DE LA FUREUR DES TEUTONS,
A LAISSÉ, TU LE VOIS,
PEU DE TRACES DANS LES RUINES QUI JONCHENT
LA PLAINE VOISINE ;
LES ÉDIFICES NOUVEAUX ÉLEVÉS SUR LE SOMMET
DE CETTE COLLINE
ATTESTENT LA GRANDE ÂME ET LES SENTIMENTS GÉNÉREUX
DE CITOYENS INTRÉPIDES
QUI ONT RESSUSCITÉ LE NOM ET L'EXISTENCE
DE LEUR PATRIE ÉTEINTE.
POUR QUE CETTE GLOIRE DE PRIVERNE ET DES PRIVERNATES
NE PASSÂT POINT INAPERÇUE DEVANT TOI,
LE SÉNAT ET LE PEUPLE DE PRIVERNE
ONT ÉLEVÉ CE MONUMENT
L'AN DE LA RÉDEMPTION, 1753.
RESTAURÉ EN 1845.

---

Les Privernates nous conseillent de prendre des chevaux de renfort, et plutôt trois que deux, si nous voulons arriver de jour à Sonnino. Nous suivons leur avis et nous sortons de la capitale des Volsques par la voie Consulaire. Une rue latérale s'appelle Via Camilla.

Sonnino se voit de loin, sur la pointe d'un rocher. Les bâtiments sont uniformément gris, couleur de ruines. On distingue la base de quelques tours à moitié démolies ; c'est tout ce qui reste de l'enceinte fortifiée. Deux ou trois constructions neuves, d'un blanc cru, font tache dans le paysage et troublent l'harmonie triste du lieu. La route elle-même me parut sinistre, quoiqu'elle fût toute en fleurs. Les oliviers, les vignes, les clématites, les ronces, les genêts, fleurissaient à qui mieux mieux ; les boutons du myrte allaient s'ouvrir, et pourtant ce luxe vigoureux d'un printemps d'Italie ne nous parlait ni d'amour ni de plaisir. Nous sondions la profondeur des ravins qui bordaient la route, nous suivions du regard l'escarpement des rochers arides, nous plongions dans l'épaisseur impénétrable des halliers. Quelques champs larges comme la main, appuyés sur des contre-forts de pierres sèches, nous expliquaient la vie nouvelle des indigènes, leur travail opiniâtre et le maigre fruit de leurs sueurs. Çà et là sortait de terre une poignée de froment, d'avoine ou de maïs ; mais la principale culture était celle des oliviers, et l'œil se promenait tristement sur leur feuillage bleuâtre.

---

Deux couvents de moines gras contribuent par leurs prières à la prospérité de Sonnino. L'un est situé à un demi-mille de la ville, l'autre se tient comme un octroi devant la porte d'en bas. Force nous fut de nous arrêter au second pour remiser la voiture et mettre les chevaux à l'écurie. Les bons religieux vendent leur hospitalité aux chevaux et aux équipages, et la font payer d'autant plus cher qu'une voiture ne saurait entrer dans la ville.

La principale artère, que les habitants appellent avec simplicité *rue du Milieu*, traverse Sonnino de bas en haut dans toute sa longueur. Deux portes la terminent : au bas, la porte Saint-Jean ; au sommet, la porte Saint-Pierre. A dire vrai, cette rue n'est qu'une sorte d'escalier glissant, qui passe entre deux rangées de maisons noires, inégales, sans aucun alignement. Elle est ombragée de distance en distance par des voûtes aussi sombres que les tunnels d'un chemin de fer. Trois hommes peuvent y marcher de front ; c'est ce qui la distingue de toutes les autres, où il n'y a place que pour deux. De distance en distance, on rencontre sur la droite un précipice épouvantable avec la plaine au bout : voilà les rues adjacentes.

---

Notre venue était annoncée. La veuve des brigands avait retenu un logement pour nous chez une personne de sa famille, ancien brigadier de gendarmerie et gros bourgeois de Sonnino. Il vint au-devant de nous jusqu'à la porte Saint-Jean et nous donna cordialement la bienvenue. C'était un gros homme tout rond, belle santé, figure ouverte, mais peu ou point de dents, ce qui rendait sa conversation difficile à comprendre. Il nous conduisit à son domicile et mit le logis et les gens à notre disposition.

La maison qu'il habite est d'un plan difficile à décrire. On y entre par la rue du Milieu, mais le premier étage fait une grande enjambée et passe dans un autre quartier. Un corridor en escalier nous conduisit dans une cuisine enfumée, où se tenait la maîtresse de la maison avec sa fille unique, jolie brune de quinze ans. Après les premiers compliments, on nous fit monter une douzaine de marches, et l'on nous montra la salle à manger. De là, je pris par un toit qui conduisait à un escalier aboutissant à un couloir qui donnait sur ma chambre, et, tout en lavant sur mon corps la poussière de la route, je me demandais comment deux mille cinq cents personnes pouvaient circuler sans se perdre dans un village ainsi bâti.

---

Bientôt mon aimable guide me fit appeler pour me présenter son ancien modèle. Je vis une grande et forte créature de cinquante à soixante ans, borgne et presque aveugle, mais pleine de bonne humeur et de santé. Elle parlait vite, d'une voix très-mâle et d'un ton bourru. Cependant elle me fit bon accueil. L'arrivée de son bienfaiteur et de son ancien maître, qui avait peut-être été quelque chose de plus pour elle, lui causait une satisfaction évidente; mais sa joie n'avait rien d'expansif ni d'éclatant. On reconnaissait dans ses manières cette impassibilité villageoise, qui a sa source dans l'habitude de travailler et de souffrir. Son costume était tout moderne et semblable à celui des paysannes de Bièvre ou de Montreuil. Elle préférait évidemment les robes d'indienne et les foulards de Lyon aux admirables tissus de laine sombre qu'elle avait portés dans sa jeunesse. « J'aime à croire, nous dit-elle, que vous avez apporté vos habits des dimanches? » Notre réponse la contraria beaucoup. Elle haussa les épaules et dit : « On ne voudra jamais croire que vous êtes des seigneurs. C'est demain la fête de saint Antoine, patron de Sonnino. Il y a procession, course de chevaux, feu d'artifice. La nouvelle *bande* jouera des airs depuis le matin jusqu'au soir; car nous avons une *bande* composée des meilleurs jeunes gens du pays. Ils ont appris la musique et acheté des instruments. Quel dommage que vous n'ayez pas apporté vos habits noirs ! »

Nous nous excusâmes de notre mieux, moi surtout qui tenais à obtenir ses bonnes grâces. Je lui fis si bien ma cour qu'elle promit de me raconter le lendemain l'histoire de sa vie. « Mais à quoi bon ? dit-elle de son ton bourru. J'ai vécu comme les autres, et il ne m'est rien arrivé de particulier. Tout le monde était logé à la même enseigne en ce temps-là. »

---

On nous servit le souper; Maria Grazia ne voulut point en prendre sa part. Cependant elle accepta un verre de vin et elle en but plusieurs. « Cela fait du bien, disait-elle; il y a longtemps que je n'en avais bu; cette denrée-là est hors de prix. »

Notre hôte fit enlever les couverts de nos domestiques, lorsqu'il sut que nous n'avions pas l'habitude de manger avec eux. Il nous présenta son futur gendre, un jeune ingénieur qui avait l'air d'un collégien. Je m'étonnais qu'on

permît à des enfants si jeunes de se marier pour en faire
d'autres ; on me répondit que c'était l'usage. A Sezza,
dans les pays malsains, les filles se marient encore plus
tôt, et l'on voit des adolescentes de quinze ans convoler
en troisièmes noces. Les maris meurent si vite autour des
marais pontins !

Le repas fut bon et surtout copieux. Nous n'eûmes à
nous plaindre de rien, sinon de la politesse excessive de
nos hôtes. Dans ces montagnes, les hommes se servent
avant les femmes, quand toutefois elles osent manger devant eux. Mais l'usage commande une grande dépense de
compliments. « Bon appétit ! — Merci. — Vous êtes mon
maître. — Mettez-vous à votre aise. — Faites-moi la faveur ! — En vérité, c'est trop ! Vous me comblez. — Je ne
saurai comment reconnaître. — Avec votre permission ! —
Que ce repas vous profite ! Je vous débarrasse de ma présence. — Adieu. — Bonsoir. — Bonne nuit. — Dormez-
bien. — Que la Madone vous accompagne ! » Notez bien
qu'au début le maître de la maison vous a dit : « Nous
vous traiterons à la bonne, sans façons, sans compliments. »

---

Je dormis comme on dort en voyage. Le lendemain matin, en sortant de ma chambre, je rencontrai le jeune
ingénieur : il offrit obligeamment de me montrer la ville
et la foire, et je n'eus garde de refuser. Chemin faisant,
je le confessai un peu. Il avait fait ses études à Rome et
suivi les cours de la Sapienza. Tout en étudiant les mathématiques, il avait trouvé le temps de lire quelques

volumes de Voltaire et de Rousseau; car il lisait le français, s'il ne le parlait pas. Rousseau était son homme, et il s'était réuni plus d'une fois avec quelques camarades pour le commenter à huis clos. Il jugeait le gouvernement pontifical comme tous les hommes de la classe moyenne, et il espérait vivre assez longtemps pour le voir à bas. En attendant, il sollicitait un emploi dans les travaux publics.

———

La foire se tenait aux deux extrémités du village. Je comptai une douzaine de petites boutiques assez mal assorties. On devinait au premier coup d'œil que Sonnino n'est pas la capitale du commerce. Quelques pièces de toile, quelques foulards de soie ou de coton, un peu de chaudronnerie et de poterie grossière, beaucoup de chapelets et des cerises en quantité : voilà tout ce que j'inscrivis sur mes tablettes. Ajoutez un fond de librairie consistant en historiettes à un sou et complaintes édifiantes; enfin une cargaison de planchettes très-minces que le marchand ajustait en un instant pour fabriquer des chaises, des coffres, des fauteuils et même des canapés.

Les rues commençaient à se remplir de monde. Les hommes étaient grands, maigres, basanés; les femmes mignonnes et délicates. Le costume national, qui est à la fois sévère et coloré, se montrait çà et là; mais les soieries modernes, qui finiront par tout envahir, gâtent déjà la toilette des femmes. Hommes et femmes portaient des fleurs à la main, à la bouche ou dans la coiffure.

La foule allait et venait sans glisser le long des escaliers humides. De temps à autre, on se collait au mur pour laisser la route libre à un mulet, à un âne ou à quelque petit troupeau d'*animaux noirs*. Je vous ai déjà expliqué cet euphémisme.

La rue du Milieu s'élargit un peu en certain endroit pour former ce qu'on appelle *la place*. Je demandai au jeune ingénieur si ce n'était pas là que le chevalet avait siégé sous le pontificat de Léon XII? Il répondit qu'il n'en savait rien et se mit à parler d'autre chose.

Il me montra le palais du Gouvernement, une vraie masure où règne un juge-gouverneur à cent sept francs par mois, assisté d'un chancelier à cinquante-trois francs cinquante.

Je reconnus la porte Saint-Pierre, pour en avoir entendu parler bien des fois. C'est celle où l'on suspendait jadis dans des cages de fer la tête des brigands qui s'étaient laissé prendre. On n'y voit plus aujourd'hui que les armoiries du pape. Mon cicérone m'assura en haussant les épaules qu'on n'y avait jamais suspendu autre chose. Je le priai de me montrer l'emplacement de quelques maisons rasées par Léon XII pour les méfaits de leurs propriétaires. Il n'avait jamais entendu parler de ces étranges exécutions.

---

En revanche, il me fit visiter une grande maison de paysan, flanquée d'une tour en ruines. Un concierge ou intendant qui logeait en bas, nous promena dans quelques chambres demi-nues, meublées de chaises de paille et de lits de bois blanc. Cinq ou six beaux meubles dorés, dans le style *rococo*, gisaient honteusement au grenier. On rencontrait çà et là des images vulgaires, des Jésus de cire enluminée, des lithographies rustiques. Dans une sorte de salon, un petit saint Pierre de bois sculpté regardait gravement quatre statuettes de plâtre demi-décentes. C'était une femme qui lace son corset, une autre qui noue sa jarretière, une autre qui cherche des insectes dans son linge. Dans cette maison est né le plus illustre des enfants de Sonnino, et celui qui a donné le plus de tablature aux diplomates de l'Europe : S. Ém. le cardinal Antonelli.

Le concierge ne nous laissa point sortir sans nous montrer la principale pièce du logis. C'est un magasin où l'on entasse d'énormes provisions d'huile d'olive dans des puits de maçonnerie. La famille Antonelli achète l'huile en détail chez les petits cultivateurs de Sonnino, pour la revendre en gros aux négociants de Marseille.

---

Le bruit des cloches et la musique de la *bande* nous avertirent que la fête religieuse allait commencer. Une grand'messe se célébrait en l'honneur de saint Antoine, dans le couvent où nous avions logé nos chevaux. Nous y arrivâmes un peu avant la cérémonie, tandis que les paysans et les paysannes apportaient leurs vœux et leurs offrandes au pied du saint. Chacun donnait ce qu'il avait et demandait ce qui lui manquait, le tout avec de grands cris. Une mère présentait son enfant malade, en disant à saint Antoine : « Guéris-le, ou prends-le ! »

La messe dura longtemps. Lorsqu'elle fut terminée, la

procession sortit. Presque tous les hommes de Sonnino sont enrôlés dans une confrérie, dont ils portent le camail et le capuchon. La confrérie des Ames du Purgatoire est la plus noble, c'est-à-dire qu'elle se compose des paysans les plus aisés. Celles du Corps de Jésus et du Nom de Marie sont rivales ; une dispute s'éleva entre elles pour le pas, et je vis l'instant où les massiers allaient jouer du bâton. Toutefois on s'en tint aux injures, l'ordre se rétablit, et un long cortége hérissé de croix et de bannières s'engagea en trébuchant dans les rues de la ville. La procession était close par un veau orné de rubans, offrande un peu païenne qu'un propriétaire avait faite à saint Antoine. Le donateur menait pieusement l'animal. Il le tenait d'une main par la tête, et de l'autre par la queue.

Bien souvent le cortége s'arrêta dans son chemin. C'était tantôt une bannière qui ne pouvait passer sous une voûte, tantôt un enfant qu'il fallait ramasser, tantôt les porteurs de saint Antoine qui se faisaient relayer, tantôt le veau final qui refusait d'aller plus avant. A chaque station quelqu'un s'écriait : *Ave Maria !* ce qui veut dire *Arrêtez !* en style de procession.

Les rares habitants qui étaient restés au logis se tenaient à leurs fenêtres, et faisaient pleuvoir des fleurs de genêt ou des œillets effeuillés.

---

Nous avions couru en avant et nous nous étions postés dans un coin de la place. J'y fis connaissance avec le médecin communal, qui vint sans façon se présenter à moi.

Le médecin communal est un personnage assez important dans ces petites villes. Il a étudié à Rome et a obtenu sa place au concours. La commune lui paye sur son budget un traitement fixe, pour qu'il soigne gratis les riches et les pauvres. C'est l'esprit municipal de l'Italie qui a créé cette institution. Elle mériterait d'être importée chez nous.

Mon nouvel interlocuteur me conta qu'il touchait seize cent cinq francs par an, et que son collègue le chirurgien était payé tout aussi cher. C'est plus qu'assez, dans un pays où une maison passable se loue soixante francs, et où une personne seule se nourrit pour dix sous par jour. Il m'apprit que la municipalité de Sonnino était riche, grâce à l'étendue de son domaine communal. Elle a quatre-vingt-dix mille francs d'économies, qu'elle destine à restaurer le palais du Gouvernement et surtout à améliorer les routes. Les habitants sont très-sobres et très-laborieux. Ils possèdent tous un petit coin de terre ; ils sont pauvres, mais on ne compte pas un indigent parmi eux. La santé publique est assez bonne ; peu ou point de fièvres ; quelques gastrites suraiguës, causées, selon toute apparence, par la farine de maïs. L'instruction publique n'est pas brillante ; sur trente adultes, on en trouve un qui sait lire. Mais quarante enfants du sexe masculin fréquentent les écoles ; les filles y sont plus nombreuses, par la raison toute simple qu'elles seraient moins utiles dans les champs. Le chiffre exact de la population est de deux mille cinq cent cinquante-huit individus, dont trente ecclésiastiques.

« Voilà qui va bien, dis-je au docteur. Mais parlez-moi un peu du brigandage. »

Il jeta les yeux sur moi, puis sur mon voisin l'ingénieur, et un sourire furtif brilla dans ses yeux. Sourire éminemment italien, plein de choses, et plus instructif que tout un discours. « Vous me demandez, poursuivit-il, si la maraude est toujours en usage dans ces campagnes? Malheureusement oui ! Nos paysans se feraient scrupule de voler un sou sur la route, mais ils regardent comme un jeu innocent le vol des fruits, des grains ou des fourrages. Pour ce qui est des coups de couteau, ils ne sont ni plus rares ni plus communs ici que partout. Cela dépend beaucoup des vendanges. On s'égorge moins souvent lorsque le vin coûte plus cher. »

Ce n'était pas précisément ce que je lui demandais, mais je n'eus garde de répéter ma question. Le jeune ingénieur comptait sans doute quelques-uns de ses ancêtres parmi les héros accrochés à la porte Saint-Pierre, et j'avais déjà été trop indiscret en parlant du brigandage devant lui.

La procession s'écoulait enfin. Les traînards doublaient le pas ; le pauvre veau, rompu de fatigue, avait fini par se faire porter. Nous revînmes à la maison, où le dîner nous attendait. Notre hôte nous conta qu'une femme malade avait rendu l'âme juste au moment où saint Antoine passait devant chez elle. Les parents de la morte se consolaient en disant que le saint l'avait prise avec lui.

Les gens de Sonnino ont une promenade dont ils sont fiers à bon droit. C'est une route d'un mille de long, construite à grand renfort de bras sur le sommet de la montagne. Elle commence à la porte Saint-Pierre et se termine à un bouquet de chênes verts. Le sol est assez uni pour qu'on puisse s'y promener en voiture ; malheureusement les voitures ne sauraient monter jusque-là. On y fait courir des chevaux le jour de la fête, lorsque la Providence permet qu'il se trouve des chevaux dans le pays.

La course était promise pour vingt-deux heures, c'est-à-dire qu'elle devait commencer deux heures avant la chute du jour. En attendant le spectacle, je me rendis tout seul au petit bois de chênes verts. Les vaches y avaient laissé de larges traces de leur passage. Cependant je m'établis de mon mieux sur une souche, et je me mis à noter au crayon ce que j'avais vu et entendu depuis la veille. Tout à coup le ciel s'assombrit. C'était un orage qui passait, venant des montagnes de Naples. Le jour baissa brusquement ; la vallée se teignit des couleurs les plus fantastiques. Les éclats de la foudre se succédaient en se rapprochant ; bientôt je crus entendre le tonnerre au-dessus de ma tête. Je ne pouvais regagner le village sans recevoir une grosse pluie pendant un mille, et j'étais très-légèrement vêtu. Je résolus donc de rester où j'étais jusqu'à la fin de l'orage. Le ciel m'envoya nombreuse compagnie. Huit ou dix pâtres, bouviers, gardiens de buffles, de chèvres et de brebis, vinrent s'abriter autour de moi. Ils étaient trempés jusqu'aux os, mais aucun n'avait eu l'idée d'endosser sa veste. Ils la portaient négligemment sur l'épaule gauche : c'est la coquetterie du pays. Je leur offris des cigares, et ils les prirent avec empressement pour les hacher dans leurs pipes de bois décorées de clous à tête de cuivre. Un jeune homme, pour me rendre ma politesse, me donna des pommes vertes qui auraient pu être mûres à la fin d'août. Il découvrit ensuite un mouchoir de coton rouge caché sous sa veste et rempli de bigarreaux. J'en acceptai deux ou trois discrètement ; mais il insista comme un beau diable. « Ne crains pas, me dit-il, de partager ces cerises : je ne les ai point payées ; elles m'appartiennent par droit de maraude. Si tu ne veux pas en prendre toi-même, attends, je vais te servir. » Il m'en combla d'abord, il m'en accabla ensuite : il me traita d'Auguste à Cinna ; et lorsqu'il vit clairement que j'en avais par-dessus les oreilles, il distribua le reste entre ses compagnons.

Quand je me vis au milieu de ces braves gens, dont quelques-uns entraient à peine dans la vie, tandis que les autres avaient passé la soixantaine, l'idée me vint de réveiller chez eux les souvenirs du brigandage. Un seul avait été brigand ; il comptait quelques années de service dans la bande de ce fameux Gasperone que j'ai vu depuis au bagne de Civita-Castellana. Il se rappelait très-nettement le temps où le chevalet et le nerf de bœuf étaient en permanence sur la place de Sonnino. Il avait vu la porte Saint-Pierre encadrée de dix-huit têtes d'hommes, et il avait connu personnellement une demi-douzaine de ces têtes. Il était présent lorsque Joseph de Santis mourut par accident, en frappant la crosse de son fusil contre la terre. Le coup partit, l'homme mourut ; et le gouverneur accrocha sa tête avec les autres, fort indûment, puisque de Santis n'avait jamais été pris. Mon narrateur était avec Gasperone lorsqu'il vint détacher cette tête, à la barbe du gouverneur et de la garnison, pour lui donner la sépulture. Il se souvenait de quelques autres expéditions ; mais il parlait si confusément, et dans un patois si napolitain que, malgré l'attention la plus soutenue, je ne pouvais le suivre partout. Le plus beau chapitre de son épopée était la résistance qu'il avait osé faire à Gasperone. Le grand capitaine l'avait envoyé quérir de l'eau pendant la nuit à une source qui devait être surveillée. « J'ai refusé net, disait-il. Je lui ai dit : Envoie-moi voler du vin dans la cave du gouverneur, détourner un bœuf dans les pâturages de Pellegrini, j'irai, s'il fait jour. Mais la nuit, à cet endroit-là, j'ai trop peur d'une embuscade. J'aime mieux que tu me tues, si telle est ta volonté.... Et vois un peu, monsieur, si j'avais raison ! Celui que Gasperone a envoyé à ma place s'est échappé, au péril de sa vie, entre cinq ou six balles de fusil. »

Ce héros plein de prudence était tombé deux ou trois fois dans les mains des soldats, mais il avait toujours su leur persuader qu'il vaquait honnêtement à ses affaires. Au demeurant, il n'avait pas été brigand de profession, puisque son métier était de garder les bœufs, mais il avait fait comme les autres, tant que le brigandage avait été de mode dans le pays.

Ce n'était pas que les exemples sévères lui eussent manqué. Il avait assisté dans sa jeunesse à l'exécution de vingt-cinq coureurs de montagne, pris et fusillés par les Français. Leur affaire s'était faite précisément à l'entrée du bosquet où nous étions retenus par la pluie ; on avait jeté leurs corps dans une caverne profonde et ténébreuse, à trois milles de Sonnino.

Je lui demandai à quelles causes il attribuait la cessation du brigandage. « C'est, me répondit-il, que le métier n'était plus tenable sous le pape Léon XII. Presque aussitôt qu'un homme était pris, on lui coupait la tête. Vous n'aviez pas même le temps de vous enfuir de prison. Voilà comment la mode s'est passée. »

Il parlait de cette époque sanglante avec la plus belle tranquillité du monde, sans remords, sans orgueil, sans passion, sans rancune ; traitant de même les gendarmes et les brigands, le crime et la loi ; comme celui qui voit jouer une partie d'échecs regarde les blancs et les noirs, ou comme Machiavel regarde la lutte du bien et du mal. Ses compagnons l'écoutaient avec la même impartialité italienne.

Je voulus savoir s'il ne regrettait pas ses récréations d'autrefois. « Tu es bouvier, lui dis-je, et tu gagnes peu. Tu manges du pain de maïs, tu ne bois pas du vin tous les dimanches. Ne regrettes-tu pas quelquefois le temps où tu n'avais qu'à prendre ?

— En effet, répondit-il, j'ai eu de bons moments, mais j'en ai traversé aussi de bien mauvais. Nous n'étions pas toujours les maîtres, et quelquefois, au lieu de poursuivre, on fuyait. Du reste, il n'y a pas à choisir, puisque le brigandage n'est plus de mode. »

La conversation en était là, quand je m'avisai que mes nouveaux amis auraient eu bon marché de moi s'ils avaient cultivé le pittoresque comme leurs pères. Je développai cette idée devant eux, afin de savoir encore mieux ce qu'ils pensaient. « Mes bonnes gens, leur dis-je, si vous étiez comme les anciens de Sonnino, il y a longtemps que vous auriez fouillé dans mes poches. Vous êtes dix contre moi, à un bon mille du village. Vous devez supposer qu'un étranger qui vient jusque chez vous a quelques écus dans sa bourse. Vous voyez que je suis sans armes, et il n'y en a pas un parmi vous qui n'ait, outre son bâton, un couteau bien aiguisé. Si je criais, mes cris ne seraient pas entendus. Si je portais plainte, il me serait impossible de dire vos noms, que j'ignore. Pourquoi ne me dépouillez-vous pas un peu ? »

L'ancien soldat de Gasperone ne se scandalisa point de ma question. Il répondit avec simplicité : « Nous ne ferions pas une pareille chose, attendu que nous sommes de braves gens.

— Tu n'étais donc pas un brave homme, quand tu courais la montagne avec Gasperone ?

— Si, j'étais un brave homme, mais je faisais comme tout le monde. C'était l'habitude en ce temps-là. Et même, en ce temps-là, si tu avais été assis auprès de moi, si tu m'avais donné des cigares, si tu avais mangé avec moi sur la même pierre, je ne t'aurais pas pris un sou. Cependant, si tu avais eu de l'argent dans tes poches et que tu m'eusses donné un petit portrait du pape, je l'aurais accepté pour boire à ta santé. »

L'orage avait passé son chemin ; le soleil reparut ; l'heure des courses approchait. Déjà nous voyions trois chevaux sortir du village et s'avancer au pas vers notre bosquet, où ils devaient attendre le signal du départ. Tandis que mes compagnons jugeaient les coureurs à distance, et pariaient pour le bai brun, l'alezan ou le blanc, je vis au loin, tout au loin, un petit cortége de dix ou douze personnes descendre de Sonnino par la porte Saint-Jean, et marcher à petits pas vers l'église de Saint-Antoine. « Qu'est cela ? demandai-je au vieux bouvier. On dirait qu'ils portent quelque chose.

— En effet, répondit-il. Ils portent en terre une femme qui est morte aujourd'hui pendant la procession.

— C'est impossible !

— Et pourquoi ?

— Est-ce que la loi permet d'ensevelir les gens quatre heures après la mort ?

— Bah ! c'est peut-être bien défendu, mais tant pis. On n'a pas de temps à perdre chez nous, et quand les gens sont morts, on les enterre. »

---

La morte, à peine refroidie, entrait dans l'église au moment où les trois chevaux arrivèrent à nous. Je ne suis pas grand connaisseur, et je n'ai jamais porté une rondelle de carton vert à la boutonnière de ma redingote : cependant il me fut aisé de prédire que la course serait médiocre. Les trois rosses inscrites allaient se disputer sans jockey un prix de dix écus (53 fr. 50). La cravache et l'éperon étaient remplacés par quelques balles de plomb armées de pointes pour leur chatouiller les flancs. Une vingtaine de gamins les poursuivirent à grands cris et à coups de pierres ; ce n'était pas un départ, mais quelque chose comme un lancer. A mi-chemin, les pauvres animaux, ne se sentant plus poursuivis, se mirent au pas. C'est en vain que leurs propriétaires accoururent vers eux pour les rappeler au devoir ; la foule eut beau stimuler leur amour-propre par tous les projectiles qu'elle avait sous la main, la course s'acheva au petit trot, et les trois bêtes atteignirent le but, cahin caha.

J'arrivai presque en même temps, quoiqu'on ne m'eût pas lancé de pierres, et je vis un spectacle assez curieux. L'autorité locale refusait d'adjuger le prix, alléguant que *course* vient de *courir*, et que les chevaux n'avaient pas couru. Le propriétaire du vainqueur était assez calme. Il répétait obstinément : « J'ai gagné, donnez-moi dix écus. » Mais les sportmen qui avaient parié pour lui étaient moins pacifiques. Ils accusaient le peuple de Sonnino, criaient au voleur, et rappelaient par des allusions assez vives la vieille réputation du pays. Les choses auraient pu aller loin, malgré l'intervention de la gendarmerie, si le vin eût été moins cher.

La musique continuait à parcourir les rues, et elle ne s'arrêta que le soir. Elle avait salué l'aurore, annoncé la messe, accompagné les chants d'église, suivi la procession, ouvert et fermé les courses ; elle conduisit le peuple au feu d'artifice et ne s'éteignit qu'avec la dernière fusée. C'était la première fois que les jeunes gens de Sonnino donnaient un concert public ; leur ardeur était toute jeune et leur fanatisme tout neuf : on le voyait bien.

---

La fête terminée, on alluma quelques centaines de torches, et chacun rentra chez soi. Maria Grazia n'était pas couchée ; elle m'attendait. « Me voici, dit-elle en me voyant rentrer ; vous voyez que je suis de parole. Je veux bien vous conter mon histoire, quoiqu'elle n'ait rien d'étonnant, mais à quoi bon ? Qu'en ferez-vous ? A quoi vous servira-t-il de la savoir ?

— Maria Grazia, lui répondis-je, quand je saurai votre histoire, je la raconterai dans un livre. Les gens de mon pays ont déjà vu votre portrait ; maintenant ils sauront votre nom. »

Un sourire d'orgueil éclaira sa vieille tête. Elle s'assit auprès de moi, sur mon nécessaire de voyage, et me conta à demi-voix l'histoire suivante :

« Je suis née à Sonnino, dans le temps du brigandage. Je dois avoir quelque chose comme cinquante ans ; il faudrait demander au curé. A quinze ans, j'ai épousé mon premier mari. C'était un brave garçon, bouvier de son état. De plus, il avait un peu de bien à lui. Nous avons eu ensemble un enfant qui est mort par la suite des temps. Mon mari eut je ne sais quelle discussion pour des maraudes avec le parrain de notre enfant : je ne sais plus si c'était des olives ou du grain qu'il nous avait pris, mais c'était peu de chose à coup sûr, et le mieux était de lui pardonner. Mais mon mari le dénonça au gouverneur et le fit mettre en prison pour un mois. L'autre menaça de se venger. Je croyais qu'il n'en ferait rien, attendu qu'il était notre compère et qu'il nous avait toujours montré de l'amitié. Cependant mon mari jugea bon de changer de pays, et il s'en fut garder les bœufs du côté de Rome. Mais l'autre y vint aussi l'année suivante, et, ayant trouvé mon mari qui dormait dans un champ, il le tua d'un coup de couteau.

« Pour lors, je fis la connaissance de mon deuxième mari. Il était né dans le royaume de (Naples), mais il demeurait à Terracine, et c'est là qu'il m'emmena. Nous travaillions à la terre.

« Je n'étais pas remariée depuis longtemps, lorsque ma sœur me fit demander conseil pour épouser celui qui avait tué mon premier mari. Il lui faisait la cour, et elle le trouvait à son goût. Je lui répondis de faire ce qui lui plairait; que mon premier mari était mort, que je n'étais pas une sainte pour le ressusciter, et que le mieux était de n'y penser plus. Elle épousa donc l'autre, qui n'était pas un méchant garçon, comme je vous l'ai dit, et qui avait eu beaucoup d'amitié pour nous.

« J'avais eu deux enfants de mon deuxième mari, et je vivais heureuse en sa compagnie, quand il lui arriva une grande contrariété. Il réclamait deux ou trois écus à un homme pour qui il avait travaillé. Son débiteur refusait de payer, attendu qu'il était riche et qu'il connaissait le juge. Alors mon mari, ne pouvant obtenir d'autre justice, le tua. Le pauvre homme, après ce coup de tête, n'eut plus qu'à se faire brigand et à courir la montagne. Il vint du côté de Sonnino et se mit avec les autres. Moi, je rentrai chez mes parents, et j'avais souvent de ses nouvelles. Tantôt il venait me voir en cachette ; tantôt il me faisait passer quelques douceurs.

« Mais le pape Léon, qui avait résolu d'en finir avec le brigandage, ordonna que les femmes et les enfants de tous ceux qui tenaient la montagne seraient amenés de force jusqu'à Rome. Je fus mise aux Thermes avec beaucoup d'autres femmes de chez nous. J'y retrouvai ma sœur, dont le mari était aussi à la montagne, et plus de la moitié des familles de Sonnino. Le pape était dans une si grande colère qu'il parlait de raser le village. On avait amené des canons jusque sur les montagnes qui nous dominent, et vous ne verriez plus pierre sur pierre si le cardinal Consalvi n'avait intercédé pour nous.

« Pendant que nous étions aux Thermes, les messieurs et les artistes y venaient tous les jours, les uns pour nous voir, les autres pour dessiner d'après nous. C'est alors que j'ai commencé à poser pour M. Schnetz, et ma sœur pour M. (Léopold) Robert. C'est ma sœur qui joue du tambourin dans le tableau de la Madone de l'Arc. Moi, j'ai posé plus de mille et mille fois dans mon costume, et l'on m'a dit que mon portrait était dans des églises et des palais de votre pays. Nous étions traitées doucement; on nous permettait d'aller aux ateliers et même d'entrer comme ménagères chez les personnes recommandables.

« Mais mon mari, qui était un brave homme, comme je vous l'ai dit, et qui m'aimait beaucoup, sut que j'avais été arrêtée ; et, croyant que j'étais malheureuse en prison, il alla se livrer lui-même pour obtenir ma liberté et celle des enfants. Le saint-père avait promis la vie sauve et peu de prison à ceux qui feraient volontairement leur soumission entre les mains de l'évêque de leur province. Mais mon pauvre homme se méprit par ignorance : au lieu de se livrer à l'évêque de Piperno, qui était le nôtre, il alla se constituer prisonnier à Terracine. Et ainsi il perdit le bénéfice de la loi. On lui dit : « Si tu étais allé te rendre à « Piperno, tu aurais eu ta grâce, puisque le pape l'avait « promis; mais tu es allé à Terracine, tant pis pour toi. » On le mit aux galères à Porto d'Anzio.

« Les messieurs que je connaissais à Rome eurent pitié de mon chagrin. Ils demandèrent que mon mari fût enfermé plus près de moi, au fort Saint-Ange. Il y vint, et on lui permit même de sortir quelquefois pour me voir. Le pauvre garçon se conduisait bien en prison ; il apprenait à lire et à écrire ; il était exemplaire. On lui permit aussi de poser chez les peintres, et il gagna un peu d'argent. Quelques amnisties survinrent; sa peine fut réduite plusieurs fois, si bien qu'au bout de deux ou trois ans il n'avait plus que dix-huit mois à faire. Nous étions contents et pleins d'espoir. Notre idée était de bâtir un petit cabaret vers la porte Portese et d'y finir tranquillement notre vie. Mais lui, qui avait toujours été si sage en prison, fit je ne sais plus quelle imprudence. Je crois que, dans un moment de colère, il dit quelques vilains mots contre les saints. Tant et si bien qu'on le mit au bagne de Civita-Vecchia pour le reste de ses jours.

« Je vous ai dit qu'il était le plus doux et le meilleur des hommes, mais cette fois le désespoir le prit. Lorsqu'on a été si près de la liberté, on n'y renonce pas pour toujours. C'est pourquoi le pauvret s'entendit avec son compagnon de chaîne; et, un jour qu'on les avait envoyés faire du bois hors de la ville avec un seul soldat pour deux, ils se débarrassèrent de leur gardien. Il faut que la Madone les ait assistés miraculeusement ensuite, pour qu'ils aient pu rompre leurs fers, changer d'habits, passer le Tibre sans savoir nager, et gagner Sonnino, qui est à l'autre bout du pays.

« Ils s'y défendirent plus d'un an contre les soldats de l'État (pontifical) et ceux du royaume (de Naples), qui les traquaient de tous côtés. Le saint-père avait mis leurs têtes à prix; chacune des deux valait cent écus, qui sont cinq cent trente-cinq francs de votre monnaie. Croyez que, s'ils résistèrent si longtemps, ce fut par leur grand courage, leur connaissance du pays, leur expérience du métier et l'honnêteté des bons pasteurs du voisinage, qui aimaient mieux leur dénoncer les gendarmes que de gagner cent écus.

« Mais, à la fin, un traître découvrit la cabane où ils s'étaient retirés pour la nuit, et ils furent cernés par des soldats napolitains. Lorsqu'ils voulurent sortir, il était trop tard. Le camarade fut tué sur le coup, et mon mari blessé à mort : il avait l'épaule fracassée.

« Malheureusement pour lui et pour moi, il ne mourut pas tout de suite. On le porta d'abord à l'hôpital de Terracine, et les soldats napolitains arrivèrent derrière lui pour réclamer la somme qu'on leur avait promise. Mais on s'aperçut en l'interrogeant qu'il n'était pas sujet du pape, mais du roi. On le remit donc à l'autorité napolitaine, et l'on envoya les soldats se faire payer chez eux. Ils s'adressèrent au gouverneur de Gaëte, qui les renvoya à tous les diables, attendu que le roi n'avait rien promis ; et ainsi ils ne furent payés de personne. C'est bien fait.

« Quant à mon pauvre homme, il resta dix-huit mois à l'hôpital de Gaëte, sans se décider ni à vivre ni à mourir. On avait fait son procès pendant qu'il était malade, et les juges l'avaient condamné à mort ; mais le bourreau attendait qu'il fût bien portant pour lui couper le cou. Aussi n'avait-il guère de courage à guérir, et il aurait voulu rester malade jusqu'au jugement dernier.

« Tout cela était bien pénible pour moi, d'autant plus que je voyais ma sœur heureuse et que j'avais trouvé une occasion de l'être moi-même. Mon beau-frère, celui qui avait tué mon premier mari, avait fait sa paix avec la justice, et, en dénonçant quelques camarades, il avait obtenu une place de geôlier. Il ne gagnait pas mal d'argent, et Thérèse n'était pas à plaindre avec lui. Moi, je connaissais à Rome un chapelier qui me voulait du bien et qui demandait à m'épouser. Mais je ne pouvais prendre un troisième mari, tant que le second ne serait pas tout à fait mort. Dans cette triste condition, n'étant ni fille, ni femme, ni veuve, je pris le parti de faire écrire une pétition au roi de Naples pour qu'on exécutât mon pauvre mari tel qu'il était, sans attendre sa guérison. En même temps, je commençai avec ma sœur et le chapelier une neuvaine à saint Jean Décollé. Ma pétition resta sans réponse, mais la neuvaine réussit. Mon mari mourut, bien confessé, à l'hôpital de Gaëte, et j'épousai le chapelier, qui était un digne homme aussi, et un mari exemplaire. J'en ai eu un fils qui est mort dragon à l'hôpital de Viterbe. Le père est mort à Rome, dans sa chambre, de la mort des justes. Ma sœur et mon beau-frère sont morts aussi. J'ai entendu dire que ce pauvre M. Robert s'était tué par désespoir, pour un tableau. Moi, je me porte bien et je vivrai longtemps, s'il plaît à Dieu, quoiqu'il fasse grand froid à Sonnino, que je n'y voie guère de l'œil qui me reste, et que le vin soit à sept sous le demi-litre. »

———

Nous avons pris congé de Maria Grazia et de sa trop illustre patrie. Voici le village de Prossedi, qui a bien aussi sa petite célébrité dans les annales du crime. Gasperone, le grand Gasperone n'est pas né à Sonnino, mais à Prossedi.

C'est un bourg de quinze cents âmes, peuplé de paysans qui cultivent l'olivier et le mûrier, et sèment du grain pour leur consommation. Ici l'ignorance est peut-être plus grande qu'à Sonnino : quinze garçons au plus suivent l'école. C'est un pour cent de la population.

Le village est bâti de telle façon que les voitures n'y

sauraient pénétrer. Notre auberge est située hors des portes, devant le château du prince Gabrielli. Le prince est propriétaire d'une bonne partie des habitations. La prison de ville lui appartient. Son *ministro* ou intendant, a deux voitures.

Le commandant de la place est un brigadier de gendarmerie.

Les habitants, faute de voitures, possèdent une multitude d'ânes et de mulets. Il en faut beaucoup pour transporter dans la montagne toutes les choses nécessaires à la vie.

Les femmes sont belles et mignonnes. Elles vont nu-pieds et portent d'énormes fardeaux sur la tête, comme les femmes de Sonnino.

Le village est morne et malpropre. Presque toutes les maisons auraient besoin d'être réparées, mais on regarde à la dépense. En revanche, il n'y a pas un habitant qui n'ait fait écrire au-dessus de sa porte : « Vive Jésus ! vive Marie ! vive le sang de Jésus ! vive le cœur de Marie ! Blasphémateurs, taisez-vous pour l'amour de Marie ! » Ce débordement d'inscriptions est le fruit d'une mission quinquennale qui s'est faite au mois de mars. Le peintre du village y a fait fortune. Chaque inscription en grandes lettres lui était payée vingt-cinq pauls (13 fr. 40).

---

Tous ces villages se ressemblent : qui en a vu un, les connaît tous. Si je les décrivais un à un, je perdrais mon temps sans profit pour personne. Le matin, les hommes vont aux champs, les femmes vont chercher de l'eau ou du bois. Dans la chaleur du jour, la petite cité est déserte et comme morte. Vers le soir, quand le vent fraîchit un peu, les employés sortent de leurs bureaux et vont s'asseoir devant le café. Le monsignor, s'il y en a un dans la localité, commence sa petite promenade en bas violets, flanqué de deux familiers laïques ou ecclésiastiques et suivi d'un laquais en grande livrée. A la chute du jour, les marchands de verdure étalent sur la place. Les paysans rentrent au village, chargés de leur fatigue et de leurs outils pesants ; ils achètent quelques maigres provisions pour le repas du soir. Les femmes reviennent de la fontaine avec une conque pleine d'eau fraîche ; on soupe et l'on s'endort. Quelquefois, on prend sur la nuit pour entendre un sermon dans une église tapissée de fanfreluches. La fatigue du corps, le sommeil de l'esprit, l'ignorance du passé, les difficultés du présent, l'incertitude de l'avenir et une certaine résignation somnolente, remplissent l'existence de ces pauvres gens. Un ennui glacial suinte des murailles. On travaille, on mange, on boit, on peuple mélancoliquement.

Si Rome venait à être engloutie par un tremblement de terre, les paysans de ces villages continueraient à cultiver leurs champs, à consommer leurs récoltes sur place et à végéter dans une misère assez courageuse. Chaque petit municipe vit par soi et pour soi sur un sol qui n'est pas stérile. Les contributions communales payent le médecin communal, le chirurgien communal, l'instituteur communal et la réparation telle quelle du chemin communal. L'État prélève une grosse part sur les revenus de chaque année. En échange de l'impôt, il envoie un juge-gouverneur qui vend la justice. L'agriculture est la seule carrière ouverte à l'activité de l'homme : il n'y a ni commerce, ni industrie, ni affaires, ni mouvement dans les idées, ni vie politique, ni aucun de ces liens puissants qui attachent les provinces aux capitales.

---

De tous les animaux utiles, la femme est celui que le paysan romain emploie avec le plus de profit. Elle fait le pain, la *pizza*, le mortier; elle file, elle tisse, elle coud; elle va tous les jours chercher le bois à trois milles et le pain à un mille et demi. Elle porte sur sa tête la charge d'un mulet; elle travaille depuis le lever jusqu'au coucher du soleil sans se révolter et même sans se plaindre. Les enfants, qu'elle fait en grand nombre et qu'elle nourrit elle-même, sont une ressource précieuse : dès l'âge de quatre ans on les emploie à garder d'autres animaux.

---

Je m'informe partout du progrès des lumières. « Combien y a-t-il ici de gens qui sachent lire ? — *Pochissimi*, très-peu. » La réponse est uniforme. Instruction primaire.

Lorsqu'un arbre a besoin d'être taillé, on coupe la tête par le milieu. Un trait de scie en ligne horizontale a bientôt fait l'affaire. A-t-on besoin de l'arbre tout entier, on le scie à un pied du sol : la souche et le reste du tronc pourrissent sur place. Instruction professionnelle.

Les impôts communaux sur le vin, la viande, la charcuterie, etc., sont affermés à des entrepreneurs qui en tirent ce qu'ils peuvent et rendent quelque chose à la commune. Science administrative.

---

Les taxes communales sont assez lourdes et le paysan se plaint d'en être écrasé. Dans les villages les plus modestes, il faut payer un sou à l'octroi pour trois cent trente-neuf grammes de viande ou de charcuterie; de quinze à trente sous pour le moindre baril de vin aigre; tant par tête de cheval, de mulet ou d'âne, tant pour chaque cochon qu'on élève chez soi. Le droit d'allumer du feu (*focatico*) se paye de deux à cinq écus. Ce dernier impôt est progressif, autant que j'en ai pu juger.

Cependant on ne peut pas dire que ces braves gens soient misérables, comme les Irlandais, par exemple. Ils sont pauvres, voilà tout. La gratuité du culte, de l'école et des soins médicaux, compense jusqu'à un certain point l'énormité de leurs charges. Leur travail sur leur champ suffit à les faire végéter jusqu'à la vieillesse. Ils passent leur vie à gagner leur vie. L'existence de cette classe ressemble à un cercle vicieux.

---

On serait peut-être effrayé d'apprendre que tel village de deux mille âmes possède une trentaine de prêtres, si l'on ne savait en même temps que ces prêtres ne lui coûtent rien. Ils ont des bénéfices, des dotations, des terres, grâce à la libéralité de quelque seigneur du bon temps. Leurs biens sont affermés, et ils vivent du revenu.

Il faut donc avouer que cette multitude d'ecclésiastiques qui serait onéreuse à toute autre nation, coûte relativement assez peu de chose au peuple romain. Un cardinal, par exemple, ne prélève que quatre mille écus sur le budget de l'État. Le reste de son revenu se compose de quelques gros bénéfices et surtout des charges qu'il remplit. Le cumul est autorisé, et l'on en use largement.

---

C'est d'une part le mauvais air, de l'autre le manque absolu de sécurité dans la plaine, qui a contraint tous les paysans de ces contrées à se loger sur des roches aérées et peu accessibles. Cet usage est très-ancien, puisqu'un bon nombre des petites villes où nous nous arrêtons sont encore renfermées dans des murailles cyclopéennes. Quand la population diminue, on laisse tomber quelques maisons en ruine ; quand elle augmente, on se serre dans les constructions existantes. On bâtit fort peu, faute de capital ; on restaure rarement et à la dernière extrémité. Toutes ces villes ont l'air d'avoir été bâties le même jour et faites d'un seul morceau. Le paysan s'acoquine à son mauvais gîte. Il tient peu de compte de la longueur des distances, de l'escarpement des rues, et surtout de l'incommodité des maisons. La vie se passe aux champs.

---

Pour ces travailleurs qui suent du matin au soir sous un soleil brûlant, sur un sol grillé, dans des chemins détestables, l'homme qui demeure chez lui sans rien faire et ne sort pas même dans la rue pour se promener, est un être heureux, privilégié, noble par excellence et proche parent des dieux immortels.

J'étais sur la place du Palais, à la porte de Prossedi, et je faisais causer un jeune indigène. Il me montra à quelque distance un homme bien vêtu, que cinq ou six personnes forçaient de monter en voiture. C'était un notable de la ville, qui avait perdu la raison et qu'on emmenait à l'hospice de Pérouse. « Voilà, me disait l'enfant, un homme qui a passé toute sa vie dans sa maison, comme un prince; on ne le voyait pas dehors quatre fois dans l'année. Et maintenant il va voyager sur les grands chemins, comme un simple paysan. »

---

Paliano, quatre mille deux cent cinquante habitants, cinquante hommes de garnison, trente geôliers, deux cent cinquante détenus politiques. L'an dernier les prisonniers ont fait une tentative d'évasion. On en a tué six à coups de fusil, sur les toits. Six autres vont passer en jugement. On a exhumé une vieille ordonnance du cardinal Lante en vertu de laquelle ils pourront être condamnés à mort.

---

L'état des routes est si piteux dans ces montagnes, et la difficulté des transports y est si grande qu'il ne s'établit aucun équilibre dans le prix des denrées. La livre de pain coûte deux sous ici, et deux sous et demi à quatre lieues plus loin. Le transport pour ces quatre lieues vaut donc un demi-sou par livre. Le vin coûte sept sous le demi-litre (*foglietta*) à Sonnino, et deux sous et demi à Pagliano. A Pagliano, il est assez bon; à Sonnino, il est mauvais. En coûte-t-il donc quatre sous et demi pour transporter à dix lieues un demi-litre de liquide!

---

Hier, tandis que nous faisions la sieste à Paliano, les cloches se sont mises à sonner un orage. C'est le quatrième que nous rencontrons depuis dimanche. Pour cette fois, nous avons été quittes à bon marché. Il est tombé quelques gouttes de pluie sur la forteresse, le tonnerre a grondé au loin, et nous avons pu nous mettre en route pour Olevano.

Ce matin, en allant d'Olevano à Palestrina, nous avons vu les traces d'une tempête épouvantable. Les ruisseaux gonflés par la pluie avaient dévoré les champs voisins; quelques haies étaient tombées sur la route avec d'énormes masses de terre. Mais ces ravages n'étaient rien; la grêle avait fait bien pis : voici les noix marbrées de grosses meurtrissures, les pousses de la vigne brisées, les feuilles des arbres effrangées; tout ce qui était tendre, tout ce qui était vert, tout ce qui était promesse et espérance, vient de périr.

Nous nous sommes arrêtés à l'auberge de Palestrina. Une petite église ouverte de l'autre côté de la route est inondée. Tous les carreaux sont cassés dans le village. Les paysans se rassemblent autour de nous pour nous dépeindre la grosseur des grêlons et nous conter les ravages de la tempête. On dirait que leur douleur a besoin de s'épancher. Ils ne s'amusent pas à nous donner de l'*Excellence* par le nez : ils nous tutoient et nous appellent *frères*.

C'est un lieu commun bien rebattu, la misère du laboureur qui voit périr en un matin le fruit de tous ses travaux de l'année. Quand on rencontre ce développement dans un livre, on est presque tenté de crier à l'auteur : servez-nous du nouveau, pour l'amour de Dieu ! D'ailleurs, nous sommes tellement habitués à voir l'homme se créer mille ressources diverses en dehors de l'agriculture, que nous ne comprenons pas comment quelques poignées de grêlons sur un champ peuvent ruiner une famille entière. Mais quand on a vécu quelques jours au milieu de ces paysans, quand on les a vus partir avant l'aube pour sarcler leur coin de terre, quand on sait qu'ils n'ont pas d'autre bien au monde et que tout leur avoir est là, exposé au froid et au chaud ; enfin lorsqu'on touche du doigt la destruction de leur récolte, lorsqu'on voit leurs figures pâles et baignées de vraies larmes, on s'aperçoit que ce lieu commun est aussi intéressant que le drame le plus nouveau.

Je demandais à un de ces désespérés si les oliviers de la montagne avaient souffert autant que les cultures de la plaine ? Il leva les épaules et répondit : « Qu'est-ce que les oliviers ? Qu'est-ce que la vigne ? Il s'agit de nos blés, qui sont perdus. Quand on n'a pas d'huile, on s'en passe ;

quand le vin manque, on boit de l'eau ; mais quand le blé périt, il n'y a plus de pain, il n'y a plus d'hommes ! »

---

Je me suis peut-être étendu trop longuement sur un petit voyage obscur où je n'ai rencontré ni monuments, ni belles dames, ni aventures romanesques. Des paysans, toujours des paysans! Mais notre bien-aimé Alfred de Musset, dans un de ses plus gracieux chefs-d'œuvre, a pris soin de me rimer une excuse :

> Ces pauvres paysans, pardonne-moi lecteur,
> Ces pauvres paysans, je les ai sur le cœur.

## XVI

LE VOITURIN.

Les touristes de qualité ne le connaissent que de vue. Si vous avez parcouru l'Italie en chaise de poste, vous avez peut-être mis la tête à la portière pour regarder une vieille voiture poudreuse, qui tient du fiacre et de la berline, bourrée d'êtres humains, surchargée de malles et de paquets. Pour peu que le chemin fût difficile, vous avez eu le temps de remarquer un gros homme en casquette et en paletot qui marchait, le fouet en main, à la droite des chevaux en leur disant des paroles consolantes. Ce conducteur bourgeois, c'est le voiturin, providence ambulante de la classe moyenne et des étrangers pauvres. Tous les artistes légers d'argent ont passé quelques journées avec lui et gardé bon souvenir de sa complaisance.

Dans ce royaume où le peuple est pauvre et l'activité humaine un peu endormie, on voyage rarement, lentement et à petites journées. La classe moyenne ne se déplace guère; elle végète à l'endroit où le hasard l'a fait naître. Songez qu'il est impossible de sortir de Rome sans passe-port et que les passe-ports ne se donnent qu'aux hommes bien notés. Ils coûtent assez cher et ne servent que pour un voyage. Ainsi un habitant de Terracine qui serait forcé de passer cent fois par an la frontière napolitaine devrait donner cent fois un écu à l'entrée et à la sortie. Ajoutez qu'on ne traverse pas une petite ville, si modeste qu'elle soit, sans subir les ennuis du visa et sans payer tribut à la mendicité d'un fonctionnaire. Le voyageur le plus déterminé se découragerait à moins.

Lorsqu'un petit bourgeois de Rome est absolument forcé de se mettre en route, il traite de gré à gré avec un voiturin. C'est une grosse affaire. On débat la durée du voyage, le nombre des repas, le café au lait du matin, le prix du transport, le montant du pourboire. Le voiturin s'engage à se rendre en tel lieu en tant de jours et par telle route, à prendre autant de bœufs et de chevaux de renfort qu'il en faudra pour chaque montée, à payer le passage des ponts et des barrières qui coupent la route, à loger son voyageur dans les meilleures auberges et à lui fournir tel nombre de repas. Toutes ces conventions sont couchées sur le papier; on dresse un acte en double expédition, signé des deux parties contractantes.

Les prix du voiturin sont d'une modération fabuleuse. Si j'ai bonne mémoire, un voyageur peut être transporté, nourri, couché, servi, pour une somme de six à huit francs par jour. Mais on va beaucoup moins vite qu'en chemin de fer; il faut en prendre son parti. Les journées de douze lieues ne sont pas de mauvaises journées.

Le premier voyageur qui a traité avec le voiturin est le maître de la voiture (*padrone del legno*). Il a voix prépondérante dans les discussions qui s'élèvent en route. Je dois dire, au demeurant, que les discussions sont très-rares. Le voiturin et son valet sont armés d'une complaisance inaltérable, et j'ai toujours eu lieu d'admirer la courtoisie des Italiens qui voyageaient avec nous. Était-ce sympathie pour la nation française? Était-ce simplement l'effet de ce vieux préjugé romain qui voit dans tous les étrangers autant de seigneurs? J'incline vers la première hypothèse. Le voiturin lui-même agissait avec nous moins familièrement qu'avec ses compatriotes, et j'ai cru voir que dans les auberges on prenait de nous un soin tout particulier. Cependant les aubergistes savent mieux que personne que les voyageurs du voiturin ne sont pas précisément des seigneurs.

J'ai cheminé de cette façon depuis Rome jusqu'à Bologne. Au départ, nous étions cinq Français, avec un jeune avocat romain. Quatre dans la voiture, deux sur l'impériale. Les voyageurs de l'impériale demandaient des remplaçants chaque fois qu'ils se sentaient un peu trop cuits.

Mes compagnons de voyage étaient un jeune touriste de beaucoup d'esprit, M. Dugué de La Fauconnerie, un peintre de l'Académie de Rome, M. Giacomotti, deux autres artistes, M. Pradier, fils de l'illustre statuaire, M. Jules David, petit-fils du grand peintre et cousin germain de mon excellent ami le baron Jérôme David. Je ne me rappelle pas le nom du jeune avocat qui faisait route avec nous, mais c'était un homme doux et bienveillant. Peut-être lui manquait-il le *je ne sais quoi* qui distingue chez nous les hommes bien élevés. Cependant nous étions presque choqués de voir que le voiturin le traitait sur un pied d'égalité parfaite. Nous étions d'un pays où la distance est énorme entre un conducteur de diligences et un docteur en droit.

---

Je ne sais rien de plus désirable ni de plus charmant, que la bonne compagnie. Cependant lorsque vous voyagerez dans le but de vous instruire, je vous conseille d'aller seul. Depuis l'heure où le voiturin vint nous prendre en faisant carillonner les sonnettes de ses trois chevaux, jusqu'à la ville de Foligno où je dis adieu à mes amis, j'observai fort peu de chose. Je l'avoue à ma honte, mais non sans un certain plaisir rétrospectif, la conversation ne fut guère qu'un éclat de rire continu.

La campagne triste et désolée autour de Rome changea de face à mesure que nous nous éloignions de la ville. C'est un fait que j'avais déjà noté plus de dix fois sur mes tablettes. Rome est peut-être la seule grande ville sans banlieue, la seule qui soit entourée d'une zone inculte. Il faut sortir et marcher longtemps avant de trouver les routes bien entretenues, la circulation bruyante, la culture active et prospère. Plus on s'éloigne de la capitale, plus on trouve le pays vivant et le peuple heureux.

Je conclus de ce phénomène unique en son genre, que Rome sera peut-être un jour la capitale de l'Italie, mais qu'elle n'est pas aujourd'hui la capitale des États romains.

---

A Civita-Castellana, le voiturin vend ses chevaux. Il a trouvé l'occasion de faire un bon marché, et il n'est pas homme à négliger ses affaires. Mais nous, qu'allons-nous devenir? — Bah ! répond-il avec un sourire philosophique, la Madone ne nous laissera pas en plan.

Le fait est que le lendemain matin la voiture était attelée de trois rosses, aussi laides, aussi courageuses et aussi carillonnantes que les premières.

Voici l'ordre et la marche invariable du voiturin. Au petit jour, il éveille ses voyageurs et fait charger le bagage. Un café s'ouvre à dix pas de l'auberge; le voiturin nous y conduit et nous fait servir le premier déjeuner. On se met en route à la fraîcheur, et l'on chemine au petit trot jusque vers dix heures du matin. C'est le moment de la grande halte. Les bagages sont déchargés pour le cas où quelque voyageur aurait la fantaisie de changer de linge. On nous sert un repas modeste, mais solide, arrosé de quelque petit vin du cru. Une fois lestés nous courons le pays; les paresseux ont le droit de demander une chambre et de faire la sieste. Entre deux et trois heures, on remonte en voiture et l'on trotte, toujours piano, jusqu'à six. Les bagages redescendent, les chevaux vont à l'écurie et les voyageurs se promènent jusqu'à l'heure du souper.

Tout cela est si bien réglé, si bien convenu, que cinq ou six voiturins peuvent voyager de conserve sans jamais se perdre de vue. Notre jeune avocat nous raconta l'histoire d'un de ses amis qui s'est marié d'un voiturin à l'autre. Il remarqua le premier jour une jolie fille qui voyageait avec ses parents pour recueillir quelque modeste héritage. Il la reconnut le lendemain, lui sourit le surlendemain, lui parla le quatrième jour, la demanda en mariage le cinquième, et l'obtint au bout de la semaine, grâce à une bouteille de Monte-Pulciano que le père avait acceptée imprudemment.

Il ne tiendrait qu'à nous de jouer le même jeu, car voici un voiturin qui nous suit pas à pas, comme pour recueillir notre poussière. Cinq filles à marier! Et assez jolies, ma foi. Et le nez coloré de monsieur leur père ne témoigne pas d'un grand mépris pour le vin de Monte-Pulciano. Mais personne de nous ne songe au mariage [1].

C'est au bagne de Civita-Castellana que le fameux Gasperone expie assez doucement ses crimes. Je devais une visite à ce grand homme et je sors de chez lui.

Chez lui, est le mot propre, car il règne littéralement dans ce bagne de terre ferme. Treize ou quatorze anciens bandits lui composent une cour. Le gouvernement lui sert une liste civile de cinq sous par jour, pour frais de représentation. Les étrangers qui viennent le voir lui payent tribut.

Ce monarque à perpétuité me reçut dans une grande chambre qui lui sert de salle du trône. Il fit trois pas au-devant de moi et me tendit la main avec un sourire protecteur. Les personnes de sa cour et quelques gendarmes firent cercle autour de nous.

Gasperone est un grand vieillard d'une beauté remarquable. Sa taille est droite et fière, ses traits mâles et réguliers, son regard étincelant. Il porte une longue barbe blanche. L'explosion d'un fusil chargé à poudre a marbré sa figure d'une myriade de petites taches bleuâtres. Son costume de gros drap est celui d'un paysan aisé; on l'a dispensé de

---

[1]. Le fait est que mes quatre compagnons sont encore célibataires, excepté deux. Septembre 1860.

la livrée des forçats ainsi que de leur compagnie. Il vit seul, entouré de ses anciens compagnons, et distrait de son ennui par la visite des étrangers.

Des montagnes qui l'ont vu naître, il n'a gardé que l'accent et la chaussure. Il me montra ses chôches ou sandales attachés par des bandelettes de cuir et me dit avec une modestie assez orgueilleuse : « Excusez-moi si je ne parle pas le pur romain ; je suis né chôchar et chôchar je mourrai. » Ce titre de chôchar ou de porteur de chôches est employé à Rome comme un terme de mépris. Le cardinal-prince Altieri, soutenant une discussion assez vive contre le secrétaire d'État, ne craignit pas de lui jeter à la face l'épithète de chôchar. Il est positif que le cardinal Antonelli, comme tous les enfants de Sezza, de Prossedi et de Sonnino, a porté les chôches dans sa jeunesse.

Gasperone me demanda si j'étais Romain ? C'était évidemment une formule de politesse et un compliment sur la façon dont je prononçais la langue italienne. Je le remerciai de sa courtoisie et je déclinai ma qualité de Français.

« Hé bien ! reprit-il en souriant, emmenez-moi en France avec vous. »

Je m'appliquai à lui démontrer qu'un homme de son état ne trouverait pas à s'occuper dans un pays comme la France. Les gendarmes qui nous écoutaient haussèrent les épaules en signe d'incrédulité quand je dis que le brigandage était impossible chez nous.

Le fait est que le brigandage, si bien déraciné dans les montagnes de Sonnino, était très-florissant alors dans les Marches et les Romagnes. On parlait d'un propriétaire assiégé dans sa maison aux portes mêmes de Rimini. On racontait l'histoire d'une prison évadée en masse, détenus et geôliers, pour exploiter la campagne.

Gasperone ne manque pas d'une certaine bonhomie; cependant il me parut un peu roide et préoccupé de tenir son rang. Il était debout et nous aussi. Je me reportai involontairement au souvenir de ce prince romain qui disait dans sa morgue hautaine : « Je ne me suis jamais assis devant un homme de la classe moyenne, parce qu'il aurait peut-être fallu le faire asseoir. »

Cependant lorsque je parlai de Sonnino, de Maria Grazia, et des montagnes que j'avais visitées, le vieux brigand s'épanouit et céda au plaisir de parler. Il raconta quelques épisodes de sa vie active et notamment le dernier, qu'il a toujours sur le cœur. Il protesta contre l'illégalité de sa détention. « Car enfin, disait-il, les gendarmes ne m'ont pas pris, je ne me suis pas rendu ; c'est par trahison qu'on s'est emparé de moi. J'avais accepté une entrevue avec le gouvernement pour signer un traité ; on a violé le droit des gens en s'emparant de ma personne. »

Les gendarmes l'écoutaient avec une admiration respectueuse. L'un d'eux lui dit : « De quoi te plains-tu? tu as fait la guerre et nous ne la ferons jamais. Tu n'as manqué de rien et nous manquons de tout. Tu as été capitaine, et moi qui te garde, je ne serai seulement pas maréchal des logis, car je n'ai ni femme ni fille pour travailler à mon avancement! »

Après une bonne demi-heure de conversation, je pris congé. Gasperone voulait absolument que j'emportasse un souvenir de lui. Il m'offrit la liste manuscrite de ses homicides, au nombre de 127, si j'ai bonne mémoire. Il ajouta que messieurs les Anglais ne manquaient jamais de la prendre.

Que l'homme est un étrange animal! Cette liste me fit horreur et je la refusai tout net. J'avais serré sans répugnance la main qui a commis tant de crimes; la feuille de papier où l'on en avait dressé le catalogue m'inspira un sentiment de dégoût. Je dis adieu au grand homme qui en avait égorgé tant de petits et je lui donnai un pourboire qu'il accepta comme un simple chef de bureau.

Sa haute paye était autrefois de dix sous; on l'a réduite à cinq depuis quelques années. C'est un grief qu'il n'a garde d'oublier dans la conversation.

---

L'auberge de Civita-Castellana est le type des grandes auberges italiennes, telles qu'on les trouve dans le roman. Balcons, terrasses, fleurs du midi, grandes cours ouvertes aux chaises de poste, rien n'y manque. Il est vrai de dire que Civita-Castellana est sur la route classique de Rome à Florence.

---

Ce qui m'agace au delà de toute expression, c'est la mendicité obstinée dont nous sommes poursuivis. Dans les auberges les mieux tenues, le camérier tend la main, le faquin qui a chargé les bagages tend la main, le garçon d'écurie tend la main, l'aubergiste lui-même nous fait quelquefois l'honneur de nous demander l'aumône. Le long du

chemin, lorsque le voiturin prend des bœufs ou des chevaux
de renfort, l'homme qui les a loués et qui vient de toucher son
salaire, nous tire par la manche et nous éveille, au besoin,
pour une communication importante. Que veut-il? Une
petite pièce de monnaie pour acheter du pain. Si le pain
était rare ou cher, cette importunité serait peut-être
excusable. Mais la récolte est magnifique, les cultivateurs
en conviennent eux-mêmes, lorsqu'ils se dérangent de
leur travail pour venir nous tendre la main. Évidemment,
ces gens-là n'ont pas besoin des quelques sous qu'ils nous
demandent. Ils mendient pour le principe, pour l'honneur
du pays et du gouvernement.

Que l'on est fier d'être Français! Cependant je dois
avouer que la mendicité est encore plus arrogante et plus
inexcusable à Paris. Un cocher romain à qui l'on ne donne
rien pour boire se contente de vous maudire intérieurement. Un cocher de Paris vous injurie et fait pis quelquefois. Nous avons sur les boulevards de Paris tel et tel
café qui recueille tous les ans plus de cent mille francs
d'aumônes. Les domestiques de ces établissements, qui
n'ont pas d'autre salaire, partagent cette somme énorme
avec un patron absurdement riche, et l'on voit des loyers
de soixante mille francs payés sur l'aumône forcée des
pauvres consommateurs.

A Narni, le voiturin nous vend à un de ses confrères qui
se charge de nous transporter aux mêmes conditions jusqu'au terme de notre voyage.

Les cascades de Terni sont faites de main d'homme,
comme celles de Tivoli. L'art est venu en aide à la nature;
on a détourné une rivière de son lit pour la précipiter au
milieu des rochers.

Ici, les paysans industrieux ont construit cent diverses clôtures aux environs de la cascade. Chacun d'eux lève un impôt sur la curiosité des voyageurs.

A Foligno, j'ai dit adieu à mes aimables compagnons. Ils se sont dirigés vers la ville de Pérouse, qui n'avait pas encore été saccagée par les mercenaires allemands du colonel Schmidt. J'ai gravi les Apennins par une route assez nue et fort triste. Me voici sur le versant de l'Adriatique, dans les provinces les moins soumises de l'État pontifical. Serravalle, Tolentino, Macerata, Recanati, les premières villes et les premiers villages de la marche d'Ancône ont une physionomie toute nouvelle. Que nous sommes loin de Rome et de sa campagne désolée! Ici, les routes larges et bien entretenues sont couvertes de piétons et de voitures, et bordées de champs fertiles. Je n'ai pas vu les plaines de la Lombardie, mais je doute qu'elles puissent être mieux cultivées que cet admirable pays. La propriété est divisée; la population ne se parque plus timidement dans l'enceinte des villages; on voit partout des habitations rurales en bon état.

Je vous ai expliqué comment la culture n'était qu'un accident passager dans la campagne de Rome. On amène des bœufs et des charrues sur un pré; on laboure, on sème, on sarcle, on récolte à la hâte, et la terre rentre dans son repos pour une période d'au moins sept ans. Ici la culture est l'état normal de la terre. Tout champ est planté d'arbres et labouré, pioché, fumé sous les arbres. J'ai vu souvent sur le même hectare une récolte de feuilles de mûrier, une vendange suspendue au tronc des arbres et une moisson jaunissante à leur pied. La vigne se marie également à l'érable, au saule, au peuplier, à l'ormeau. La feuille d'ormeau est un excellent fourrage pour les bœufs, qui la mangent en vert.

J'ai failli oublier que nous étions dans l'État pontifical, mais voici la sainte ville de Loreto qui me rappelle à la réalité.

Loreto, ou Lorette, qui a donné son nom à l'une des classes les plus florissantes de la population parisienne, est une ville de 5470 âmes. Elle doit son existence à une série de miracles trop connus pour qu'il soit nécessaire de les raconter ici. Nul catholique ne peut ignorer que la maison de la sainte vierge Marie, longue de 10 mètres 60, sur 4 mètres 36 de large et 6 mètres de haut, fut emportée de Nazareth entre les bras des anges dans la nuit du 12 mai 1291. Elle fit une première station en Dalmatie où elle séjourna environ trois ans et demi. Le 9 décembre 1294, elle traversa l'Adriatique et vint chercher en Italie un emplacement plus digne d'elle. Elle erra quelque temps dans les forêts voisines de Lorette et s'arrêta définitivement à trois kilomètres de la mer.

La sainte maison (Santa Casa) n'a que les quatre murs. Les anges ont laissé en Palestine le pavé et les fondations. Mais ils ont apporté les vases de terre dans lesquels la vierge Marie préparait les aliments de son divin fils.

Rien de plus pauvre que cette maison, bâtie en petites pierres rougeâtres comme on en trouve beaucoup dans le pays. Rien de plus riche et de plus magnifique que les ornements dont on l'a revêtue. Le contraste est aussi grand entre l'humble cabane et le temple qui l'enveloppe, qu'entre l'apôtre Pierre et le pape Léon X. Elle est aussi méconnaissable sous ses revêtements de marbre que la morale évangélique sous la poésie du cardinal Bembo.

Cette maison miraculeuse est propriétaire de la ville de Lorette et de tout l'horizon qui l'entoure. Elle possède quatre cent mille francs de rentes en biens fonds, sans compter le revenu éventuel qui est énorme. Jugez-en par la vente des chapelets et autres objets de dévotion, qui rapporte aux habitants de Lorette un bénéfice de quatre à cinq cent mille francs par année. Ce commerce ne profite qu'indirectement à la maison sainte, mais il entraîne à sa suite une multitude d'offrandes. Ainsi, je viens de voir une vieille dame de Dublin s'occuper un grand quart d'heure à faire bénir mille petites choses : bagues, médailles, chapelets, et sonnettes contre la foudre. Un ecclésiastique dont j'admirais la patience a signé pour elle une vingtaine d'images; il en a cacheté vingt autres en joignant à chacune un petit lambeau de crêpe noir; il a sanctifié plusieurs bijoux en les faisant passer dans l'écuelle où mangeait l'enfant Jésus; après quoi la bonne dame a déposé une offrande qui égalait pour le moins la valeur de toutes ses emplettes.

Je ne parle pas des offrandes plus précieuses qui sont envoyées par les princes et les grands de la religion catholique. Il y en a de plaisantes, comme la culotte du roi de Saxe; il y en a de magnifiques, et le trésor de la sainte maison a réparé ses malheurs de 1797.

La statue de la Vierge, sculptée par l'inévitable saint Luc, est littéralement vêtue de pierreries. Cette figurine de bois noir, qui a séjourné jadis au cabinet des médailles de la Bibliothèque impériale, possède un écrin plus riche que pas une princesse de l'Europe.

Le cicérone qui me conduit est à la fois garçon d'hôtel et sacristain de la sainte maison ; assez incrédule au demeurant. Il paraît surtout préoccupé de statistique et de finance. Il m'assure que la sainte maison est entourée de 120 autels où 120 prêtres disent 120 messes tous les jours. Il me fait remarquer les confessionnaux où des pénitenciers de toutes les langues reçoivent l'aveu des crimes spéciaux qu'un simple prêtre ne pourrait effacer. « Tout cela rapporte beaucoup d'argent, dit-il en retombant dans la prose. Nous sommes ici plus de 300 employés qui recevons chacun deux litres de vin et deux livres de pain chaque jour. Nos finances ont été dérangées tout récemment par Mgr Narducci. Il a laissé dans la caisse un déficit de trois cent mille francs. Aussi l'a-t-on révoqué.

— Et qu'en a-t-on fait ?

— On l'a nommé administrateur de l'hospice Saint-Esprit, à Rome, sans doute parce que Saint-Esprit est plus riche et plus difficile à ruiner. »

---

Les voyageurs qui entrent dans l'église où la sainte maison est renfermée aperçoivent sur la droite un collège des RR. PP. Jésuites, à gauche, le palais Apostolique où réside le successeur de Mgr Narducci. Le palais Apostolique est médiocrement tenu. On y voit trop de femmes en peignoir blanc ; les femmes des employés subalternes, sans aucun doute. Par contre il faut avouer que le collège des Jésuites, vu du dehors, imprime aux esprits les moins bien tournés une sorte de respect. Il a un air sévère et rangé qui impose.

---

C'est dans le sous-sol du palais Apostolique qu'on admire cette belle pharmacie dont presque toute la vaisselle est en vraie faïence de Faenza, exécutée d'après les dessins des plus grands maîtres.

---

J'ai passé toute la journée dans l'église. C'est un véritable musée et j'y aurais été parfaitement heureux sans l'importunité des chiens, des mendiants, des ciceroni, et de quelques vieilles femmes qui voulaient obstinément faire le tour de la sainte maison sur leurs genoux, à mon intention et à mes frais.

Ces petits pèlerinages salariés ne se font pas seulement en Italie. J'ai connu à Vergaville, dans le pays de ma grand'mère, une vieille femme, pèlerine de son état, qui se rendait, moyennant salaire, aux chapelles les plus renommées et qui gagnait sa vie en gagnant des indulgences. Je crois pourtant que ce métier est beaucoup plus lucratif à Lorette qu'à Vergaville.

---

Les Italiens disent quelquefois : bête comme un Anglais. Cette locution m'a toujours paru non-seulement vicieuse, mais inexplicable. Car enfin l'Italie entière sait par expérience que ses amis les Anglais ne sont pas des bêtes. Un habitant d'Ancône que j'avais rencontré à Lorette, m'a donné l'explication de ce préjugé. « Le peuple, me dit-il, embrasse sous la domination d'Anglais tous les habitants des Iles Britanniques, mais en réalité cette réputation de bêtise n'appartient qu'aux Irlandais. Ils acceptent si aveuglément les miracles les plus discrédités chez nous, ils digèrent d'un tel appétit les bourdes les plus incroyables qu'on prend pour un défaut d'intelligence ce qui n'est qu'un excès de foi. »

---

J'ai reculé d'horreur en voyant dans une chapelle latérale le cadavre d'un enfant et sa figure couverte de mouches. Le pauvre petit était vêtu en abbé, suivant un usage assez répandu. Je me demandais comment une famille pouvait abandonner ainsi les restes mortels de sa progéniture, mais je m'aperçus au bout d'un instant que l'enfant n'était pas seul. Un commissionnaire ou faquin, payé à la journée pour garder le corps et écarter les mouches, dormait dans un coin de la chapelle. Cette triste apparition gâta pour moi le plaisir de la journée, et lorsqu'une mouche de l'église venait se poser sur ma figure ou sur ma main, je la chassais avec une sorte de terreur. Il me semblait que ces sales bêtes étaient les mêmes que j'avais vues se grouper autour des narines et des yeux du pauvre petit enfant.

Un bruit de voix m'attira hors de l'église et je vis une procession de chôchars sans leurs chôches. Les malheureux marchaient pieds nus depuis les montagnes des Abruzzes. Hommes et femmes tenaient en main le bâton des pèlerins; le chef de la bande, un grand gaillard robuste et bien bâti, portait un camail orné de coquilles. La sueur et la poussière découlaient en boue épaisse sur leurs visages hâlés; ils chantaient à tue-tête un cantique en langue vulgaire. A vingt pas du seuil de l'église et de ces admirables portes de bronze, ils tombèrent à genoux, et c'est en rampant qu'ils y firent leur entrée. Plusieurs d'entre eux, les plus fervents sans doute, léchèrent le parvis depuis la porte jusqu'à la sainte maison qui est au fond de l'église. Arrivés là, ils poussèrent de grands cris, les uns s'accusant de leurs fautes, les autres demandant à la Madone la grâce spéciale qu'ils étaient venus chercher. Une fille assez laide implorait la mise en liberté d'un galérien qui lui tenait au cœur; un mari sollicitait la guérison de sa femme; une femme demandait pour son mari je ne sais quoi, mais rien de bon, car elle le dénonçait à la Madone et l'accablait des injures les plus pittoresques. Lorsqu'ils eurent jeté leur premier feu, ils reprirent le cantique interrompu. Le vétéran qui garde, sabre en main, les diamants de la Madone, chantonnait machinalement avec eux. Je n'aurais jamais fini si je voulais énumérer les promenades à genoux, les adorations et les embrassades dont ces malheureux me donnèrent le spectacle. Il faut plaindre les artistes qui ont exposé des chefs-d'œuvre de marbre et de bronze à la dévotion trop caressante des chôchars. Je me rappelle un bas-relief de la Flagellation où le Christ est littéralement effacé par les baisers acides de ces mangeurs d'ail.

---

La ville de Lorette n'est guère qu'une grande boutique où l'on vend des chapelets. Elle me parut assez endormie pour le moment; nous étions au plus fort de l'été. Les marchands que j'interrogeai se plaignaient de la stagnation des affaires et maudissaient la grande chaleur.

Cependant, vers le soir, la rue s'anima quelque peu. Je vis passer de grands chariots attelés de bœufs et chargés de sacs de blé. Chacun d'eux portait le monogramme de la Société de Jésus.

Les habitants aisés et les riches marchands commencèrent à sortir de la ville pour prendre le frais. Je rencontrai, dans une voiture, un prélat romain qui avait une dame âgée à sa droite et deux jeunes gens devant lui. Mes observations s'arrêtèrent là, car le voiturin attela ses chevaux et nous mena coucher aux portes d'Ancône.

---

Nous nous sommes arrêtés hors de la ville parce qu'elle a les priviléges d'un port franc et qu'il faudrait subir la visite des douaniers à la sortie. Les douaniers ne nous ont pas moins visités le surlendemain, à deux ou trois kilomètres d'Ancône. C'était pour le principe, ou si vous l'aimez mieux, pour la *bonne main*.

J'ai passé toute une journée dans cette grande ville et

je n'y ai rien vu de ce que je cherchais. Le commerce était assez endormi, les sentinelles autrichiennes faisaient bonne garde autour des forts, la police autrichienne épluchait le passe-port du moindre piéton à l'entrée de la ville; les officiers autrichiens jouaient aux échecs dans les cafés. Ils ont fusillé 60 personnes en sept ans dans la ville d'Ancône, ces aimables Autrichiens. Mais comme ils en ont fusillé 190 à Bologne dans le même espace de temps, Ancône aurait mauvaise grâce à se plaindre.

---

1800 israélites sont tolérés dans Ancône. Il faut bien faire quelque chose pour le commerce. Le quartier juif n'est pas le plus beau de la ville; au contraire. Mais la population qui l'habite m'a frappé par la beauté du type. Les juives sont aussi jolies dans ce pays-ci qu'elles sont laides à Rome. C'est beaucoup dire, et ceux qui connaissent le ghetto romain m'accuseront peut-être d'exagération.

Pourquoi la même race est-elle florissante ici, dégradée là-bas? C'est sans doute parce que l'oppression religieuse est moins pesante à deux cent dix kilomètres du Vatican.

---

Je suis arrivé à Sinigaglia ou Senigallia le jour même de l'aventure de la foire. Sinigaglia est une ville de 12 950 habitants, mais sa population est presque doublée entre le 20 juillet et le 8 août. Toutes les maisons se transforment en boutiques ; le commerce envahit, transforme et vivifie la petite cité tranquille. Malheureusement pour moi, la plupart des boutiques étaient encore à louer ; les marchands arrivés commençaient à peine leur déballage ; la foire de Sinigaglia ressemblait à une exposition de l'industrie, le jour de l'ouverture officielle.

On assure d'ailleurs que cette solennité marchande perd tous les ans de son importance et de son éclat. Il en est de même à Beaucaire, à Leipsick et dans tous les pays civilisés. Les foires ne servent plus à rien et n'ont aucune raison d'être lorsque le commerce fonctionne toute l'année.

---

Un fabricant de peignes appelé Albert Mastaï quitta Brescia, sa patrie, vers le milieu du seizième siècle et s'établit à Sinigaglia. Il y fit une sorte de fortune et sa famille y prospéra si bien qu'elle finit par se glisser dans la petite noblesse de la province. Gian Maria Mastaï obtint la main d'une Ferretti d'Ancône, et grâce à une si haute alliance il devint comte Mastaï Ferretti. De cette race fortunée naquit en 1792 Gian Maria Mastaï Ferretti, qui règne à Rome sous le nom vénéré de Pie IX.

Les villes des Marches et des Romagnes ne sont pas toutes fort riches, mais il en est bien peu qui ne se soient donné le luxe d'un théâtre. Le goût des arts et surtout de la musique est beaucoup plus développé sur ce versant des Apennins que de l'autre côté. A Pesaro, à Rimini, à Forli, à Faenza et dans presque toutes les villes, les murs eux-mêmes témoignent du fanatisme de la population. Les dilettanti font peindre sur leur maison le nom du maestro ou des artistes à la mode. On lit partout : Vive Verdi! Vive la Ristori! Vive la divine Rossi! Vive la Medori, la Corvetti, la Lotti! Vive Panciani, Ferri, Cornago, Rota, Mariani!

Il ne semble pas que les missionnaires combattent très-activement contre cette influence. Sans doute ils sont tous occupés dans les villages du versant opposé. Ils prêchent les paysans de la Méditerranée qui n'ont pas besoin d'être convertis; ils abandonnent les citadins de l'Adriatique à leurs passions mondaines. Cependant j'ai vu sur quelques maisons de Faenza le monogramme des jésuites imprimé sur le mur auprès d'une petite Victoire nue qui suspendait une couronne sur le nom de Mme Ristori.

---

Les théâtres de ces petites villes sont tous grands et magnifiques. Ils sont surtout commodes, et je voudrais bien que les nôtres le fussent autant.

---

Il n'y a pas de théâtre à Saint-Marin, mais il y a beaucoup de moines, beaucoup de mendiants, beaucoup d'ignorants et fort peu de civilisation. Ce singulier État de 9500 hommes qui conserve le nom de république au milieu de la monarchie absolue du pape m'a tout l'air d'un ghetto rural. Je me persuade que les successeurs de saint Pierre l'ont respecté à dessein pour montrer à leurs sujets combien la monarchie est supérieure à la république. C'est ainsi qu'ils font végéter depuis tant de siècles une misérable poignée d'israélites pour faire ressortir la supériorité du catholicisme.

———

On a beaucoup vanté chez nous la constitution politique de Saint-Marin, l'équilibre de ses budgets, le désintéressement de ses citoyens dont pas un, dans l'espace de quatorze siècles, n'a visé à la tyrannie. Je ne veux pas jeter mon pavé sur un petit peuple intéressant sinon par ses vertus, au moins par sa faiblesse. Mais je raconterai sincèrement, selon mon habitude, ce que j'ai vu et entendu sur le territoire de Saint-Marin.

J'avais quitté Rimini par une pluie battante. On m'avait donné une petite voiture en manière de dog-cart, suspendue autant qu'il le fallait pour me rompre les os. Mon cocher était le propre fils de l'aubergiste, un gamin de quatorze ans tout au plus, athée comme une couleuvre. Je sondai, chemin faisant, le fond de sa philosophie, et il lâcha devant moi cet aphorisme épouvantable : « Dieu ? Je crois bien que s'il y en a un, c'est un prêtre comme les autres. »

Cet aimable enfant me montra du doigt la borne qui

sépare l'Etat pontifical de la terre républicaine. Il ne me parut pas que le soleil devînt plus brillant, ni le sol plus fleuri, ni la pluie moins insipide. Cependant je goûte assez l'air qu'on respire dans les républiques. Le pays était assez laid, et la culture n'avait rien de merveilleux. Un petit village situé à mi-chemin me parut triste et malpropre.

La ville et le bourg sont situés sur une montagne escarpée d'où l'on voit une belle étendue de pays, lorsqu'il ne pleut pas à torrents. Le bourg est au bas de la montagne, la ville occupe le sommet. Le bourg est mal bâti, mal pavé, mal tenu. La principale industrie qu'on y cultive, et probablement la seule, est la fabrication des cartes à jouer qui s'exportent en contrebande.

Je me mis en quête d'un cicérone, et pensant que le mieux serait de prendre au hasard le premier indigène venu, j'entrai chez un artisan et j'offris de lui payer sa journée s'il voulait se promener quelques heures avec moi. Il ne se fit point prier et je m'aperçus, au bout de quelques minutes, que j'aurais pu tomber beaucoup plus mal. Le bonhomme était complaisant et enclin au bavardage. La première histoire qu'il me raconta fut celle d'un médecin communal qui avait péri assassiné à coups de fusil sur la place du bourg. Le fait avait deux années de date. Les assassins avaient été condamnés à deux ans d'exil.

L'organisation de la justice à Saint-Marin est tout à fait élémentaire. On n'a ni lois ni tribunaux, mais on fait venir de Rome ou de Florence un magistrat suivi de quatre gendarmes. Ce fonctionnaire, payé sur le budget de la république, juge, comme il l'entend, les affaires civiles et criminelles. La peine de mort n'est jamais appliquée, mais on a les galères. Lorsqu'un individu est condamné aux travaux forcés, on l'envoie à quelque bagne du pape ou du grand-duc de Toscane, et la république y paye sa pension.

De la question judiciaire, nous passâmes tout naturellement à la politique. Un conseil souverain de soixante individus dirige les affaires de l'État. Vingt conseillers sont choisis dans la noblesse, vingt dans la bourgeoisie, et les vingt autres parmi les paysans. Il suit de là que Saint-Marin est une république légèrement aristocratique. Qui le croirait? Il y a une noblesse à Saint-Marin! Dans cette république fondée par un maçon qui s'était fait ermite, j'ai constaté l'existence d'une classe privilégiée. J'étais curieux de savoir de quelle source émanait la noblesse du pays. Mon cicérone m'assure que les nobles de Saint-Marin annexaient de temps en temps quelque bourgeois à leur illustre caste.

Le pouvoir exécutif est confié à deux capitaines. La durée de leurs fonctions est limitée à six mois; ils ne peuvent être réélus qu'après un intervalle de trois ans. Ils touchent un traitement de 25 écus romains, un peu plus de 125 francs, pour leurs six mois d'exercice. La monnaie usitée dans le pays est celle du pape.

La force armée se compose d'une soixantaine de gardes nationaux. Grâce aux libéralités d'un bienfaiteur étranger, ils ont des uniformes, mais l'homme qui les commande est pour le moment un biset. Une trentaine de musiciens complètent l'effectif. En cas de besoin, la république pourrait mettre cinq ou six cents hommes sous les armes.

Les finances ne sont jamais en déficit, car il n'y a pas, à proprement parler, de finances. Le peuple ne paye pas de contributions directes. Le principal revenu de l'État se compose des sels et des tabacs que le pape lui permet d'importer en franchise. Il est donc non-seulement le protégé, mais l'obligé du saint-père. On ajoute à cette ressource le produit d'un impôt sur la viande. Le consommateur paye deux écus et demi sur un bœuf, vingt-cinq sous sur un porc, sept sous et demi sur un mouton. Les denrées nécessaires à la vie sont à bon marché ; la viande coûte huit sous la livre, le litre de vin se vend de trois à cinq sous, et l'on a pour un sou huit onces de pain.

L'instruction publique est à peu près nulle : une vingtaine de petits républicains vont à l'école chez les prêtres.

Les monuments publics sont une forteresse en ruines et une église assez laide, mais en bon état. Quatre prisonniers sont détenus dans la forteresse : j'ai passé une demi-heure avec eux. Ils ont commis le délit de maraude, aussi fréquent ici que dans les villages de l'État du pape. Les malheureux attendent impatiemment qu'on les envoie aux galères. Mais il faudra du temps : le juge est mort et le successeur n'est pas encore nommé. Un de ces pauvres diables a la jambe cassée et il souffre cruellement sur sa méchante paillasse.

On voit dans l'église le tombeau que saint Marin s'est taillé lui-même et la plaque de marbre consacrée par la république à Antoine Onuphrio, *patri patriæ*, dit l'inscription. Cet Onufrie était le chargé d'affaires de la république auprès de l'Empereur des Français. Mon cicérone a les larmes aux yeux en faisant l'éloge de ce grand homme :

« il parlait à Napoléon comme je vous parle; il faisait sa cour à l'Impératrice; il est bien le père de la patrie ! »

Au-dessous de l'église, une grande maison bourgeoise est habitée par le savant numismate Borghesi. Mon guide prétend que ce correspondant de l'Institut travaille tous les jours jusqu'à l'heure du souper et se grise ensuite. Mais je suis persuadé que le digne cicérone calomnie la seule gloire de son petit pays.

Le drôle s'est bien gardé de me conter un fait que je savais et que personne n'ignore en Italie. En 1849, après la prise de Rome, Garibaldi et les restes de son armée se réfugièrent sur le territoire de Saint-Marin. Les républicains de la petite république achetèrent à vil prix les chevaux, les harnais, les armes et tous les effets précieux qui étaient restés aux proscrits : après quoi ils les engagèrent à chercher un autre asile. C'est peut-être ce souvenir qui m'a rendu sévère pour les habitants de Saint-Marin. D'ailleurs, je ne sais pas voir les choses en beau quand je suis aveuglé par la pluie, et le lecteur est libre d'adoucir à son gré l'amertume de ce jugement.

---

Si la république de Saint-Marin était un jour absorbée dans quelque grande monarchie, les archéologues de la politique s'écrieraient en versant des larmes amères : « Elle a donc péri, cette forteresse de la liberté ! » Reste à savoir si une peuplade illettrée, farouche, cupide et misérable, mérite le nom de peuple libre.

Ceux qui s'occupent de statistique commerciale ont remarqué que le petit commerce diminue de jour en jour. Autrefois nos villes étaient pleines de boutiques grandes comme la main où une famille de bourgeois ignorants végétait jusqu'à la mort. La commandite s'est emparée des affaires, les petits capitaux se sont réunis pour former des millions ; on a loué des maisons énormes, acheté des monceaux de marchandises et traité le commerce sur une grande échelle. C'est toute une révolution, grâce à laquelle le capitaliste accroît et double sa fortune, les commis, sans risquer un sou, empochent de beaux appointements, et le public achète à meilleur marché.

Je ne suis pas éloigné de croire qu'il se fera un jour dans la politique un changement analogue. Les petits États sont condamnés à végéter comme les petites boutiques. Si j'étais roi de Piémont, ou roi de Prusse, je fonderais un vaste établissement au capital de 20 à 25 millions d'hommes, et je serais bientôt en mesure de donner la paix, la sécurité, l'aisance et l'instruction publique à 30 pour 100 au-dessous du cours.

---

Les Romagnes.... mais pardon. Il y a longtemps que nous avons quitté les États du pape.

FIN.

# TABLE.

| | | Pages | |
|---|---|---|---|
| Dédicace | | | 1 |
| Préface | | | 3 |
| I. | Mon auberge | | 57 |
| II. | La plèbe | | 74 |
| III. | Le Ghetto | | 90 |
| IV. | Le Transtévère | | 110 |
| V. | Le jeu des couteaux | | 128 |
| VI. | La loterie | | 142 |
| VII. | La classe moyenne | | 156 |
| VIII. | Les artistes | | 177 |
| IX. | La noblesse romaine | | 200 |
| X. | L'armée | | 219 |
| XI. | Le gouvernement | | 231 |
| XII. | Mœurs romaines | | 244 |
| XIII. | La | | 270 |
| XIV. | Les bêtes | | 284 |
| XV. | Promenade au midi | | 296 |
| XVI. | Le voiturin | | 344 |

FIN DE LA TABLE.

PARIS. — IMPRIMERIE DE CH. LAHURE ET Cie
Rues de Fleurus, 9, et de l'Ouest, 21

www.ingramcontent.com/pod-product-compliance
Lightning Source LLC
Chambersburg PA
CBHW050542170426
43201CB00011B/1533